U0750826

编委会

主　编：林　梅

副主编：秦全德

成　员：王　昕　姚芳敏　吴凯芹　周晓力　唐岩平

目　录

Smart 公司的产品研发流程优化方案研究

万 欢 周汝朦 庄 焱 张 燕 国斌婕 薛 轶

指导教师：陈莉副教授

摘要：本案例描述了深圳市 Smart 电子有限公司（以下简称“Smart 公司”）从 2013 年 1 月到 2015 年 12 月为期三年的产品研发流程优化情况。Smart 有限公司于 2006 年 1 月在深圳正式成立，经过多年的快速发展，已成为一家专业从事片式电感器的研发、制造及销售的中型企业。目前，公司拥有多项自主知识产权的核心技术。公司高层已清醒地认识到，要想占有更大的市场份额一定要有更强大的核心竞争力，公司的研发管理水平一定要提升。那么 Smart 公司下一步应该怎么走？怎样才能使 Smart 公司的研发管理水平上升到更高的台阶？在公司高层的集体决议下，公司效仿国内大型 ICT 龙头企业华为的技术，于 2013 年开始引进研发集成产品开发（IPD）系统，并邀请到国内做 IPD 非常出名的咨询顾问公司 IBMB 一起参与公司研发流程的再设计工作。在 IBMB 的帮助下，公司重新梳理了研发管理流程并找到了问题所在。

关键词：研发；流程优化；项目管理

1 前言

2012 年是整个电子行业极为困苦的一年，行业资源的整合和国外生产商大幅度降价策略的实施，导致国内元器件生产商间的竞争白热化。

Smart 公司有四个事业部，分别生产线绕类、叠压类、结构类和模块类产品，每个产品所采用的工艺平台不同。在此之前，Smart 公司研发项目一向是依据产品经理的经验和营销部人员提供的简单的市场分析报告，最终由领导决定的，没有经过客户的信息输入以及多方面论证，所以新产品研发的成功率往往很低。尤其是第一事业部，客户定制产品多，型号杂，设备的稼动率不足，导致生产成本增加，总体利润逐年下滑。其竞争对手 TD 公司属于电子行业龙头公司，在磁性产品的开发上无企业可与之匹敌。虽然两家公司产品类型一样，但 TD 公司占据了 70% 以上的市场份额，尤其是在高端通信市场、医疗产品市场、工业控制类市场和新能源市场。Smart 公司靠低价竞争，营销重点只能放在低端产品上，比如功能手机、平板电脑和 STB，这些产品单位价值低，给公司带来的利润非常少。两个公司生产的都是性能优越、可靠性强的产品，为什么远在日本的 TD 公司能比中国的 Smart 公司推出产品的速度更快，市场占有率更高？是公司现有运行的研发流程落后？还是公司研发管理跟不上？如果要提高公司的销售额，必须拿出更有竞争力的产品投放市场才行。

其实，公司管理层和事业部的领导们深知新产品开发的重要性，也知道按照现行的研发管理体系已经不能满足公司日益发展的需求。可是公司如何定位，公司的愿景是什么，公司的产品目标是什么，公司应该开发什么样的产品，公司怎么定位细分市场，这些确实是值得深思的问题。

2 Smart 公司简介

2.1 企业和产品介绍

Smart 公司于 2006 年 1 月在深圳正式成立。在过去十一年的快速发展中，公司改善了管理方式，积累了生产技术，提升了产品质量，完善了售后服务，厚积而薄发，在自主知识产权的研发方面积攒了足够的实力，在全球被动电子元件的解决方案中提出了自己独到的见解，在激烈的国际竞争中取得了不俗的成绩，加入各大知名厂商的供应链系统中，并承担起国家重点项目，得到了深圳市政府的大力扶持，向更高的目标努力。Smart 公司被电子行业协会评为百强企业，在叠片式电感企业中独树一帜。在经济全球化和中国创新战略的大背景下，Smart 公司迎来了新的机遇。在深圳市宝安区宝乐科技园新规划的工业园区内，Smart 全自动工厂于 2009 年 10 月破土动工，于 2011 年投入使用。整个园区落成后，完善的生态体系将为 Smart 跨越新的目标奠定基础。

Smart 公司的主要产品为被动元件，即广泛使用于铁氧体磁芯、线圈、变压器、陶瓷电容器、传感器等电气、电子设备中的各类基础元件。

当今市场，与电脑功能相同的智能手机、广泛运用于各类场合的平板 PC、不断普及的清洁能源车与电动汽车快速发展，实现了小型化、轻薄化、高性能化等特征。Smart 公司在未来不断发展的下一代信息通信及能源关联产业领域，将以云计算、智能电网作为重点市场，为大容量的数据时代与减轻环境负荷的低碳社会，不断创造符合最高需求的优质产品。

Smart 公司是由总裁来主持具体事务的。总裁下属由 4 个副总裁构成，每个副总裁分管几个部门，公司按照职能部门进行分工，大家分工明确，其组织架构如图 1 所示。

Smart 公司总部在深圳市宝安区宝乐科技园，总部厂房面积为 120 000 平方米，员工人数为 1 800 人，公司第一事业部位于深圳总部，主要生产线绕类产品，包括功率电感、高频绕线电感、变压器、磁环等；第二事业部位于东莞生产基地，主要生产叠压类产品，包括磁珠、电阻、滤波器等，厂房面积为 50 000 平方米，员工 512 人；第三事业部位于惠州生产基地，主要生产结构类产品，厂房面积为 90 000 平方米，员工 326 人；第四事业部位于苏州生产基地，主要生产模块类产品，厂房面积为 22 000 平方米，员工 230 人。

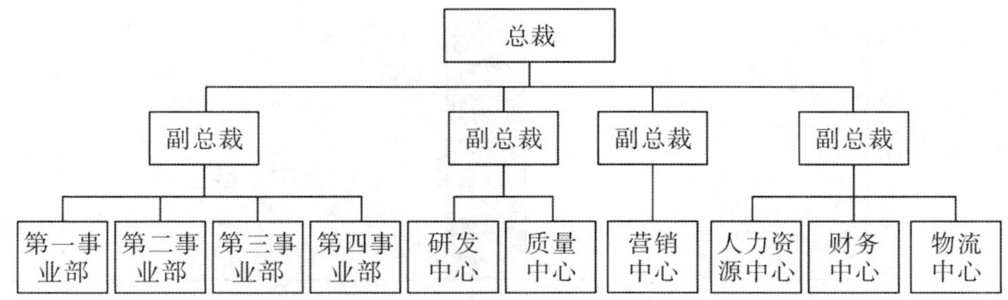

图 1　组织架构图

公司总裁石洪先生在 20 世纪 90 年代初创立了第一条全自动电感线绕生产线。近几年通过并购公司的方式，生产了很多新产品。副总裁李亚聿先生主要负责第一、二、三、四事业部的管理工作；副总裁呙翰儒先生主要负责公司研发中心和质量中心的管理工作；副总裁林岳明先生主要负责营销中心的管理工作；副总裁徐江先生主要负责人力资源中心、财务中心和物流中心的管理工作。

2.2　企业所在行业介绍

Smart 公司以技术创新为公司的核心竞争力，每年将总销售收入的 10% 投入研发中，2015 年的投入为 5 亿元人民币。根据公司内部的调研分析，很多优秀企业通过研发新产品获得了巨大收入，这就是优秀企业对抗其他企业的竞争力。通过图 2 和图 3 可以了解到，同行业中一般企业的新产品销售额占比只有 22%，而 Smart 公司为 35%，同行业中顶尖企业达到了 42.5%；同行业中一般企业的新产品利润占总利润的 5%，而 Smart 公司为 8%，同行业中顶尖企业达到了 20%。

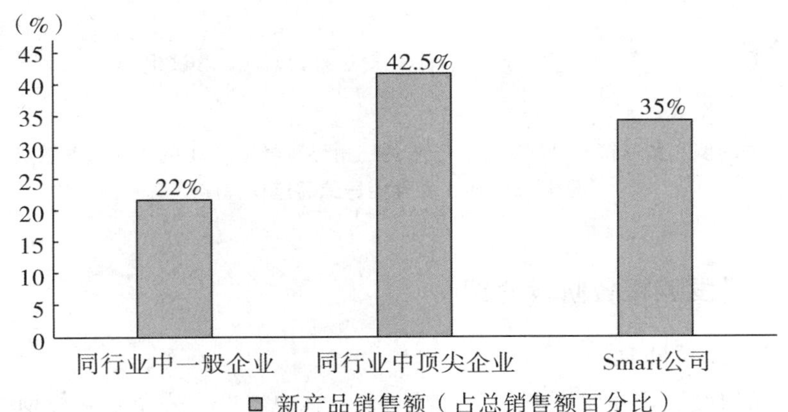

图 2　Smart 公司新产品销售额占比图

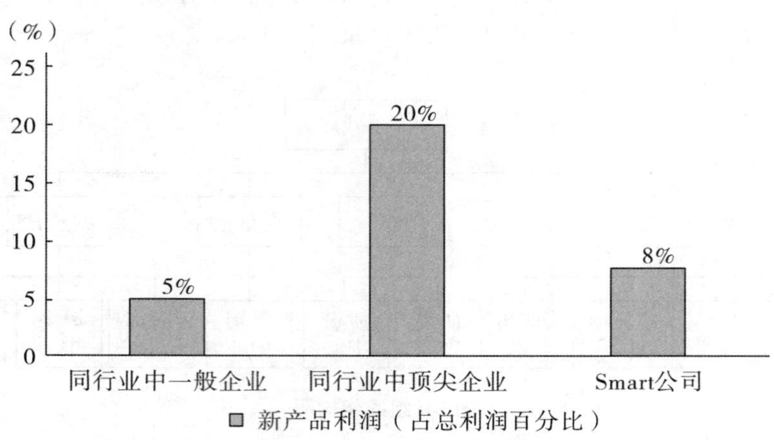

图 3 Smart 公司新产品利润占比图

由此可见，Smart 公司的新产品为总销售额和总利润都做出了很大的贡献，但是相比同行业中顶尖企业差距还非常大，因此新产品的成功研发对于 Smart 公司来说是非常重要的。

3 Smart 公司当前产品研发流程

3.1 Smart 公司优化前的产品研发流程简图

Smart 公司根据原 Smart-X 文件指导编写运作程序，产品设计开发流程共分为立项、策划、产品设计、过程设计、试生产、量产移交六个阶段。

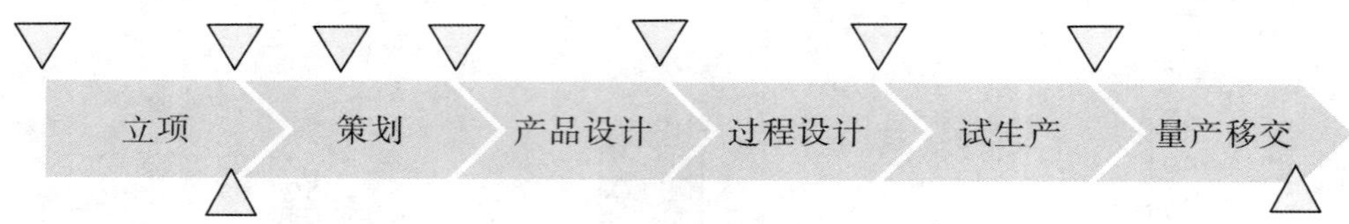

注：上方的倒三角形符号是评审点，下方的三角形符号是 PDT 的成立与解散点。

图 4 Smart-X 文件指导编写运作程序

3.2 研发流程各阶段介绍

3.2.1 立项阶段

新产品的设计开发建议来源于市场调查、客户需求、公司发展规划、产品经理要求等信息。由建议人员填写《产品设计开发建议书》，根据拟开发产品类别提交相应的项目审批人。项目审批人指定人员负责立项前的调研工作，被指定人员根据《产品设计开发建议书》内容，组织相关部门调研产品的市场现状与前景，做出《市场调研报告》，内容要包括客户需求、市场调查、产品状况、竞争对手状况等。

被指定人员将《产品设计开发建议书》和《市场调研报告》作为参考资料一齐提交给项目审批人审批。当审批结果为不建议产品开发时，则将《产品设计开发建议书》封存并通知建议人员；当审批结果为建议产品开发时，被指定人员要从技术、生产、设备、原材料等维度进行可行性分析，制作《可行性分析报告》，内容包括产品性能、Benchmarking 初步分析、技术路线、专利评估等。

可行性分析完成后，应填写《产品设计开发建议书》与《可行性分析报告》，并将其一齐提交项目审批人审批，并由被指定人评审，参与立项评审的小组成员为各事业部经理和产品经理。

立项评审结束后应在评审会议中由评审小组成员填写《产品设计开发建议书》的论证结果。项目开发可行时，由项目审批人指定项目经理负责产品的设计和开发；项目开发不可行时，则将《产品设计开发建议书》封存。

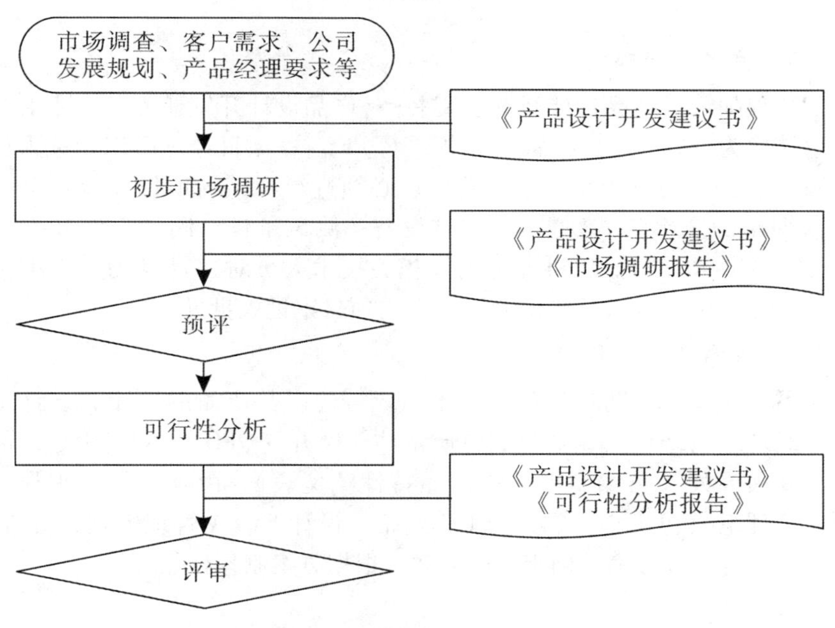

图 5 立项阶段流程示意图

3.2.2 策划阶段

事业部领导推荐项目经理，项目经理根据立项阶段的输出资料，组织开发人员填写《产品设计开发任务书》。《产品设计开发任务书》的内容包括产品目标、市场分析等。

项目审批人审批《产品设计开发任务书》，确定任务书内容是否充分、完整、清楚；待《产品设计开发任务书》审批完成后，项目经理筹备建立新产品开发团队PDT，并开始编制《新产品介绍》《开发目标清单》《工艺流程图》等。

PDT成员初步确定后，项目经理组织召开PDT小组成立会；PDT成员须签署《项目保密承诺书》，会议内容须形成《PDT成立会议记录》并确定PDT小组的例会时间和频次，PDT每次会议记录须进行档案管理并整理进开发记录中。

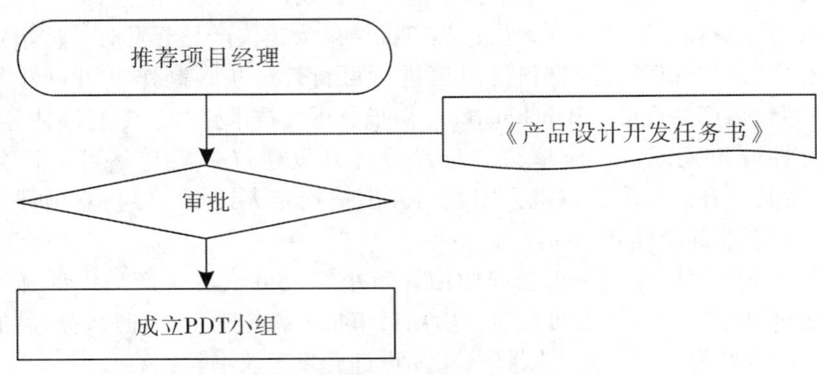

图6　策划阶段流程示意图

3.2.3　产品设计阶段

开发工程师将《产品设计开发建议书》《产品设计开发任务书》中对产品性能的要求转换为（初始）《产品规范书》（SPEC）；项目经理组织相关人员编制《产品测试大纲》，明确产品（指完成品）必须进行测试的项目（应包括《产品规范书》列出的全部测试项目）、测试设备、测试条件、测试方法和判定基准（公差标准、引用准则）。项目经理组织相关技术人员对《产品测试大纲》进行评审，并将评审后的《产品测试大纲》提交项目审批人批准。

3.2.4　过程设计阶段

根据Benchmarking初步分析和技术路线等，以及产品的性能和设计工艺特点，项目经理组织PDT小组成员进行质量功能展开（QFD），初步确定产品的关键特性，并由开发人员编制《关键产品特性一览表》，由项目经理审核。接下来，项目经理组织PDT小组成员的工作包括：设计FMEA管理模式、材料选型、设备选型、确定设计方案、确定试验方案、根据方案制作样品等。

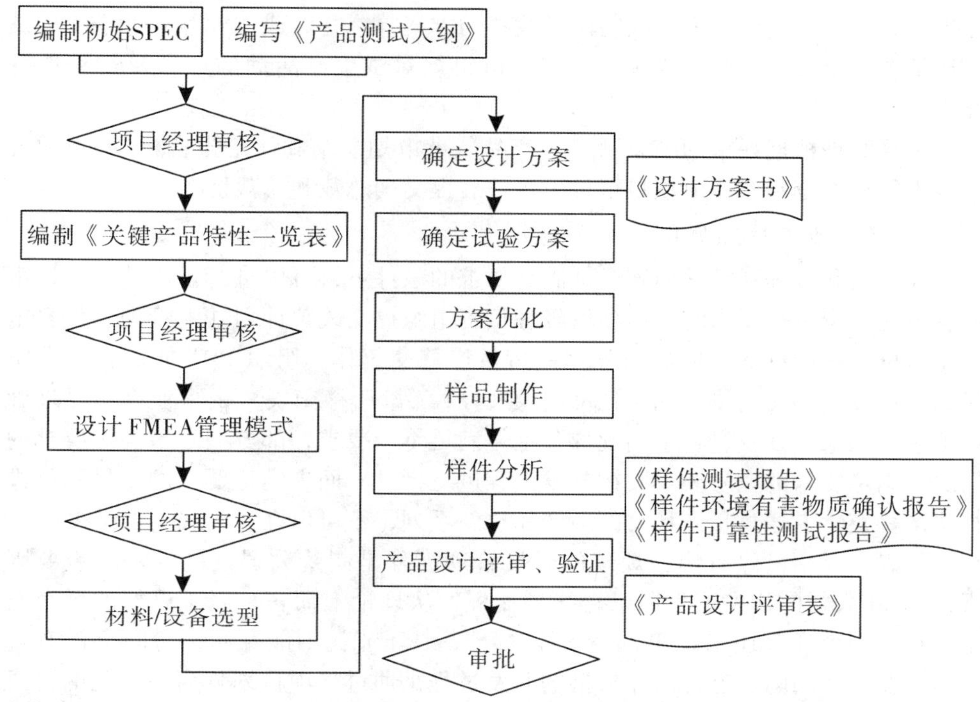

图 7　过程设计阶段流程示意图

样品制作完成后，开发人员需要对良品、不良品（包含可靠性试验中的失效品）进行分析，通过对设计/制程参数的调整和优化提高合格率，形成《样件测试报告》；通过对样件环境有害物质进行测试，形成《样件环境有害物质确认报告》；通过对样件的可靠性进行测试，形成《样件可靠性测试报告》。

项目经理组织各 PDT 成员对本阶段的输出进行评审、验证，评审、验证的内容主要为产品设计输出项目的全面性和设计方案的可行性，包括但不限以下几项：A. 产品的特殊性、产品规范（临时）；B. 产品设计的验证报告；C. 法令法规、环保要求、安全性等；D. 设计 BOM 表、设计成本。产品设计评审、验证完成后填写《产品设计评审表》并由项目审批人审批。

3.2.5　试生产阶段

过程设计阶段评审合格后，项目经理向制造部门发出《试生产申请书》。《试生产申请书》包含试生产的产品型号、生产数量、生产日期、特殊要求和需相关部门配合事项等基本信息。

各部门提前做好准备，制造部按《试生产申请书》的要求安排生产计划；设备部按《试生产申请书》的要求现场准备仪器、设备、夹具，并保证其运行状况良好；质控部按《试生产申请书》的要求安排检测人员上岗，按计划收集试生产数据，把相关 WI 文件发放到检查现场。

试生产完成后，项目经理或指定人员组织召开试生产总结会议，确认试生产结果、开发目标比较、主要问题以及改善的方案等，并做成《试生产报告》《试生产结果评审表》。项目经理或指定人员组织对试生产活动的产品及过程进行评审。

项目经理根据评审的结果制定《产品质量策划总结和认定报告》，并由项目审批人审核，全新产品由项目审批人审核后提交副总裁和总裁批准。

3.2.6 量产移交阶段

在产品和过程评审的内容全部满足要求的条件下，可以进行量产移交；评审内容不能完全满足要求时，由项目经理负责组织提交改善计划并由管理者代表审批是否可以量产移交。由项目经理主持量产移交工作，组织PDT成员将开发阶段的各项资料移交给量产的责任部门及文控，《量产移交表》由事业部总经理确认签字。如果在开发过程中出现部分型号满足量产要求，部分型号未满足要求的情况，满足要求的型号要单独按开发流程进行批准，而未满足要求的型号不可进行量产移交。未通过量产移交的新产品、新系列，不可以在生产线上批量生产。

从以上介绍可以看出，烦琐的研发管理流程是制约公司发展的一个重要因素，Smart公司的研发流程属于直线型流程，从理论上而言，属于严格的瀑布模型，在上一个环节还未结束的情况下，下一个环节就不能开始，时间上没有重叠，存在很多问题。这种瀑布模型的开发过程是通过将项目划分为一系列的阶段顺序来展开的，从产品的需求分析、研发、测试、批量生产、发布，到信息维护，每个阶段都是经过循环反馈而产生的。因此，如果发现信息未被覆盖或者在某个阶段出现了问题，最好“返回”上一个阶段并对其进行修改。项目开发的整体过程是从一个阶段“流动”到下一个阶段，瀑布模型提供了各个阶段的检查点，并通过检查点来判断上一个阶段是否已完成，但由于各个阶段的划分是固定的，上一个阶段和下一个阶段的过渡点之间会产生大量的文档，极大地增加了工作量，项目组只有等到整个过程的末期才能见到开发效果，还要通过过多的强制完成日期和里程碑来跟踪各个项目阶段，从而增加了开发风险。这种模型的突出缺点是不能适应用户需求的变化。

4 Smart公司产品研发流程主要问题

第一事业部杨晨总经理动员公司全体中层干部和项目经理召开了研发流程梳理大会，会上大家积极发言。第一事业部总工程师田青表示，研发流程缺乏合理的结构化，研发中心与其他部门未能有效形成合力，阻碍了开发项目的进度并影响了产品的质量。第一事业部技术经理卫小北也提到了自己的观点，研发人力资源的利用率不高，研发项目只重视数量而不重视质量。参加此次会议的第二事业部总经理向正南表示，技术开发和产品开发未分离，目前公司对技术积累不够重视。公司质量总监冯德权提到，虽然他没有直接参与研发项目，但是在研发过程中发现项目评审机制有很多问题。人力资源中心的于芬经理表示，研发人员的积极性不高，绩效的评价缺乏有效标准。公司营销中心经理张军延则表示，在新项目决策前，工作做得并不到位，研发没有真正了解这个市场需要什么，只是闭门造车，做了一堆没用的东西让业务员去卖。最后，第一事业部总经理杨晨总结了大家的发言，并提出非常关键的一点，也就是张军廷经理强调的为什么研发人员总是做一堆没用的东西，是因为公司本身没有制定具体战略。

针对 Smart 公司的研发管理流程，小组成员梳理了以下几个典型的问题：

4.1 产品研发缺乏战略支撑

企业的竞争力归根到底就是企业的研发水平。企业战略就是以未来为基点，为适应环境变化，赢得竞争优势并取得经营业绩而做出事关全局的选择和行动。战略的理念可以给人们勾勒出公司长远的发展目标、实现的方式，并由此指引决策人确定产品战略的各个要素。产品研发与战略制定、战略展开、战略执行、监控战略评估相结合，使公司产品开发的进度、产品的质量等得到根本改善。

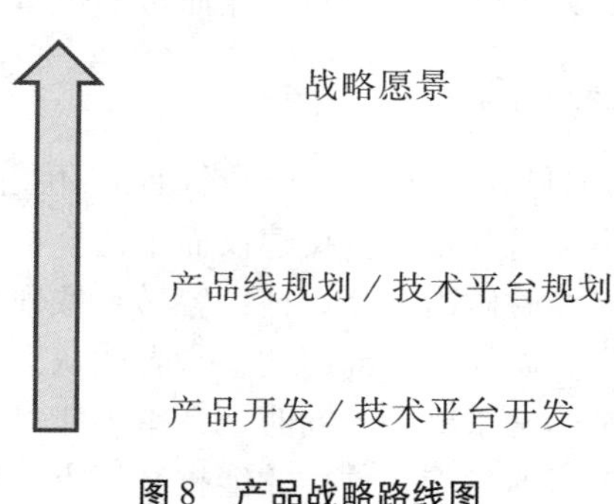

图 8　产品战略路线图

4.2 研发流程缺乏合理结构化

研发中心与其他部门未能有效形成合力，阻碍了开发项目的进度并影响了产品的质量。

开发是企业的一项综合性活动，需要把所有智能部门集合到一起。但是，Smart 公司各部门在产品开发时并没有统一部署和安排，各部门各行其是，造成流程不清晰、缺乏规范、无法细化、无法操作等非常明显的结构化问题。部门之间协同能力比较差，产品开发在企业内部的协调运作非常困难。产品开发前期，除了研发部门，市场部、采购部、品质部、财务部等都很少参与项目的整体策划。产品开发只是按照技术性的要求做到功能实现，大部分研发人员都不去考虑后期工艺维护、售后服务等问题，一旦产品需要升级，工作部署又要重新开始，使得整个周期被拉长。

4.3 研发人力资源的利用率不高

在新产品开发阶段，研发人员对产品研发需求的定义没有完全了解，导致什么产品都想做，什么项目都重要，只重视数量而不重视质量。一个研发人员手上往往要同时完成五个以上的研发项目，导致资源不能合理利用，项目不能按照重要性做优先排序，最终在规定的时间内一个项目也没有完成。不能在项目前期就进行选择，导致研发在各阶段因项目淘汰带来的损失越来越大。

4.4　技术开发和产品开发未分离

国内大部分企业在技术研发上未能进行长时间的连续投入，导致企业缺乏核心竞争力，并且造成支持产品线开发的技术体系缺少积累与系统性建设这种严重问题。Smart 公司也存在这样的问题，由于技术知识难以共享，经验和教训难以传承，只能固化在研发工程师自己的大脑里，使得个人英雄式的开发情况出现，发展受到制约，技术缺乏继承性。

元器件行业没有完全标准化，这使得选型、设计不能通用与共享。Smart 公司 ERP 中的物料多达 3 000 种，公司物料越来越多，定制产品也越来越多，成熟的技术没有得到高效利用，不断生产的新产品质量上也得不到保障。

4.5　项目评审机制问题

目前，Smart 公司在项目评审中存在可行性评审不完善、方案评审不到位、一直都只有上级领导给出项目开发的直接建议而不是全员参与评估等问题。如果只是领导根据自己的个人经验做出判断，往往容易导致项目失败，项目评审需要市场、采购、质量、生产、研发每个部门的参与者能从自己的角度考虑问题，因此，成立一个评审团队是非常重要的。同时，评审不能只出现在立项阶段，在每个评审阶段也应有评审专家的参与，这样才能提高评审质量。

4.6　未能了解客户需求

开发的首要工作是理解客户到底需要什么，将客户的描述，提供的图纸、标准、技术资料等转化为自己的技术文件进行生产。客户的需求千差万别，研发工程师的理解也各有不同，他们往往故步自封，不愿意多沟通，未有效考虑功能和性能之外的其他需求，造成转化出的文件和客户的需求没有完全对应，这样研发出来的产品就不是客户所需要的。研发工程师往往凭借自己的经验判断市场需求，认为这种或者那种产品在市场上应该可以卖出去，这种产品开发不是围绕市场进行，这样研发的产品，市场上怎么能有销路?

4.7　绩效的评价缺乏有效标准

设备好管理，可是人员并不好管理，很多企业都会遇到这样一个问题，那就是如何对研发人员建立有效合理的考核机制，通过考核激励研发人员更大程度地发挥主观能动性。因为研发工作的不确定性，一直以来对研发人员的考评都比较难。公司往往很难对研发人员的工作进行界定，光凭研发领导的主观判断，研发人员肯定对薪资的评价颇有微词，这会打击研发人员的积极性，不愿意去挑战高难度的任务，得过且过。

4.8 现行 Smart-X 及容易出现的问题

立项阶段问题点：
1. 立项前期需求不明确
2. 商业可行性未确认
3. 技术可行性未确认

策划阶段问题点：
1. 策划资料未经过详细调研
2. 策划编制进度不可控
3. 项目PDT成员与市场互动少

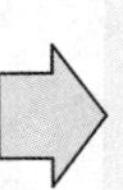

产品设计阶段问题点：
1. 产品设计人员比较被动
2. 项目人员胜任性未评估
3. 没有合理的产品设计资料支撑

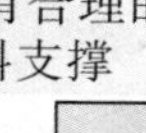

过程设计阶段问题点：
1. 过程设计人员比较被动
2. 项目人员胜任性未评估
3. 没有合理的过程设计资料支撑

试生产阶段问题点：
1. 试生产过程经常会有产品需要更新
2. 试生产进度比较难控制
3. 试生产与设计关联度比较低

量产移交阶段问题点：
1. 资源不足
2. 成本难控制
3. 设备调配难控制

图 9 问题点汇总

5 Smart 公司的研发流程优化方案

5.1 产品研发流程的优化

大部分企业的产品研发设计思路都习惯以串行的方式进行，这种模式会导致研发周期延长，在研发过程中不断投入资金、技术与人力等。在日趋激烈的市场竞争环境下，企业的效益会下滑。只有对企业的研发流程进行改进才能应对严苛的市场需求。因此，为了适应快速变化的市场需求，在新的发展阶段与时俱进，使企业得到可持续性发展，企业必须丢弃目前烦琐的业务流程和组织架构，用一种全新的方式来应对各项活动。Smart 公司明显意识到了这一点，所以也学着国内外大型企业的方式，借鉴欧美优质企业和国内一些一流企业的研发管理流程经验和成功案例，结合自身研发管理的实际情况，找到适合自己的研发管理模式。

Smart 公司近几年在产品研发方面取得了一些成绩。但是，公司在发展中，规模也在扩大，失败的项目逐年增多，研发过程中存在的问题也日渐增加。因此，Smart 公司的研发流程管理亟须优化，这就需要公司成员运用集成产品开发（IPD）的思想和产品及周期优化法（PACE）规范研发流程，不能盲目开发产品，要有选择性地生产。

什么是研发流程管理，什么是集成产品开发（IPD）？研发流程管理最早出现于 17 世纪，英国著名的唯物主义科学家 Francis Bacon，在其著作 *The New Atlantis* 中首度提及，这一思想的发展使得研发流程管理日趋完善。

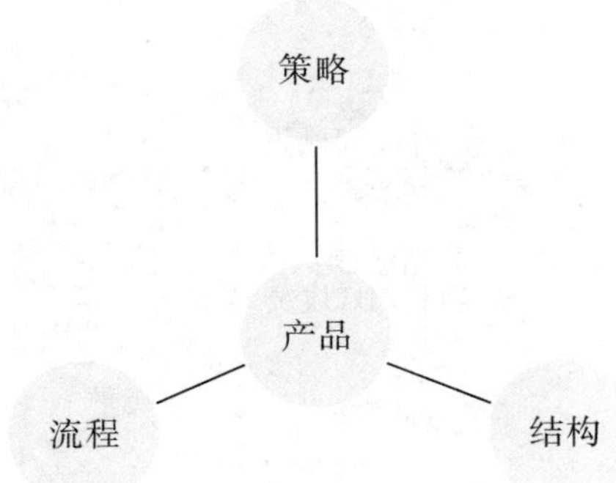

图 10　研发流程管理结构图

1986 年，PRTM 公司创始人迈克尔（Michael E. McGrath）及其团队成员联合提出了产品开发流程的产品及周期优化法（Product and Cycle-Time Excellence, PACE）这一概念。PACE 广泛应用于企业的产品研发流程中，它也为集成产品开发（IPD）提供了理论基础。随着时间的推移，越来越多的公司采用 PACE 来改进产品的开发，通过不断地发展和完善，PACE 已经成为产品研发流程的参考模式。

IPD 是一套产品开发的模式、理念与方法，它是以市场为导向，根据企业战略制定产品战略，通过流程重组和产品重组来缩短产品生产周期，提高产品收益率，优化产品开发并为企业创造更大的价值。许多国内外公司已采用 IPD 管理体系，如美国波音公司、中粮集团、广东步步高等，并取得了不错的成效。实践证明，IPD 是一种先进的产品开发理念和管理体系。

5.1.1　前述问题对策

在公司管理半年度会议上，公司四个事业部的领导向公司董事和管理高层汇报了公司新项目研发中存在的问题，大家都认为要提升新产品研发的效率和成功率，必须从以下七个方面进行改善和调整。第一事业部杨晨总经理向 Smart 高层领导进行了问题汇总并提出对策建议。

（1）产品研发缺乏战略支撑：针对这个问题，企业需要成立一个战略规划团队，可以从职能部门中层和公司高层中抽出人员组建团队，对公司进行有前瞻性的研发规划，使之形成清晰的产品线和技术平台规划。

（2）研发流程缺乏合理结构化：研发与其他部门未有效形成合力，阻碍了开发项目的进度和质量。针对该问题，公司亟须建立跨部门工作模式。该团队可以由公司各部门共同参与，人员可以暂时脱离原有部门的管理，共同负责整个项目，这样就尽可能避免了部门间信息不畅通现象，大家有共同的目标，更容易提高研发效率。

（3）研发人力资源的利用率不高：针对这个问题，需要重点调研市场需求，找到和公司产品及技术战略更为契合的研发人员。

（4）技术开发和产品开发未分离：企业需要建立两个团队，一个负责搭建产品技术平台，另一个负责产品的开发。两方互相配合和协作，但是不能牵制对方的开发过程。

（5）项目评审机制问题：针对这个问题各部门可共同组建一个评审专家团，评审内容包括研发、技术、市场、质量、采购等，并且在产品开发的每个阶段都要进行评审，这样每个专家都可以从自身角度出发，发表各自的意见，从而提升评审质量。

（6）未能了解客户需求：表面上看这一问题与研发关系不大，但这是影响到新产品是否能够满足客户最为关键的一步。针对这个问题，需要对客户的需求进行评估，从商务和技术两个角度与客户进行交流，要详细评审客户提交的图纸和各种技术资料。

（7）绩效的评价缺乏有效标准：需要建立一套行之有效的考核机制，要设立物质激励，如项目奖、市场拓展奖等；当然也需要无形的激励，如个人荣誉、企业认可等；还需要企业增加对管理和研发人员的素质培训。

5.1.2　新产品开发的流程再设计

基于前述问题的分析，Smart 公司决定把 IPD 思想融入研发流程中去，对研发流程进行再设计。通过公司总裁向董事会提议，由公司管理层决议，由第一事业部杨晨总经理牵头，其他智能部门配合，共同承担整个流程的再设计工作。整体流程优化点包括：以市场为导向进行产品开发，关注客户的声音；把前期准备工作做得更充分，整个研发流程从最开始的需求管理到项目结束的大框架要完善；进行严格的阶段控制，如阶段划分、技术评审等；各职能领域工作要充分并行和融合；项目研发团队的组合从原先的职能部门包办过渡到跨部门团队合作；成立 PDT 团队，将任务落实到研发、营销、质量等几个部门；进行阶段性的决策和投入，及充分的财务评估和盈亏分析。

5.2　流程优化方案分析

5.2.1　引入并行工程的结构化流程

重新梳理公司的整个流程后，目前有三套方案可供 Smart 公司参考，最终在公司高层再次评估后确定如下方案。

如图 11 所示，新方案分为五个阶段：①概念阶段；②计划阶段；③开发阶段；④验证阶段；⑤发布阶段。

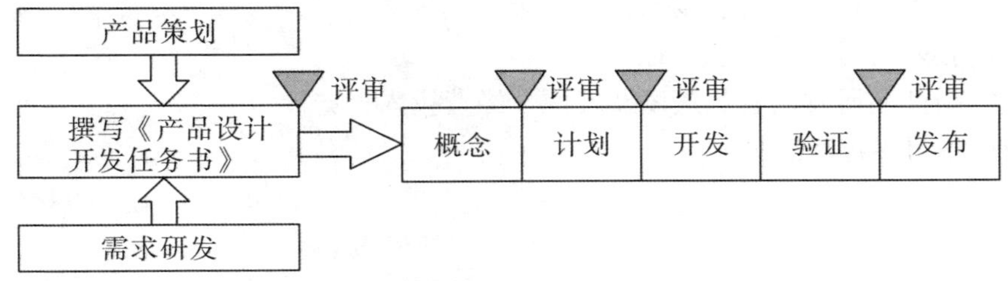

图 11　新项目研发参考流程

5.2.2　新流程各阶段分析

(1) 概念阶段。

该阶段需 Smart 公司对产品的市场吸引力做相应的估值，看是否有必要研发生产，同时还要密切关注市场和客户的真实需求，确定备选方案。组建产品开发团队，根据市场管理需求撰写《产品设计开发任务书》，对进度和成本进行评估。

根据对《产品设计开发任务书》、公司产品策略、市场需求的初步评估，撰写初步的《商业计划书》，包括端到端的项目计划、产品概论、产品包需求，最后输出概论阶段评审资料。如果项目终止，要撰写《项目撤销书》。

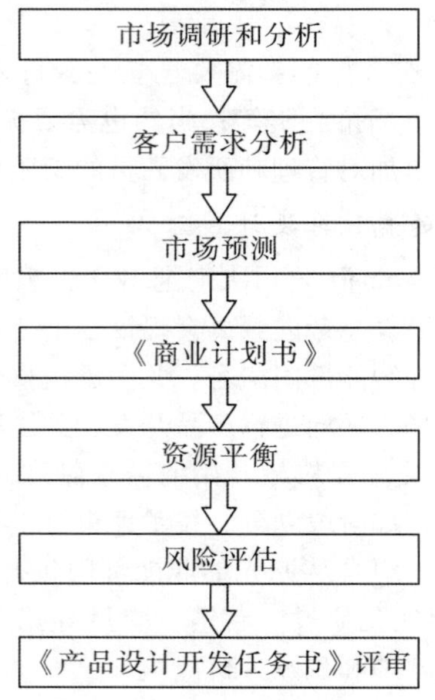

图 12　概念阶段研发参考流程

①接受《产品设计开发任务书》。

当公司的产品规划和市场需求调研工作完成后，有新产品需要开发，要开始撰写《产品设计开发任务书》。《产品设计开发任务书》可由概要描述、产品目标、战略目标、市场分析等几大板块构成，详细来谈，其主要内容也可包括：

A. 新产品开发的目的、意义、用途和市场说明；

B. 国内外同类产品的生产和技术水平现状及同类产品的发展趋势；

C. 产品的技术关键、技术指标、难点等；

D. 技术可行性分析和论证；

E. 新产品研发内容、进度及资源、经费投入；

F. 项目组评审意见。

表 1 《产品设计开发任务书》模版

<table>
<tr><td>项目名称</td><td colspan="2"></td><td>项目编号</td><td></td></tr>
<tr><td>产品名称</td><td colspan="2"></td><td>产品编号</td><td></td></tr>
<tr><td colspan="5">概要描述</td></tr>
<tr><td colspan="5"></td></tr>
<tr><td colspan="5">产品目标</td></tr>
<tr><td colspan="5"></td></tr>
<tr><td colspan="5">战略目标</td></tr>
<tr><td colspan="5"></td></tr>
<tr><td>市场分析</td><td colspan="4"></td></tr>
<tr><td>财务分析</td><td colspan="4"></td></tr>
<tr><td>PDT成员</td><td colspan="4"></td></tr>
<tr><td>总结</td><td colspan="4"></td></tr>
<tr><td>评审意见</td><td colspan="4"></td></tr>
</table>

②组建 PDT 团队。

《产品设计开发任务书》审批完成后，项目经理筹备建立新产品开发团队 PDT，并开始编制《新产品介绍》《开发目标清单》《工艺流程图》等。PDT 成员初步确定后，项目经理组织召开 PDT 小组成立会；PDT 成员须签署《项目保密承诺书》，会议内容须形成《PDT 成立会议记录》并确定 PDT 小组的例会时间和频次，PDT 每次会议记录须进行档案管理并整理进开发记录中。

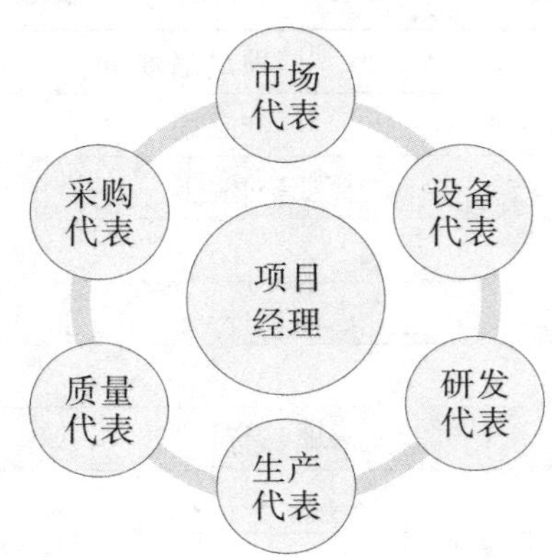

图 13　PDT 成员

从第一阶段开始，PDT 角色的定位就是履行自己在团队中的职能。项目经理要提前拟定初步项目计划；市场代表要提出市场分析、需求分析、竞争分析、销售分析和市场策略；研发代表要对市场代表的产品包需求进行分析，给出产品概念和产品方案；设备代表要对相关设备进行可制作性分析，提出制作策略；生产代表要对生产流程进行可生产性分析；质量代表要制定产品质量目标和计划；采购代表要对供应商进行分析。整个流程梳理如下：A. 接受《产品设计开发任务书》并组建 PDT；B. 项目开工并制订概念阶段计划；C. 进行市场调研和市场需求分析；D. 共同开发产品包需求、产品概念并进行技术评审；E. 各功能领域并行开发各自领域的策略与计划；F. 共同开发概念决策评审材料；G. 进行概念决策评审。

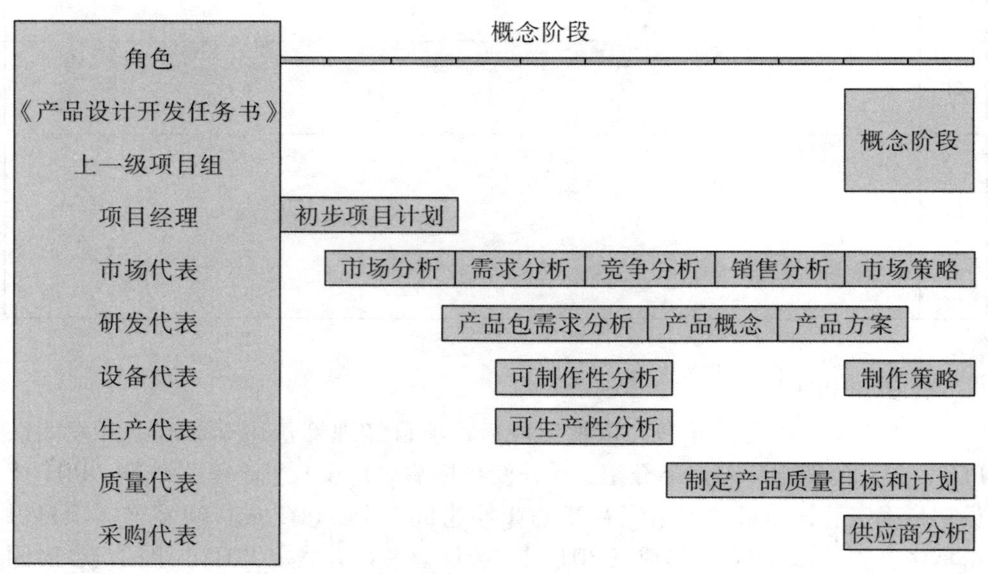

图 14　PDT 概念阶段工作图

（2）计划阶段。

计划阶段主要是制订项目阶段计划、产品资料计划、产品设计策略、产品方案、市场计划等。本阶段开始于概念阶段结束时。本阶段主要输出结果为：《产品业务计划书》、产品方案和《具体开发项目计划书》等。在此阶段，项目经理要根据实际情况对人力和资源进行合理安排。

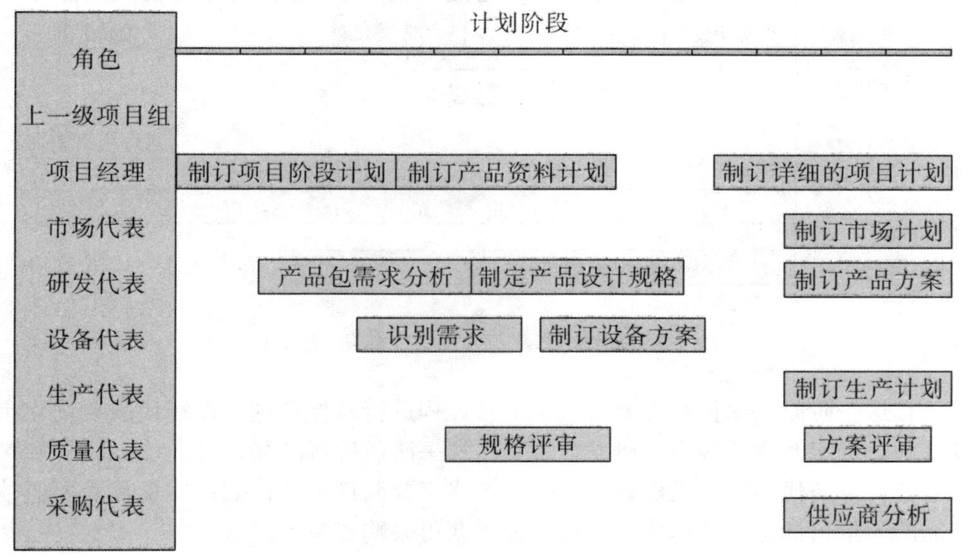

图 15　PDT 计划阶段工作图

在这一阶段，项目经理要制订项目阶段计划、产品资料计划和详细的项目计划；市场代表要制订市场计划；研发代表要对市场代表的产品包需求进行分析，制定产品设计规格并制订产品方案；设备代表要识别需求和制订设备方案；生产代表要制订生产计划；质量代表要做规格评审和方案评审；采购代表要继续对供应商进行分析。

（3）开发阶段。

在开发阶段，根据之前的项目计划实施产品的开发，并对市场销售提前做好准备。

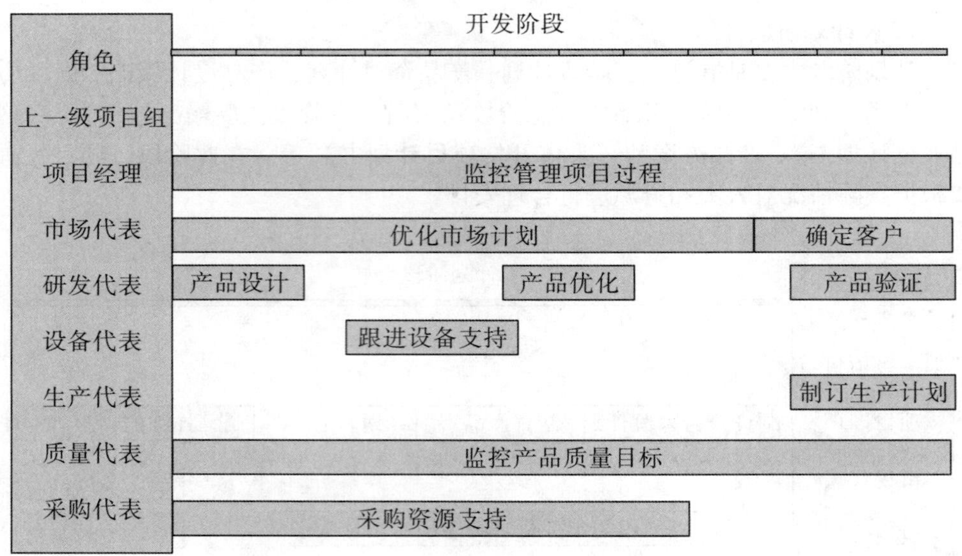

图 16　PDT 开发阶段工作图

在这一阶段，项目经理要对整个项目过程进行监控管理；市场代表要优化市场计划，确定开发的客户；研发代表要在这一阶段进行产品设计、产品优化和产品验证；设备代表要跟进设备支持；生产代表要制订生产计划；质量代表要监控产品的质量目标是否能达成；采购代表要获得采购资源的支持。

（4）验证阶段。

在验证阶段，对产品要进行完整的验证测试，包括生产验证、批量交付前的准备、产品发布准备等。

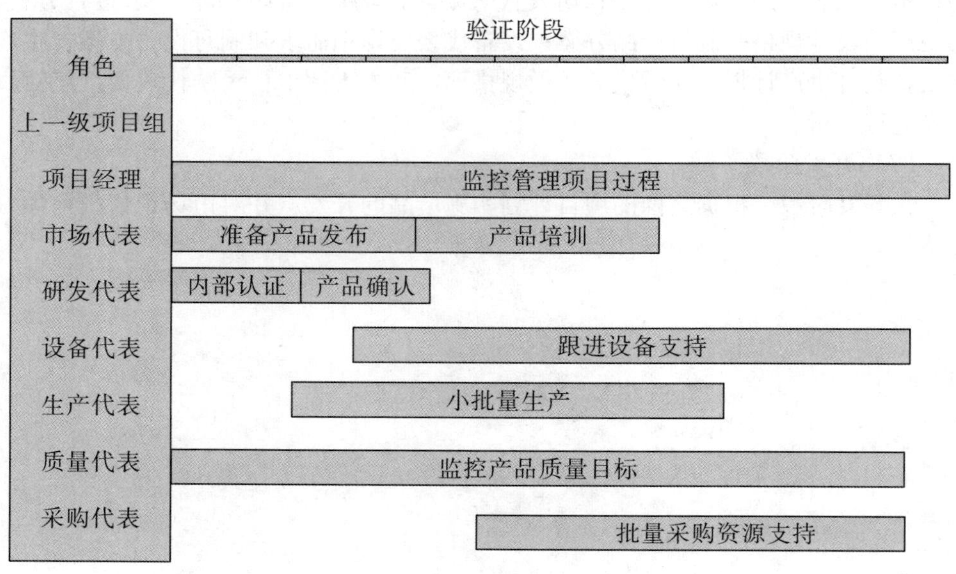

图 17　PDT 验证阶段工作图

在这一阶段，项目经理要对整个项目过程进行监控管理；市场代表要准备对外的产品发布，对内的产品培训工作；研发代表要对产品进行内部认证和产品最终的确认；设备代表要跟进设备支持；生产代表开始小批量生产；质量代表要监控产品的质量目标是否能达成；采购代表要获得批量采购资源的支持。

（5）发布阶段。

在发布阶段，对外要开始着手产品的发布工作，对内要做好人员的产品培训工作，启动销售和售后的服务工作。

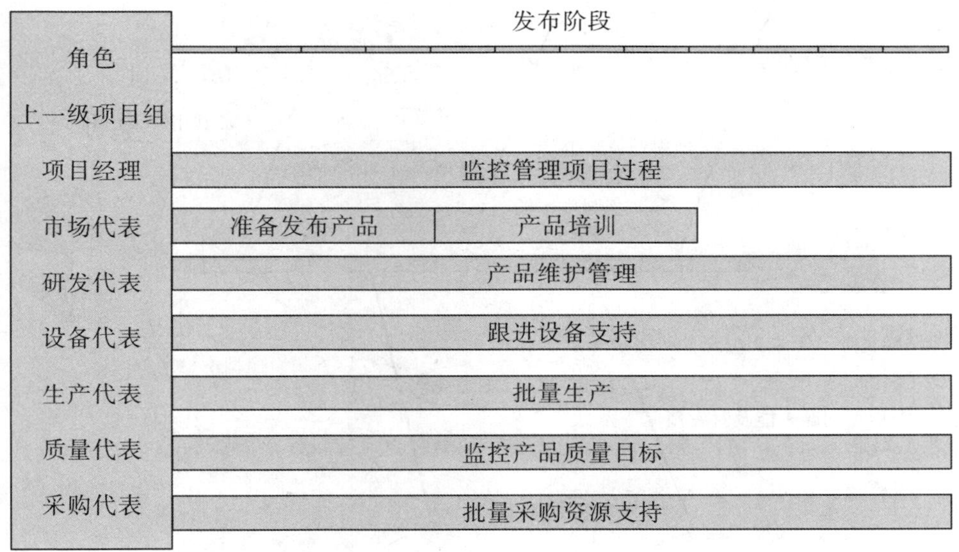

图 18　PDT 发布阶段工作图

在这一阶段，项目经理要持续对整个项目过程进行监控管理；市场代表要准备对外的产品发布，对内的产品培训工作；研发代表要对产品维护管理；设备代表要跟进设备支持；生产代表开始批量生产；质量代表要监控产品的质量目标是否能达成；采购代表要获得批量采购资源的支持。

6　电子变压器团队经验分享

6.1　新项目综述

6.1.1　背景描述和原因分析

2013 年，Smart 公司第一事业部推出了全自动电子变压器 EY 系列，该产品的市场容量非常大，公司很重视新产品线的建设。但是 2013—2014 年，该产品一直处于亏本状态，因为非标准品不能作为通用化工料生产，加上客户的需求不同，导致产品研发周期长。虽然客户需要全自动化生产，但是产能低，订单增加后产能完全不能满足客户需求。手工制作替代机器生产后，不仅产品一致性很差，且经常因质量问题被客户投诉，造成生产成本和管理成本完全不可控制。2014 年全年有 8 条全自动生产线，但是实际上能使用的只有 5 条。

第一事业部当时对该产品的整个环节进行了梳理，发现不论材料、设备、制作等方面都存在着很多问题，这些都是影响生产效率和产品质量的重要因素。

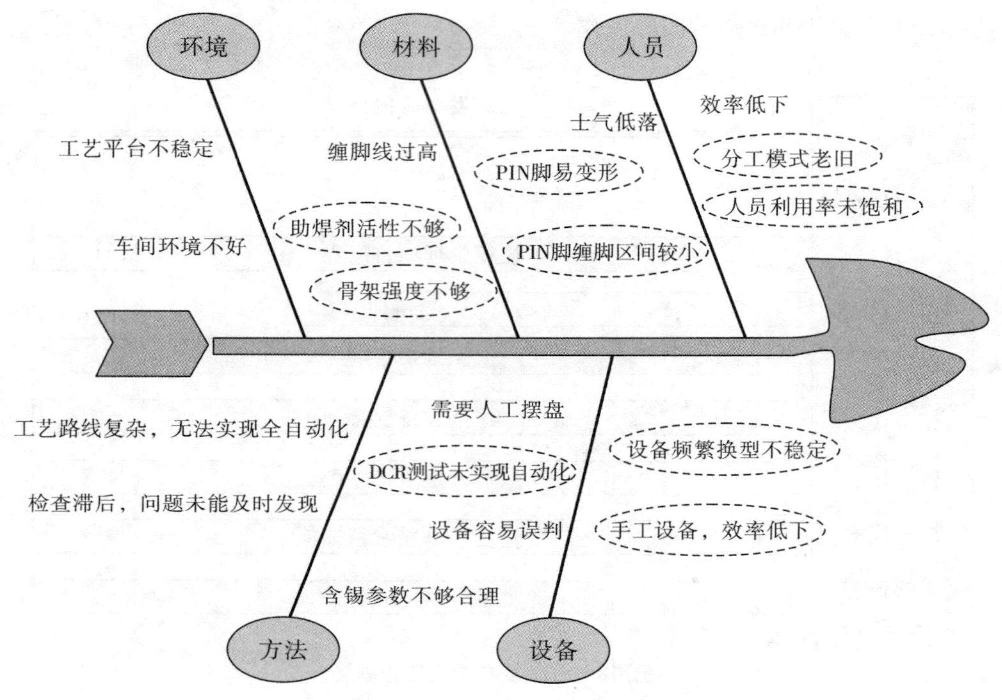

图 19　电子变压器团队问题点分析

由于网通市场的需求更新，导致之前 EY 系列的性能已经不能满足客户对这类信号变压器的需求，公司决定将该产品升级为 EY - V1 系列，除了外观上没有太大变化，产品材料和性能方面都有很大提升。

6.1.2　组建 PDT 团队

2015 年年初，Smart 公司决定成立新的团队，按照新的研发流程来执行。通过会议决定，由第一事业部产品经理陈星组建新的 PDT 团队负责 EY - V1 的开发工作。

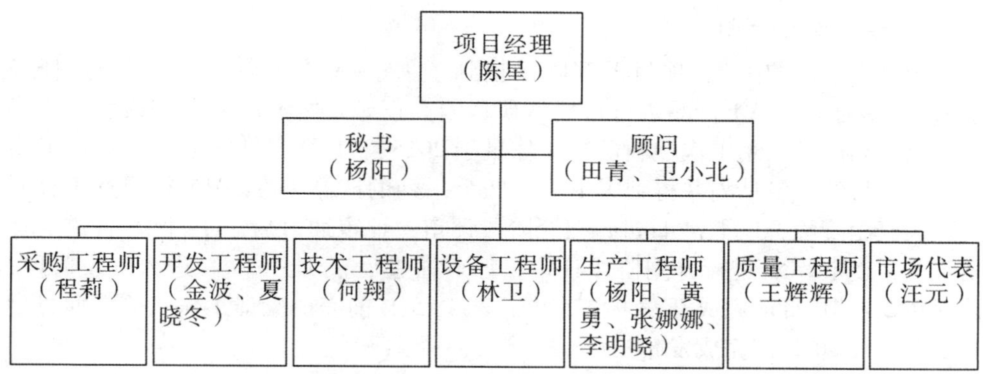

图 20　EY－V1 产品 PTD 团队结构图

6.1.3　目标设定

EY－V1 PDT 成立前，第一事业部电子变压器被划分为四个系列，系统共计 569 个具体型号。这四个产品系列必须通过手工和设备共同生产，合格率都在 83% 以下，直通率也比较低；而同行 TD 公司类似产品的合格率能达到 92% 以上，且直通率能达到 85%。

表 2　EY 产品状况表

产品系列	订单数量（个）	手工线人力需求（人）	合格率（%）	直通率（%）
EY05－A04	520	70	82.4	81.2
EY05－B21	520	70	81.7	65.9
EY11－A02	520	85	77.6	77.9
EY12－B12	520	88	75.9	78.6
合计	2 080	313		

注：以每天 20K 产能计算人力、合格率及直通率。

PDT 成立后的目标设定：

表 3　EY－V1 产品目标设定

产品系列	订单数量（个）	自动线人力需求（人）	合格率（%）	直通率（%）
EY05－A04－V1	520	30	95	85
EY05－B21－V1	520	30	95	85
EY11－A02－V1	520	30	92	85
EY12－B12－V1	520	30	92	85
合计	2 080	120		

注：以每天 20K 产能计算人力、合格率及直通率。

6.1.4　制订计划

2014 年 12 月中旬，项目经理陈星接到了 EY－V1 的《产品设计开发任务书》，开始对 EY－V1 产品进行市场调研，因为正好是之前产品的升级版，市场需求调研和产品策划工作顺利进行。陈星于 2015 年 1 月 3 日向第一事业部汇报了整个项目的研发计划并得到了审批。四个系列的产品都在 2015 年 1 月 4 日开始进入概念阶段，1 月 14 日进行概念阶段评审；评审通过后于 1 月 15 日进入计划阶段，1 月 25 日进行计划阶段评审；评审通过后于 1 月 26 日进入开发阶段；计划在 2 月 10 日前完成开发工作，并于 2 月 15 日前完成验证工作；验证通过后计划在 2 月 20 日前完成发布工作。

6.1.5　实际情况

通过 PDT 各成员的努力，使得实际达成情况比计划的要好。按照计划，四个系列产品都在 2015 年 1 月 4 日开始进入概念阶段，1 月 14 日进入概念阶段评审；评审通过后于 1 月 15 日进入计划阶段，1 月 25 日进行计划阶段评审；评审通过后于 1 月 26 日进入开发阶段；在 2 月 10 日前完成开发工作，并于 2 月 15 日前完成验证工作；在 2 月 20 日前完成发布工作。

表 4　EY－V1 产品开发实际情况

产品系列	项目	1月			2月			3月			4月			5月		
		1—10	11—20	21—31	1—10	11—20	21—28	1—10	11—20	21—31	1—10	11—20	21—30	1—10	11—20	21—31
EY05-A04-V1	计划开启时间															
	计划产能达成时间															
EY05-B21-V1	计划开启时间															
	计划产能达成时间															
EY11-A02-V1	计划开启时间															
	计划产能达成时间															
EY12-B12-V1	计划开启时间															
	计划产能达成时间															

这四个产品系列 EY05－A04－V1、EY05－B21－V1、EY11－A02－V1、EY12－B12－V1 实际的合格率都在 85%以上，直通率也在 85%以上，且产能提升实际达成比之前缩短了近 10 天时间。

表 5　EY－V1 产品产能汇总表

产品系列	实际达成产能	达成日期
EY05－A04－V1	20	3 月 10 日
EY05－B21－V1	17	4 月 5 日
EY11－A02－V1	20	4 月 5 日
EY12－B12－V1	20	4 月 10 日

6.2　经验分享

由于公司新的研发管理流程 IPD 的引入，打破了职能部门的壁垒，使得各部门之间能更深入地配合和协作，具体表现为：

（1）和市场保持密切联系，对产品包需求做到详细评估。

（2）PDT 内部人员定期沟通，使成员树立“客户至上”的意识；通过例会和不正式会议的形式创建沟通平台，加强职能部门配合机制；通过培训及交流模式，持续提高跨部门积极沟通意识。

（3）提高组织的工作能力，及时完成会议纪要和需要落实的工作，不断提升工作效率；及时总结过程收获，输出有质量的工作报告；及时总结工作过程中遇到的问题，并反馈给相关部门；及时汇报和分享，使各类经验快速在其他项目组和研发范围内推广。

（4）提升实干型人才的凝聚力，会中求同存异，聚焦核心任务，集中资源解决关键问题。

（5）制定有效的奖惩机制，激励组员积极主动工作，提高工作效率、减少资源浪费。

7　总结与展望

Smart 公司自引进 IPD 两年以来，已初见成效。在 2015 年公司年终总结大会上，第一事业部总经理杨晨着重提到了公司自引进 IPD 以来发生的变化。通过研发流程的优化，研发流程由瀑布模型引入并行工程，产品研发合格率由 83% 以下上升至 92% 以上，直通率从偏低水平上升至 85%。公司从重整流程和重整产品两个方面来缩短了产品的上市时间。产品研发周期由之前的 90 天缩短至 50 天，使得产品上市周期缩短了 44%。产品质量大幅度提升，设计更改率减少了 50%，客户投诉率降低了 60%，从而提高了产品的利润和竞争力。有效的产品开发为顾客和股东提供了更有价值的商品。本文通过对 Smart 公司研发管理的实践进行分析，重点研究了 IPD 模型，采用理论联系实际的方法对 IPD 模型进行了深入的解析。结合公司的研发管理实际，为该模型的实际应用情况给出了中肯的建议。根据企业战略制定产品战略，通过跨部门和结构化的并行研发流程，成功地将产品推向市场。IPD 最大的特点是将与产品开发相关的各个部门、各个环节有效地结合在一起，提升产品开发的效率和企业的效益。IPD 的推行要循序渐进、自上而下、坚持不懈，通过不断努力，才能最大限度地体现 IPD 的价值。

新产品的开发目前已经成为多数高新技术企业的发展战略，不用说现在国内很多高新技术企业还没有在新产品开发的项目管理中引入 IPD，即使是已经引入 IPD 的企业，完全成功的也极少。随着 IPD 产品引入及开发模式得到更为广泛的实践与应用，以及方法研究和项目管理理论的不断深入，将二者相结合，即基于 IPD 模式下新产品开发项目管理的研究会得到更为广泛的关注。今后该课题的进一步应用研究可以向以下两个方面拓展。

7.1 IPD 和项目管理理论的不断深化

IPD 流程、项目管理理论和方法是具有复杂技术和管理性的独立的、完整的理论体系。本文研究的基于 IPD 流程下的新产品开发项目管理，无论是其实施过程还是与理论和方法结合后呈现出的模式，都对实施的本体提出了更高的要求。为适应当今激烈的市场环境，企业必须依据自身的特点建立成熟的管理理论。而每个企业的背景都不完全相同，如何使基于 IPD 流程下的新产品开发管理对企业更加有效、更加科学是值得继续深入研究的课题。比如若能将基于 IPD 流程的新产品开发管理体系做到高度模块化、集成化、可裁剪化，这样让不同的企业或者不同的产品可以根据自身特点进行模块化定制，那么新产品开发项目的理论将得到更为广泛的应用。

7.2 通过不断实践以丰富基于 IPD 流程下的新产品开发项目管理理论

基于 IPD 流程下的新产品开发项目管理体系的构建和完善只是开端，而且所谓的“完善”只是一个相对的概念，不同的企业背景，对完善的标准定义不一定完全一样，对企业来讲具有可执行性和有效性是建立标准的依据。所以企业推行 IPD 需要结合企业自身的特点，在实践中不断地丰富和完善企业的流程以及建立在流程基础上的理论体系，在丰富和完善的基础上再谈指导实践。

IPD 流程、项目管理的构建和完善只是一个开端，具体执行是关键，人又是执行的关键。如何对产品开发人员进行合理的考核和激励是困扰企业的一大难题。由于产品开发工作的创造性和不确定性，很难在短期内对目标进行量化，对开发工作和开发人员的评价也比较困难。因此，建立科学的绩效考核体系与科学的激励机制就变得难上加难，开发人员的工作积极性也无法完全调动起来。所以，理论完善的一大重点就是解决如何应用项目管理中人力资源管理理论和方法来构建 IPD 模式下的产品开发人员的绩效考核评价体系，建立对开发人员的公平、合理、客观的评价模式，只有这样才能促进 IPD 流程和项目管理体系的有效实施。

Smart 公司作为一个设计与制造为一体的国内企业，要想拥有先进的管理模式、流畅的开发流程需要长期的应用实践来检验，并不断创新，不断优化，寻求突破，继续研究，才会对后期的管理问题有较好的引导。

小组参访启示

2015 年 11 月 18 日，在 2015 年春季班项目管理专业硕士万欢同学的协调安排下，深圳大学管理学院 MPM 项目管理专业硕士班学员一行五人在中心副教授陈莉老师的带领下就“企业学习行动”案例调研活动参访了深圳顺络电子股份有限公司。

万欢带领老师和同学们参观了前台展厅，包括具体产品实物、工艺简介和公司获得的客户或行业授予的一些荣誉资质，也详细介绍了顺络电子公司。深圳顺络电子股份有限公司（深交所：002138/顺络电子）成立于2000年，是一家专业从事各类片式电子元件研发、生产和销售的高新技术企业。秉承“遵循标准、科技创新、持续改进，向全球客户提供优异的产品和完善的服务”的经营理念，凭借先进的管理体系、卓越的开发能力、优异的产品质量和完善的服务，顺络电子已成为众多国内知名企业的电子元件供应商。

接下来，万欢同学邀请到了公司第一事业部杨总就企业新产品研发项目管理中存在的问题做了深入剖析。杨总在交流中提到了企业项目管理中的常见问题，包括研发人力资源的利用率不高；产品开发多基于事件而少基于规划；知识难以共享，经验和教训难以传承等。此外，他还强调一个公司应该通过战略愿景有效指引产品开发的方向；通过建立跨职能团队，有组织、有计划地管理战略；通过价值驱动战略。用“项目管理的案例——项目数量”来对比研发各阶段淘汰项目造成的损失。也就是说，并不是所有项目都要做，要懂得选择适合公司和市场的产品来做。项目管理要向管理文化转型需要各职能部门（组织、资金、问责等方面）发生根本性的转变。在接近三个小时的交流中，杨总耐心地回答了同学们的各种问题。

陈老师代表中心向杨总表示诚挚谢意，希望以后杨总有机会能到中心给其他同学做更多指导。最后，大家一起合影留念，这次的参访，使大家对企业中的项目管理有了进一步的了解，受益良多。

参考文献

[1] M HOBDAY, H RUSH & J TIDD. Innovation in complex products and system [J]. Research policy, 2000.

[2] 张利华. 华为研发 [M]. 北京：机械工业出版社，2009.

[3] 张雁平. HW 公司产品开发的 IPD 模式研究 [D]. 成都：电子科技大学，2005.

[4] 李胤. 基于 PACE 的快速产品开发能力研究 [D]. 南京：南京邮电大学，2011.

[5] 程韬. 蚂蚁蚂蚁　蚂蚁蚂蚁　蚂蚁没问题——PACE 的力量 [J]. 华东科技，2008 (6).

[6] 郑虎. 研发团队稳定性对项目管理绩效的影响研究 [D]. 上海：上海交通大学，2009.

[7] 秦现生，王润孝，等. 并行工程的理论与方法 [M]. 西安：西北工业大学出版社，2008.

[8] KEVIN O, KRISTIN W. Product design: techniques in reverse engineering and new product development [M]. NJ: Prentice Hall, 2000.

[9] 赵萍，郭昕. 汽车业推行企业项目化管理探讨 [J]. 汽车工业研究，2008 (1).

[10] 洪永福. 加强汽车新产品开发的前期策划和成本控制 [J]. 汽车科技，2004 (6).

[11] 罗伯特·G. 库珀. 新产品开发流程管理 [M]. 刘崇献，刘延，译. 北京：机械工

业出版社，2003.

[12] 荆宁宁．提升新产品研发过程有效性和效率的路径与方法：基于质量策划与知识过程管理的视角［M］．北京：科学出版社，2011.

[13] 迈克尔·E. 麦格拉思. 培思的力量：产品及周期优化法在产品开发中的应用［M］. 徐智群，朱战备，等译. 上海：上海科学技术出版社，2004.

[14] 葛星，黄鹏．流程管理理论设计工具实践［M］．北京：清华大学出版社，2008.

[15] 李丹. 企业研发管理的现状及分析［J］．商业经济，2011（24）．

[16] 周峻峰．QS9000 质量体系中的 APQP 程序［J］．汽车与配件，2000（31）．

[17] 陈国彬．基于 APQP、项目管理的 FA 公司研发流程再造［D］．厦门：厦门大学，2008.

[18] 陈文晖．项目管理的理论与实践［M］．北京：机械工业出版社，2008.

[19] 李·克拉耶夫斯基，拉里·里茨曼．运营管理——流程与价值链：第七版［M］. 刘晋，向佐春，译. 北京：人民邮电出版社，2007.

[20] 郭丽尧，王强，李卫东．APQP 方法在产品设计开发中的有效应用［J］．辽宁工学院学报（社会科学版），2004（3）．

[21] 田勇．质量工具在汽车零部件新产品开发项目管理中的应用［D］．长春：吉林大学，2006.

[22] 陈冠幗．APQP 在注塑企业的应用研究［D］．天津：天津大学，2007.

[23] 李成标. 面向产品创新的管理集成理论与方法［M］．北京：科学出版社，2009.

[24] 王丹．我国汽车工业技术创新模式研究［D］．长沙：湖南大学，2006.

[25] 田永富．AQP 项目管理系统在邦迪汽车公司的应用研究［D］．长春：吉林大学，2008.

A 公司软质巧克力专用油的研发项目管理

龙敬敬　卢　意　熊　鹰　张　莅　杨　琼　姚燕璇

指导教师：张灵莹教授

摘要：随着全国食品工业的不断发展，人们对食品的质量要求越来越高，食品种类不断丰富，巧克力制品的需求量也在不断增加。A 公司生产的特种油脂系列产品被广泛使用于巧克力的加工制作中，该公司会根据客户的需求定制开发新品，并为其提供技术服务，解决使用难题。为了实现与客户的长期合作，A 公司除了要保证新产品生产制造系统的良好运转之外，还要提供给客户更加优质的服务，以保证客户新品的及时供应。本文结合 A 公司软质巧克力专用油的研发案例进行分析探讨，为提升 A 公司相关研发项目的管理效率提供帮助，并对相关食品企业的研发过程具有一定的参考价值。

关键词：新产品研发；项目管理；食品行业

1　前言

1.1　课题背景

本案例分析的 A 公司是全国最大的小包装食用油生产厂、特种油脂专业生产商之一，其二十多年来不断追加投资，扩大经营规模，目前拥有年产 80 万吨油脂的精炼能力、50 万吨小包装食用油的包装能力、20 万吨特种油脂的生产能力。A 公司现有食用油精炼厂 5 家、包装厂 1 家、特种油脂厂 1 家、氢化油厂 1 家、酯交换厂 1 家、分提厂 2 家，储油罐总容量达 11 万吨，是中国最具规模、工艺最齐全、技术领先的食用油脂生产企业之一。

特种油脂可以作为一类食品工业原料，广泛应用于糖果、巧克力、烘焙制品、调味品、冰淇淋、速冻食品等食品行业中。随着食品行业的深入发展，人们对特种油脂的营养、健康和功能等方面的需求也在不断增加。

随着我国人民生活水平的不断提高，人们对健康和食品安全的意识不断增强，糖果、巧克力作为营养健康食品，越来越多地被消费者接受，市场对巧克力及巧克力制品的需求也在不断增加，巧克力产业已成为我国食品工业中发展速度较快的产业。我国巧克力产业需求稳健，极具增长潜力，规模不断扩大。虽然我国已是全球第二大经济体，但是巧克力市场还有很大的发展空间。随着我国食品工业的快速增长，人们对食品的消费需求也在不断变化，消费选择从数量型向质量型转化。巧克力制品作为健康营养食品，其需求量也在不断增加。

而油脂是巧克力的重要组成部分，它决定了巧克力产品的口感和风味。新功能、新口味、复合型的巧克力新品不断涌现，这需要不同功能的油脂的支持。

巧克力中使用到的油脂属于A公司生产的特种油脂系列产品，该公司会根据客户的需求定制开发新品，并为其提供技术服务，解决使用难题。

1.2 研究的目的和意义

在新的市场和竞争环境下，企业只有不断运用自己的新技术改造自己的产品，开发新产品，才不至于被市场淘汰。研究与开发是每个企业的核心竞争力，更是企业转变经济发展方式的强大推动力。企业同产品一样，也存在着生命周期，如果企业不开发新产品，则当产品走向衰退时，企业也一样走到了生命周期的终点。满足市场需求的新产品不仅能够推动企业抢占市场先机，更能维持企业生命力。因此，保证新产品的研发过程良好运行是非常必要的。首先，新产品的研发过程需要内部成员为了同一个目标，打破部门间的阻隔，针对研发过程中的每个细节进行有效的沟通和协调，直至合作完成。其次，在每个新产品的研发过程中，对整个项目的实施进度和质量有着重大影响的还包括小组成员的积极参与和配合，只有每个人按照流程按时按量完成任务，才能保证新品的顺利研发和上市。最后，对于管理层来说，项目的高层管理人员需要对整个项目的运行过程实施相应的管理，并对此有一个整体的把握，以保证研发过程的正常运行。所以，为了产品研发项目的顺利进行，需要建立一个标准的流程和程序文件来确认每个成员的工作职责，要明确产品研发过程中各个部门之间协作与任务的划分，及每个阶段的任务重点和关键控制点以及各阶段的任务重点和相应的项目控制体系。在竞争激烈的市场条件下以快速、有效的研发流程应对客户的新需求，完成新产品的开发，并使新产品在市场中占据一定地位，是企业在竞争中取胜的关键。本文对A公司软质巧克力专用油的研发项目进行分析，对项目中呈现的潜在问题提出了解决方案，对同行业其他公司的产品研发具有一定的借鉴作用。

一个项目的成功不仅可以令企业的盈利增加，还可以提高企业的市场竞争力和综合服务能力，这对于企业的可持续发展意义重大。A公司作为国内最大的油脂供应商之一，对产品研发部分更是投入了巨大的人力和物力。除了公司独立完成研发项目，其所属集团也专门为其设立了研发中心，对前端科研产品进行研究，用于支持市场的趋势变化。

良好的产品研发管理工作对于企业来说有以下好处：

(1) 加快产品研发节奏，提高产品研发效率。相对于行业内的竞争对手，A公司拥有一大批忠实的客户，其在利用优质的服务能力进一步巩固客户群体的同时，也加快了产品的研发节奏，这些均提高了产品的研发效率，为企业开拓市场、增加盈利空间打下了良好的基础。

（2）缩短产品试产周期，加快产品的更新速度。利用更多的产品系列占领市场，细分市场需求，提高产品的市场占有率，扩大企业的影响力。

在专业技术方面，随着细分市场的发展，不同类型、各具特色的巧克力产品开发强度加大，对特种油脂原料的多功能应用性能也提出了更高的要求，例如结晶性能、抗热性能、抗起霜性能等要求进一步提高，不仅如此，那些能够为产品增加其他特殊功能的油脂原料，将会更受客户欢迎。

特种油脂是重要的食品原料，在食品行业中应用广泛，随着食品行业的蓬勃发展，特种油脂的发展也迎来了新的契机，深入研究特种油脂基础性能，开发特种油脂的应用性能，与研究和开发食品新功能的发展趋势息息相关。对特种油脂的深入研究，是对食品未来发展新方向的深入研究课题之一，这对于特种油脂行业和食品行业的发展，都具有十分重要的意义。

2 案例背景

2.1 产品研发项目的概念及特点

产品研发指的是新产品的开发过程，它以选择满足市场需求的产品为起始，经过产品设计、制造加工、试生产直到转入正常生产。产品研发具有三大特征：首先是不确定性，产品研发的过程充满了不确定性，例如开发技术的不确定性，竞争对手研发能力的不确定性，社会及市场环境的不确定性等；其次是变革性，产品的创新特点为研发工作带来了思维和工作模式的变革，新思维必然打破固有观念，新的工作模式必然打破旧有的组织结构和利益，这种变革势必导致一定的反对和抵制；最后是高投入性，产品研发往往需要耗费大量的人力、物力、财力等资源，这说明研发工作投入的成本耗费是巨大的。产品研发涵盖了新产品开发过程和老产品的更新换代过程。当需求被识破，而市场却并不存在能够满足这些需求的产品或服务的时候，市场就会存在空缺。为适应市场，那些满足需求和服务的产品必然会被设计出来。A 公司作为典型的制造型企业，有一套运行多年的管理流程。当需要研发新产品时，企业可能仅会对相应流程的某个部分进行改造，而对整个流程进行系统化的更新缺乏动力。

研发管理是以各种管理理论为基础，依靠研发体系设计，借助信息平台来开展对研发过程的各个要素的协调活动。它是一个全面管理的过程，包括团队建设、要素管理、风险管理、成本管理、过程管理。对于产品的研发过程，大多数企业都会建立相应的工作流程，一般来说，同一家企业的新产品研发流程大体是固定的，即所有的新产品研发项目的运作都以此为准，个别特殊项目会进行局部微调。为了保证新产品研发流程的有效运作，流程一般需要具备六个工作目标，即保证产品优势、实施质量、重点优先、快速并行、跨职能、市场导向。这六个目标旨在对各个环节中的产品质量进行控制，强调研发工作的一次性到位；对流程中的关键工作投入更多的资源，关注薄弱环节，充分保证研发方向的正确性；

提高研发效率；通过团队协作，促进相关部门职能人员打破职能界限；积极参与产品研发工作，尽量降低产品的失败率，缩短研发的工作周期；在项目进行的每个阶段，针对客户的要求进行多次测试和验证；保持产品的创新性；在流程中的重要节点进行重点检验；对产品的性能表现和客户满意度进行总结和评估。

2.2　A公司产品研发内部控制现状

A公司作为油脂制造企业，专门为食品企业提供全面的技术服务，包括设计研发、生产制造和产品管理等。本文以A公司软质巧克力专用油的研发为案例，针对其研发项目管理中出现的问题进行分析。

A公司的特种油脂产品主要用于制作蛋糕、面包、饼干、巧克力等休闲食品。目前，客户希望开发一款可以用于制作蛋糕夹心的软质巧克力产品。它不同于普通的块状巧克力产品，除了要求口感爽滑细腻外，还需具有一定的流动性且在室温下不会析油分层。

2.2.1　技术中心组织结构

A公司的企业技术中心紧贴市场运作，其成员除品管部技术组为专职人员外，其他人员均为各部门的技术骨干，熟悉生产加工的各环节。技术中心吸纳人才采用各部门经理推荐制和鼓励具有技术专长的员工自愿加入的方式，这为技术中心进行创新活动打下了坚实的人才基础。A公司的技术中心组织结构如图1所示。

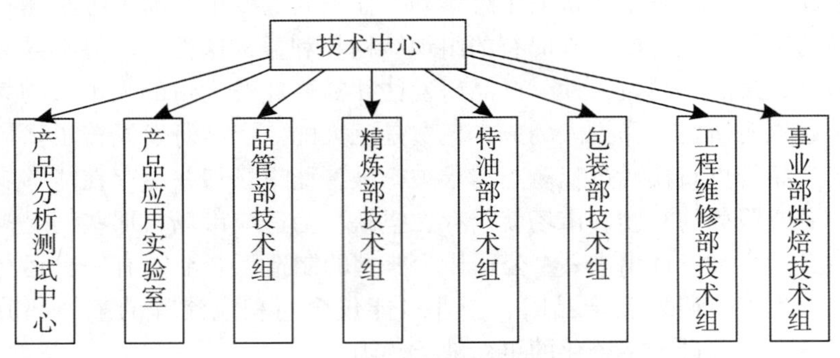

图1　A公司技术中心组织结构

2.2.2　产品研发流程

A公司的研发项目按照项目内容划分为“产品改进”与“新产品开发”两大类。这两大类研发流程又可划分为五个阶段：项目提出阶段、样品研制阶段、中试阶段、设计验证及确认阶段、正式生产阶段。

与“产品改进”相比，A公司“新产品开发”在项目提出阶段增加了两项内容：项目设计策划与项目方案实施。具体流程如图2所示。

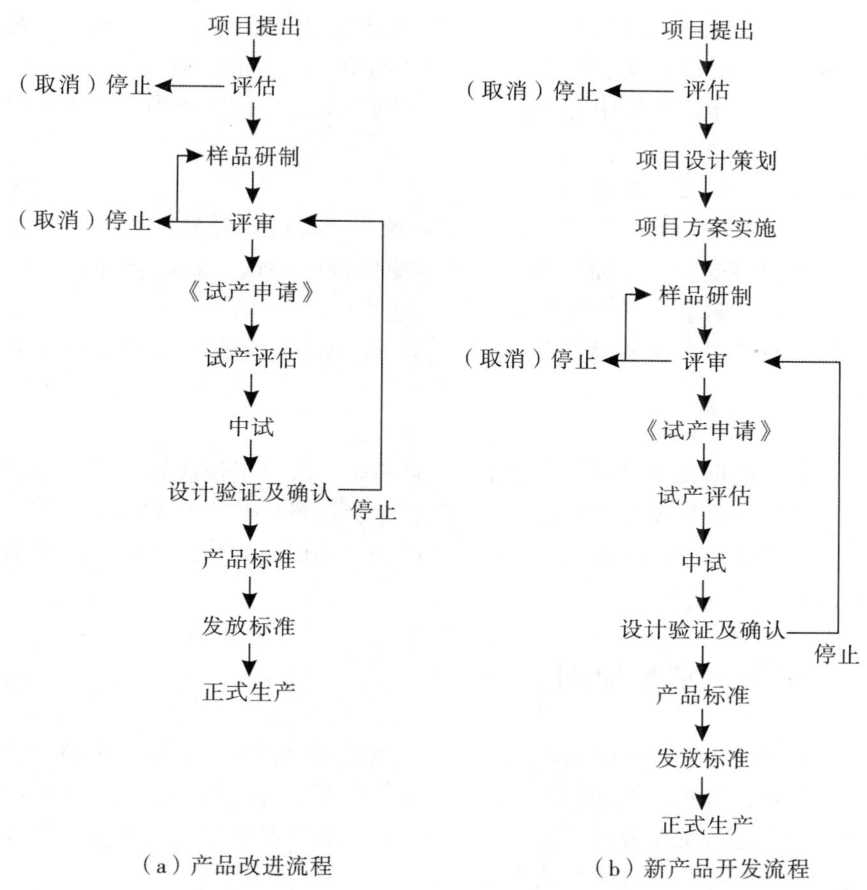

图 2　产品研发流程图

（1）项目提出阶段。

品管部技术组根据企业提供的市场信息，包括油脂的熔点、固体脂肪曲线、使用方法等，进行汇总分析并安排立项。项目负责人根据《项目建议书》组织有关人员确立《项目设计开发策划和实施方案》，内容包括：功能和性能要求、法律法规要求、适合各阶段的设计评审、验证和确认活动、每个阶段的任务/责任人/进度要求、资源配置需求等。

（2）样品研制阶段。

项目负责人组织相关人员开展实验和样品研制工作，并对研制的样品进行评估。必要时将样品送客户试用确认，并根据客户的反馈情况对产品设计进行修改。

（3）中试阶段。

评审的目的是评价设计和开发的输入要求是否达到预期的设计目标和设定成本，识别缺陷和不足，预测问题和风险，进而提出修正和改进措施，最大限度地保证最终的设计成果能够满足客户的要求。项目负责人根据实验结果和评审结果填写《试产申请》，内容应包括产品配方、原辅料及相关信息、工艺流程及关键的工艺参数、产品理化及性能指标、产品执行标准、产品包装及储运要求。《试产申请》需提交集团研发中心评审确认后方可发放，中试前由项目负责人组织相关人员做首次试产评估。

（4）设计验证及确认阶段。

各有关部门应根据《试产申请》的要求，进行设计开发的验证及确认，内容包括：工艺验证、产品质量验证、产品使用性能确认。验证及确认工作完成后，项目负责人需填写《设计验证及确认记录》。三次以上试产成功后，将文件提交研发中心并将之更名为《产品质量标准》，经核准生效后发放各相关部门存档备查。

（5）正式生产阶段。

生产部门根据《产品质量标准》、前期设计及试产工作成果，对产品进行批量生产。产品在满足既定客户需求的同时，也会被推广给有相似需求的客户。为开发更多的产品，技术服务人员会通过实时沟通来解决客户的问题，以便后续产品能更好地满足客户需求。

3　问题识别及原因分析

为了整体研发任务的顺利实施，并保证实施质量，需要建立一个科学流畅的产品研发流程，打破职能部门界限，整合不同的职能部门资源，激励各部门的人员积极参与产品研发任务。只有流程顺利进行，新产品才能完成研发，任何一个阶段的缺陷都有可能导致研发的失败。

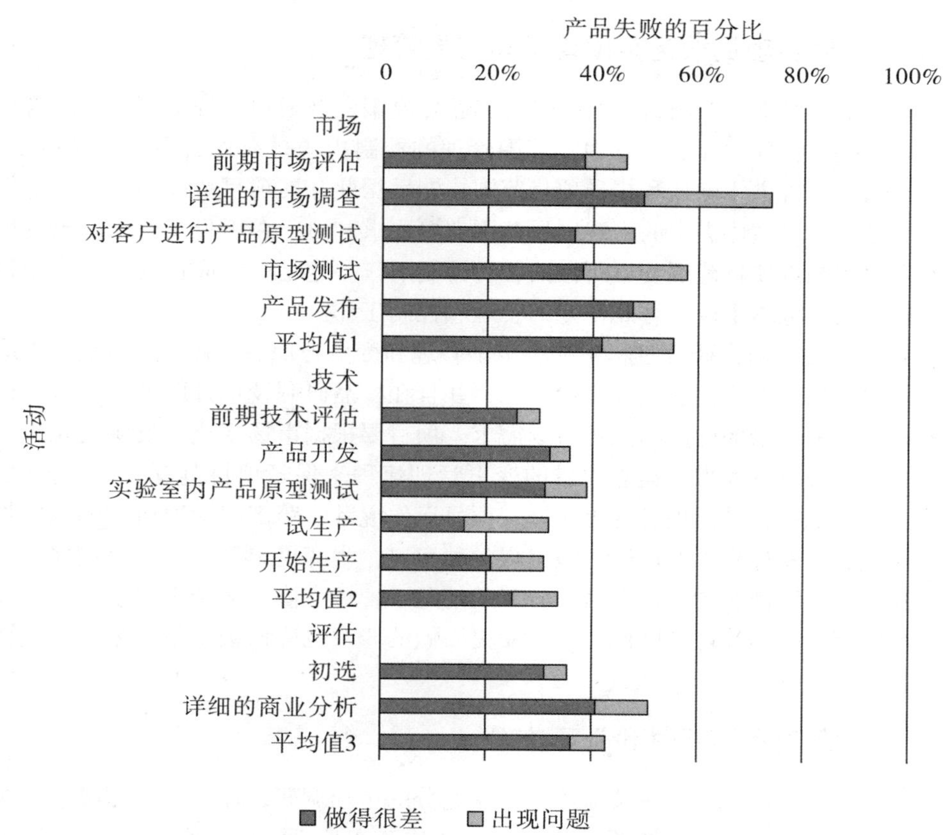

图 3　产品研发流程中的缺陷

从图 3 可以看出，在产品的研发流程中，各阶段都存在一定的缺陷，这些缺陷对于产品研发影响重大，同时，这些缺陷也必然影响产品推向市场的成功率。因为产品（食品）的特殊属性，产品的缺陷甚至会影响到企业在行业中的口碑和社会评价。因此，为保证新产品能够满足客户的需求，必须根据项目的整体运行状况，采用科学的分析方法，对流程进行整理、描述、归纳、分析，找出流程中的缺陷和不足，根据研发项目管理的相关理论进行完善，高效推进新产品研发工作进程。这不仅是提高企业盈利水平的基础工作，也是在激烈的市场竞争条件下，利于企业占领市场、长期发展的重要举措。

A 公司目前的管理架构是典型的职能型组织结构，巧克力专用油研发小组是技术中心根据新产品开发指令成立的项目组。在整个产品研发过程中，除研发小组外，材料供应、生产、营销等各相关部门也都付出了巨大的人力、物力，因此，研发产品的成功依赖于多部门的多种资源投入，项目负责人必须平衡人员间的利益关系，运用各种资源，完成一系列相互关联的任务，以便达到项目目标。

针对 A 公司的产品研发流程和管理，具体分析如下。

3.1 研发项目缺乏范围管理和变更管理

项目范围管理包括项目需求的确定和起始决策、规划项目的范围、范围管理的实施和范围管理的控制。其中，范围管理的控制指的是在项目界定的基础上，由项目相关利益主体确认和接受项目范围，然后据此开展项目范围的管理，并根据项目相关利益主体提出的主观项目范围变更要求和对于在项目实施中因出现偏差而发生的客观项目范围变更所做的各种控制工作。这是一项应贯穿于整个项目全过程的项目范围主观和客观偏差的管理和控制工作。

而在A公司新品研发过程中缺少范围管理和变更管理。公司的项目负责人应组织相关人员对设计开发输入进行评审，并且在样品研制及设计验证后，进行设计和开发评审，以保证产品满足市场需求。项目要根据市场变化或资源变化来制定目标，项目负责人需要建立项目的变更管理流程来保障项目范围的有效控制。否则，管理不善将导致项目变更频繁，项目运作混乱，跨部门沟通协作的难度加大。产品的研发过程中不可避免地出现各种变更，当变更出现时，变更的修改实施应该是完全而彻底的，而在组织分工的情况下，还应协调多个小组同步变更以保证工作产品的一致性。因此，针对变更而做的修改也应该被记录下来并和变更关联起来。

3.2 新产品可行性论证不充分

科学合理的产品研发决策应该立足于充分的市场调研，而不应依据某人或某部门的主观预测或判断。然而，目前A公司的新产品研发项目在项目提出阶段，往往是由技术部门负责人根据以往的研发经验，做出主观的预测，这样的新产品市场调研深度不足，缺乏市场依据，产品定位模糊，目标客户不明确，必然影响研发计划的具体落实。另外，企业在进行市场调研、采集市场信息时，往往由于调研目标的选择存在偏差、采用错误的收集信息的方法、采集到的信息数据时效滞后于现实变化等问题，导致采集到的市场信息不准确或者缺乏时效性，无法客观反映市场的实际容量和真实需求，而新产品所需的信息与市场实际状况脱节，必然无法指引企业进行有针对性的新产品研发工作，而研发出来的新产品也自然与市场的真实需求存在一定的差距。A公司在新产品的研发初期，不进行充分细致的可行性研究，对于不同特征、不同规模的项目，不区分是一般项目还是重点项目，是重大项目还是专项项目，也不针对具体项目进行具体分析，这样往往会导致整个项目的风险加大，进而造成严重损失，甚至导致项目失败。

3.3 研发项目时间管理和进度计划存在问题

对于新产品来说，当然是越早研发越好，尽早推向市场有助于企业抢占先机，赢得市场占有率，最快实现盈利，但是研发新产品的时间长短往往难以把控，因为研发的过程中总是会出现各式各样的问题，需要进行不断的检验和修改。没有前期的时间计划，团队中的人员很可能不清楚自己在整个项目中各时间节点的角色目标，各自为政，造成交接的不顺畅和延期、资源非科学性的规划等问题，这些问题将是导致项目隐含高风险的重要原因。具体影响因素包括：

（1）研发团队时间管理。

由于原辅料的质量或到货时间的不确定，导致后续试验或验证过程的延期；多次送样不成功，客户多次尝试后决定放弃，造成项目流失。

（2）研发进度管理。

产品的研发往往需要多次设计对比、研制样品，而且需要进行评审、试产等程序，涉及多个工作小组作业，一旦开发进度控制不力，极容易导致进度延误，无法按时提交成果。

（3）流程审批时间。

项目过程中的审核和评审均需要部门经理签字确认，而相关领导出差或开会的情况时有发生，导致流程停滞，延长了整个事务的批准时间。

（4）原辅料供应。

在产品研发和批量生产方面，新的供应商需在采购过程中审核通过后，才可以完成采购过程，这一点导致流程延时。

3.4 项目成本管理不精细

在项目开展的过程中，研发项目成本是非常重要的一大模块，但是 A 公司的项目经理与相关管理层在成本方面不够重视。从表面看起来，此项目分工明确、职责清晰，大家各司其职，但是在成本管理方面存在漏洞。比如，项目负责人只跟进生产进度，为了缩短工期而增加相关资源，导致成本增加；技术人员只负责技术和食品质量标准，为了追求质量而不计成本地使用技术措施，成本自然也就增加了。

在项目的实施过程中必定是会有相应的耗费，成本管理的主要内容就是控制不必要的耗费。作为一名合格的项目经理，必须有很强的成本管理意识，根据项目成本开展工作，有效地控制项目管理运营中的各种不合理开支。另外，应该增加成本管理方面的培训，使每一个员工都有成本管理的意识。在做员工绩效考核时，让各项成本的消耗与员工的绩效挂钩，从而调动员工的积极性。成本管理不再是财务部的事，而是全员参与的事，在项目各个环节都要考虑成本，从而使项目获得更大的利润。

A 公司项目成本控制中的项目成本、项目进度和项目质量是用不同的方法进行管理的。比如项目成本应用的是成本会计分析法，将成本的预计值与实际值进行比较。运用这一方法，在项目过程中或者在项目进程结束时，可以直接明了地看出是否超支。项目控制是对项目发展过程的控制，在这过程当中各要素并不是一成不变的。其控制的目的是什么呢？要保证项目按计划发展！而上述的分析方法中，成本预计值与实际值的比较结果却无法说明费用的增减进度差异的关系。所以，项目管理者也不能片面地凭借此信息来做出相关的决策，而是要综合考虑，以使项目进展得到有效的控制。

3.5 项目沟通效率低下

沟通管理在一般运营管理中是非常重要的模块，在项目管理中，沟通管理显得更为重要。众所周知，项目是以团队的方式开展工作的，而大部分情况下，要更好地完成团队工作，是需要顺畅的思想沟通和信息交流的。项目沟通管理的根本目标是保证有关项目的信息和决策能够适时地产生、收集、处理、储存和使用，从而保证项目团队成员的信息、思想和感情能够有效地获得交流。

在项目沟通管理中首要的工作是制订科学合理的项目沟通计划，同时项目沟通计划也需要根据实际实施结果进行定期的检查和必要的变更与修订。A 公司沟通效率低下主要表现在：

（1）缺乏部门之间的沟通。项目设计初期，由于项目负责人组织相关的产品研发设计工作时缺少与生产部门的及时沟通，导致产品包装不合理等问题。

（2）部门之间权力责任界限不清。在试产过程中，遇到产品质量问题时，没有明确研发项目组和品质控制人员的责任。

（3）研发部门内部缺乏沟通。确保客户满意是项目经理的责任。项目经理需要在预算和进度计划内完成任务，在项目结束时询问客户或公司是否满意，还需要不断与客户和公司相关部门进行沟通，以便让他们了解项目的进展，并确定是否对项目的期待有所变化。

3.6 风险管理不完善

在项目的各个环节中风险无处不在，一旦控制不好，将会对项目造成不利影响。在项目的实施过程中，有限的资源投入、不同相关利益方的需求，常常互相制约并且可能影响项目目标的完成。A 公司的新产品研发是一个从无到有的过程，在设计和研制、评审和试产过程中都有可能遭遇风险。因此在工作流程中应制订风险管理计划来对风险进行评估。

3.7 人才培养不足

A 公司非常重视人才的培养，投入了大量的人力物力，坚持从初级到中级再到高级的培养道路，但很可惜，效果并未达到预期。

A 公司的人才培养策略中，管理层多是从基层提拔和培养起来的。大部分的项目经理也是从技术骨干提拔上来的，对技术方面非常在行，但是缺乏行政管理、财务管理、物资设备管理、组织管理等方面的知识，这给项目经理在全面统筹规划工作时带来了一定的局限性。同时，A 公司经常出现一人多职和人员职责重叠的情况。而且有些项目研发过程中，并没有明确具体人员的职责，导致项目出现问题和情况时人员互相推卸责任，不能及时解决问题。

此外，新任管理者往往存在着诸多的困惑和问题。比如，对技术研究的痴迷，对技术性的工作始终有割舍不了的情结；对管理工作的陌生，甚至在管理中无从下手；对于管理日常事务性的工作不感兴趣，工作忙乱，每天总有做不完的事情；对下属总是放心不下，总想事事亲力亲为，生怕出一点差错；对同事也无法坦诚相待；对上级更是忐忑不安，时刻毕恭毕敬、诚惶诚恐，怕领导对自己不满意等。

4　解决方案与措施

4.1　根据客户及市场需求，完善范围管理工作

A 公司必须依据公司的整体战略、市场部署、技术发展情况，提高对研发的重视程度，科学制订研发计划。项目范围规划是研发项目计划编制中的重要组成部分，实际上，进行项目范围规划的过程就是初步确定项目的范围。

4.2　识别项目需求，形成工作分解结构

首先要明确需求建议，并与客户进行确认。然后以层次结构的形式将软质巧克力专用油的研发项目要执行的任务层层细分，形成项目结构。该项目目前只有内部研发技术方面的组织结构，需要全面优化。从项目立项开始，便设计工作分解结构（WBS）。

4.3　改进产品的调研制度，完善可行性研究方法

将客户需求和市场需求结合起来，建立需求数据库，逐步填充和更新各类型的调研数据，以保障公司能精准锁定市场和客户的信息。同时要在原有市场调研管理控制下，完善市场调研。市场调研主要包括常规调研和新产品调研。而新产品市场调研包括以下内容：目标客户、市场需求、产品研究、产品定价、产品口味、销售跟踪调整。A 公司的可行性研究报告的过程应依照实际需求，结合公司的研发计划，提出关于该项目的可行性研究的立项申请。同时，在可行性研究的方法方面，可根据项目的具体特点，采用调查研究法或对比分析法等一种或多种方法结合的方式进行。公司需要在满足行业发展的趋势要求、公司的长期战略目标的情况下，重视调查当下社会环境、技术经济等，评估备选的技术方案，再做出研发项目的投资决策。而技术方案的确定需要考虑可行性、必要性和风险性。

4.4　完善项目的时间管理和进度计划

A 公司软质巧克力专用油研发项目需要完善项目的时间管理和进度计划。这包括在既定时间范围内完成合理的进度计划，且包括在计划的执行过程中，及时评定实际的完成情况。若实际进度和计划进度出现了偏差，那么要及时审查，找出偏差的原因，同时开展补救措施或调整计划。在整个过程中，需要制定良好的工作机制，合理分解项目任务，明确目标，设计项目计划，跟踪项目进度，以保障项目的顺利进行。在跟踪项目进度时，除了要评估阶段性的输出成果，还要有充裕的经费来支持项目，以降低项目的风险，从而按时保质完成项目。

在项目正式开始时，监控项目的进程以确保每项活动都按进度计划进行。收集相关数据，并将其与进度基准计划进行比较。在项目进行期间，当认定项目实际进度落后于进度计划时，就必须采取纠正措施以维持项目的正常进行。全方位考虑客户、团队及不可抗力因素导致的进度变更，做到提前预案。关注进度范围内的活动变化，尽量缩短研发工期。在适当的时候，投入更多的资源以加快活动进程，如分派更多的人手来攻克研发难点。

总而言之，A公司在项目立项后，需要项目经理完成进度计划的合理性设计，制订并开展计划的实施方案，同时需定期向项目干系人通报阶段性完成情况及下一阶段的计划。

4.5　建立项目的成本管理体系

A公司新产品研发的项目管理思路中缺乏对项目成本的预算和控制，在此可以对其进行相应的改进，建立项目的成本管理体系。在准备项目建议书时需要预估项目成本，当项目决策通过后，细化和制订具体的项目预算计划；在项目启动后，则需要监督过程中的实际成本和计划成本的偏差，以保障成本在预算的可控范围内。首先，要对软质巧克力专用油的研发成本进行测算，建立产品成本数据库。其次，要考虑客户的不同需求及研发成本的分摊。再次，在项目运行期间，需要定期进行成本预算和控制。先进行成本预计，进而累计预计成本，还要确定实际成本，形成绩效分析。最后，利用现代项目管理较为流行的挣值法来监控项目的整个过程。借助计算机进行挣值分析，利用进度与费用定性和定量的差异做出决定。

4.6　建立项目的风险管理制度

在风险控制决策实施之后要有风险监督和控制，以检查和明确风险控制的策略及措施的实际效果与预期是否一致；改善和细化风险的控制计划；利用反馈信息修正将来的控制决策，以使其更贴合实际情况；在项目风险控制计划中及时做出评价，找出可进行细化和改进的风险管理规划机会。因为不管预先计划好的策略和措施是否已经付诸实施，风险监督和控制都必须时刻进行和有效反馈。A公司的新产品研发在设计和研制、评审和试产过程中都有可能会遭遇风险。因此在工作流程中应制订风险管理计划来对风险进行评估。对风险因素进行分析，针对风险的不确定性，一方面，A公司没有使用相关风险分析的方法对新产品的研发进行分析，而在多种分析方法中，使用流程图分析法和风险评估系图法，更直观，更易于发现风险点，成本也很低；另一方面，A公司未能有效地评价公司自身是否有应对预测风险的控制方法。

全面评估应该包括以下三个方面：第一，产品的市场保证性是否存在，能否及时满足客户需求；第二，技术设备是否满足要求；第三，项目经济收益是否存在。

分析后可得出，A公司产品研发内部控制的风险有以下三个方面：

（1）立项环节风险：产品规划和可行性研究不全面；立项审批不完善。

（2）研发过程管理风险：存在项目进度风险、项目费用风险。

（3）评估环节风险：对产品研发内部缺少控制，评估内容不齐备，评估方法不适用。

风险监督之所以非常必要，是因为时间的影响是很难预计的。

调查分析投资收益并对系统改造进行全面战略性分析，可使项目能够在满足需求、供应设备、组织投产等方面具有可行性。为了应对项目的合作风险，在项目实施过程中，项目领导小组成员之间需提高信息沟通效率和协作能力，建立适当的例会机制，并采用招标的方式公开选定供应商，对其进行动态、全程的系统监控和评价考核。为了应对进度风险，项目小组应制订严密的项目进度计划，将项目计划任务层层分解到各部门及唯一责任人，建立周期检查、考核制度。为了应对项目中存在的管理风险，项目小组建成后可开展培训工作，公司原有的一些业务流程和管理规范也可在这个过程中得到改进，从而巩固项目团队的建设。

4.7 建立有效的人才培养体系

针对人才培养不足的问题，A 公司应建立科学的人才培养体系，每年都应组织技术及管理方面的知识培训。首先，所有的项目经理都应该培训上岗，而已上岗的人员也应参加相关的岗位培训，明确职能与管理规范。其次，公司应树立正确的人才观念。项目管理需要的不仅仅是技术人员，其他方面的管理人员也不可或缺。在人才培养费用方面，公司对项目部门应实行激励机制，项目部门使用的相关培养费用在产值收益中扣减，不占项目的成本开支。在制订人才使用计划时，需要根据单位人才标准尤其是更多的年轻技术和管理领域人员的要求来制订。员工的经济待遇必须重点考虑，而在政策关心、事业支持和生活关怀等方面也应有相应的体现。制定完善的绩效机制，把少部分人，如“领导和项目经理是人才”的观念彻底扭转并将这一做法普及到广大的项目管理人员中去，鼓励更多的人员当专家。最后，公司可以开展多方位、多模式的人才招聘工作。内部培养方面，根据现有的人才团队结构，适当缩减部分培养经费，减少校园招聘，增加社会招聘，聘请有相关工作经验的管理人员，尤其是进行项目前期到施工、技术层面的管理工作，引进成熟的管理人员与其签订工作合同，配置相应的副手，既可以带出成熟的管理团队，又可保证管理人员的工作效率，有利于公司的长远运营与发展。

5 全文总结

本文针对 A 公司软质巧克力专用油的研发项目展开分析，结合食品行业研发项目管理现状和相关理论，深入研究了 A 公司在研发项目管理方面存在的问题，并提出解决方案。研发工作是企业生存发展的不竭动力，企业要追求可持续发展，必须坚持把研究与开发作为重要的发展战略，根据科技发展趋势的研究，提升企业的核心竞争力，打通国内外市场，进一步保证企业的国际竞争力。通过项目管理手段，保障项目实施过程的顺利进行，同时让新产品研发过程中的风险得到有效的控制，以便持续地推动公司自主创新能力的发展。

小组参访启示

项目对于社会、企业和个人的意义都是非常重要的。项目是一种临时性的工作，它是为实现一个目标，而进行的独特产品创造。项目管理是指在项目活动中，将专门的知识、技能、工具和方法应用在项目上，使项目在有限的资源限定条件下，实现需求和期望，达到项目要求。新产品研发项目更是离不开项目管理，从市场调研初期、确认客户需求、落实生产以及市场推广都需要运用项目管理的理论才能协调好各方项目干系人之间的关系，才能在计划的进度、成本和质量的要求下顺利完成项目。

参考文献

[1] Y H HUI. 贝雷：油脂化学与工艺学［M］. 徐生庚，裘爱泳，译. 北京：中国轻工业出版社，2001.

[2] 蔡云升，张文治. 新版糖果巧克力配方［M］. 北京：中国轻工业出版社，2002.

[3] 张忠盛，赵发基. 糖果巧克力生产技术问题［M］. 北京：中国轻工业出版社，2009.

[4] 王兴国，胡鹏，刘元法，等. 代可可脂与可可脂相容性及晶体形态研究［J］. 中国油脂，2009（11）.

[5] 张运生，曾德明，张利飞. 高新技术企业 R&D 管理控制模式研究［J］. 研究与发展管理，2004（5）.

[6] 王永贵. 产品开发与管理［M］. 北京：清华大学出版社，2007.

Y公司液晶电子手写屏项目人力资源配置研究

陈 银 肖羽丰 罗晶晶 区焕章 陈善廷 杨 玲

指导教师：王忠副教授

摘要：项目人力资源规划是项目人力资源管理的重要组成部分，合理的项目人力资源规划有助于企业节约项目人力资源成本，提高项目人力资源管理的效率。

本小组成员对Y公司进行了实地参访，对其项目人力资源配置的水平及现状进行了梳理，对项目人力资源配置研究的常用分析方法进行了深入学习。同时，通过对Y公司液晶电子手写屏项目及该公司人力资源发展现状的具体调研和分析，描述了该公司及该项目人力资源配置现状，找出了该项目人力资源配置方面存在的多种问题，并对出现的问题进行了分析。本文利用经验预测法、比率分析法得出2015—2016年预测期内该项目人力资源的各种数据，并运用马尔可夫模型法得出该项目在2015—2016年人力资源的供给情况，通过比较分析，得知在预测期内项目人力资源需求和供给存在结构性失衡，部分岗位冗员，而项目开发亟须解决人员短缺问题。最后，本文根据该项目人力资源需求和供给预测得出的结果，结合现代较为先进的人力资源配置理论，提出了一些具体的改进建议。

通过研究可以发现，合理的项目人力资源配置规划有助于企业加强项目人力资源管理，帮助企业将项目目标分解到项目人力资源管控的各项具体的活动中，促进项目建设，加强项目人员沟通，最终实现项目目标和公司发展的战略。

关键词：人力资源配置；项目管理；人力资源管理；人力资源预测

1 前言

1.1 研究背景

随着中国制造业产业的升级和转型的深入，通过研发获得自主知识产权，从而为企业带来核心竞争力成为企业升级和转型不可缺少的方法。同时，随着科学技术的快速发展，产品的更新周期越来越短，企业要拥有持续发展的动力，必须持续进行产品研发和技术创新。

1.2 主要问题

随着Y公司近年来不断的扩张，人员急剧增加，各种管理问题也日益显露，尤其在新产品研发中人力资源管理的问题上，尤为突出。

本小组中有部分成员一直在Y公司从事电子设备开发项目的计划和管理工作，发现一个让人困惑但是在中国企业广泛存在的问题：明明已经有了先进的技术支持，但是在实际开发工作中，却由于缺乏相应的项目管理和人力资源管理方法，导致项目执行过程中出现效率低下、进展缓慢、人员安排不够合理、变更频繁等问题，项目最后的交付时间也一拖再拖。经过调查发现，这种现象在其他公司也广泛存在。

1.3 研究目的

技术的发展使传统的竞争优势弱化，项目成功的关键因素从传统的资源和技术逐渐偏向人力资源。

因此，本文希望用研发项目管理专业知识和人力资源配置专业知识，结合Y公司的研发实例，为企业在研发项目中的人力资源配置问题提供切实的解决方案，以更好地促进该类研发项目的成功，增强企业的核心竞争力。

2 案例背景

2.1 液晶电子手写屏的发展趋势

自进入21世纪以来，中国在经济方面取得了巨大的发展，然而环境也遭受到了前所未有的破坏。中国环境污染问题已是触目惊心：全国500多座城市中，已有不少城市大气质量未达到一级标准；近3亿农民喝不到干净的饮用水；森林资源锐减。据联合国环境规划署的报告称，全球森林已减少了一半，从1990年到2000年全球每年消失的森林面积近千万公顷。而中国近几十年来因为人口膨胀、毁林造田而砍伐了100亿立方米的树林，剩余的12亿立方米仅够维持6年。根据相关统计数据显示，我国每人每年消耗的纸张多达157千克，目前我国在校人均消费纸张达55万吨之多，需要砍伐1 100多万棵大树。面对日益严峻的能源形势和环保形势，我国越来越多的企业承担起了社会环保的责任，投身绿色事业中来，开始探索绿色环保的生产方案。Y公司更是如此。它以研发环保节能产品为己任，倡导环保理念，引用国外先进技术，其基于柔性液晶显示专利技术研发的液晶电子手写屏适用于学习绘画、办公记事、日常沟通等。此产品采用独家的零功耗液晶技术，面板内置反光层，无须背光板，也就是说，环境光线越亮，它的视觉效果越清晰。内置高能纽扣电池，功耗低，一块150mA的锂电池可以反复书写5万次，使用时间长达4～5年。和电子书一样，它不具挥发性，也不需要额外的电力来维持其画面内容。写字板上画面线条的粗细由其接受的书写压力决定，压力越大，线条就越粗。只需按下开关便可清除字迹，方便快捷。其外观精美，A5 大小，携带方便，设计人性化。如果在没有纸笔的情况下，只要随身携带这样一块超级环保的电子屏，用手指就可以记录需要记录的事情，而且在不按“清除”的情况下，可永久保存。在节能环保成为共识的今天，此款产品的市场前景极其广阔。

2.2 公司简介及发展现状

2.2.1 Y 公司简介

Y 公司成立于 2005 年，是一家集研发、设计、生产经营光电显示器件及相关产品为一体的综合型美资企业。公司总部位于美国加利福尼亚州硅谷，中国分公司位于深圳高新技术产业园区，其产品技术支持来源于国际显示器行业资深专家与实力强大的研发团队，拥有多项世界专利技术。它与国内外多个显示器公司建立了稳定的合作关系，常年活跃于各大型展会，频频亮相于中国国际高新技术成果交易会电子展，中国（广州）国际康复设备暨福祉辅具展览会，中国电子展（CEF），中国（深圳）国际礼品、工艺品、钟表及家庭用品展览会，中国加工贸易产品博览会（东莞），中国国际（北京）福祉博览会等。公司拥有先进的生产设备、雄厚的技术实力、精良的制造队伍以及追求卓越的理念。

成立于 2005 年的 Y 公司，依托领先的液晶显示技术，成长迅速。2010 年“易写”姊妹版 Boogie Board 在美国一经上市即成为北美地区网络销售冠军产品，创造了每小时销售 2 800 台的历史纪录。被美国《大众科学》（*Popular Science*）杂志赞誉为“与纸笔一样方便”。2011 年 8 月 26 日，Y 公司记忆版本手写屏发布会召开，会上展示了记忆版本手写屏的主要功能、性能特点等并公布了批量生产的时间。新产品的诞生丰富了 Y 公司现有的产品线，使得公司产品种类不断丰富，功能不断完善，带动电子纸的应用进入更为广阔的领域。2013 年 9 月，在迁址规模化的新厂房与办公楼后，公司新增自动化生产线 2 条、自动包装线 2 条、SMT 生产线 1 条；配备千级无尘车间，扩大万级无尘车间与十万级无尘车间。2014 年，Y 公司共申请通过 12 项专利，包括发明、外观、实用新型等。2014 年 2 月，Y 公司被深圳平板显示协会评选为“常务理事单位”并予颁奖。2015 年 4 月，Y 公司引进全自动 TP 生产线，扩大触摸屏产品的生产规模并保证了品质与产能。然而，随着公司日益壮大、人员的增加，人员配置问题也日益显露，尤其在当前公司大小项目多，涵盖面广，生产内容涉及液晶电子手写屏、液晶显示模块、吸奶器、大型自动售货机以及医疗产品等的情况下，如何获得专业的优秀技术型人才，如何对现有的人力资源进行合理有效的配置，以达到资源的最佳组合，实现项目的最佳效益，成为当前管理者亟须解决的问题。

2.2.2 公司的组织结构

如图 1 所示，Y 公司属于直线型组织结构形式，实行运营经理责任制，下设品质、采购、生产、仓储、工程、物流、市场、财务、行政九个职能部门。

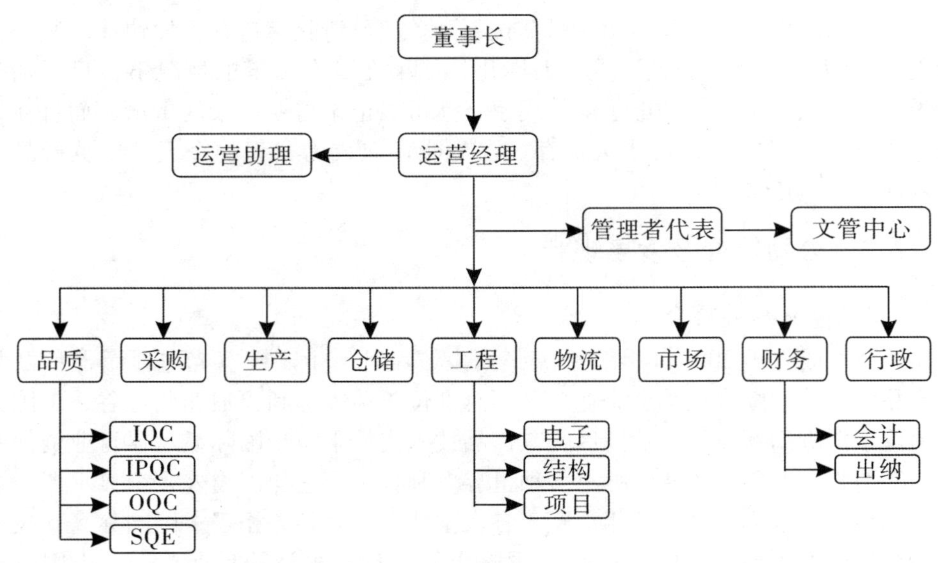

图 1　Y 公司总体组织结构图

2.2.3　公司产品和市场占有率

节能环保是一个永恒的主题。Y 公司尊崇时尚环保新生活，以研发制造节能环保的无源显示部件类产品和终端为依托，主要产品有背光板、显示模块等部件类产品和以 ChLCD 技术为基础的液晶电子手写屏等终端消费类产品。其部件产品大多为客户定制产品，可创造响应用户个性化需求的新模式，现主要用于国内外各种中高端或特种设备、仪器上。而以 ChLCD 为基础的终端消费电子产品，凭其超低的能耗、流畅的显示反应以及独特的记忆功能等特点，以全新的概念型产品势头强劲地走向了市场。在与美国肯特显示公司的共同协作下开发的液晶电子手写屏，采用了低功耗的柔性液晶显示技术。柔性液晶屏源自世界上第一条卷对卷制程（Roll-to-Roll）的 LCD 生产线，此产品不仅节能，功耗极低，可视角大，而且不需要偏光片，只需要依靠外界光线就能够呈现完美的书写笔迹；极高的书写精度和灵敏度可以媲美硬笔书写的效果；虽区别于传统的纸张但有在纸上书写的感觉，能够给消费者带来不一样的书写体验。也正因如此，短短的两年时间内，在攻克技术难题的同时，液晶电子手写屏风靡海外市场。此款液晶电子手写屏主销日本、美国、加拿大、欧洲等国家和地区。

2.3　液晶电子手写屏项目背景

Y 公司目前生产的液晶电子手写屏尺寸为 8.5 英寸，功能相对单一，为满足消费者对新产品的强烈需求，在原有基础上对产品进行更新升级势在必行。新项目 10.5 英寸液晶电子手写屏在这种情况下应运而生。此项目运用公司现有的人力资源，于 2015 年 8 月 30 日立项，项目小组由一个总的项目工程师作为项目总负责人，同时由结构工程师 2 人、电子工程师 2 人、品质部 2 人、采购部 2 人、生产部 2 人共同组成 11 人的核心人员小组。小组每周三定期召开项目会议，讨论项目各自负责部分的进展情况，2015 年 8 月 30 日项目正式启动，预计到 2016 年 2 月底实现新产品的量产，历时近 6 个月。

2.4　项目分解结构及关键路径进度表

2.4.1　项目 WBS

本项目从立项开始到最后进入量产共计六个阶段，具体如图 2 所示：

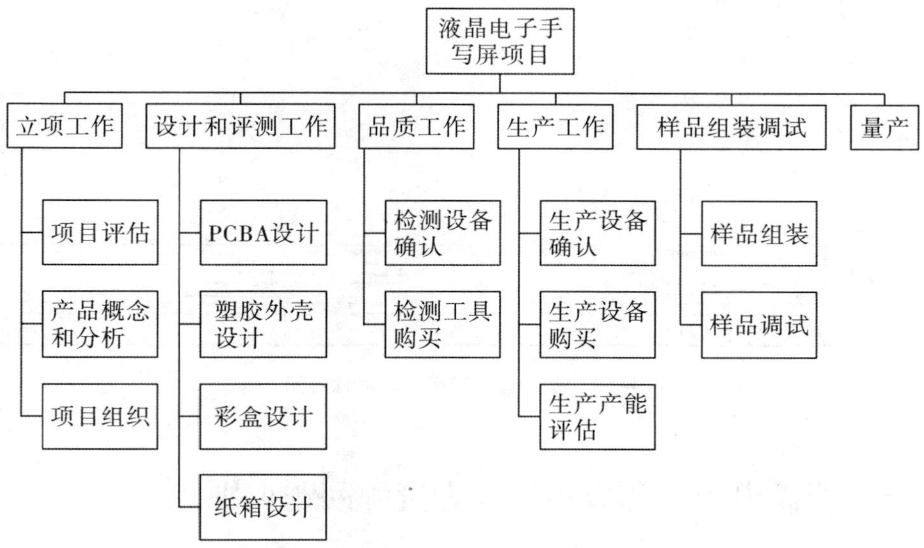

图 2　液晶电子手写屏项目 WBS 图

2.4.2　项目甘特图

该项目的关键路径进度如图 3 所示，根据活动时间估算，该项目从最初立项到最后项目归档总时长约为 180 个工作日。对于关键路径上的工作，我们根据固定工期要求尽量动员足够的骨干成员全力以赴完成。

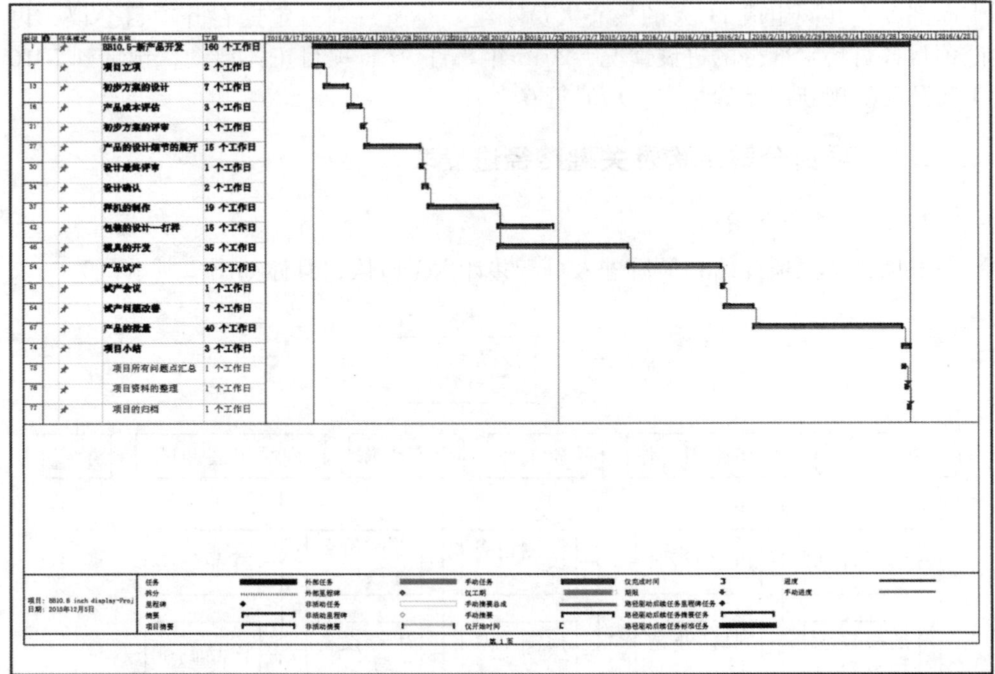

图 3　液晶电子手写屏项目甘特图

3　液晶电子手写屏项目人力资源问题识别

3.1　Y 公司人力资源现状

经过近十年的发展，Y 公司在以人为本的人才理念指导下，在电子研发、模具结构设计、项目管理、品质控制等方面集中了一批高素质的专业人才，逐渐发展成一支拥有 170 多人的由层级专业技术人员组成的专业队伍。为适应公司的发展需求，2012 年以来，公司更加注重对专业技术性复合型人才的引进，力争打造出专业技术水平过硬的优秀项目管理人员团队。因此，在人力资源战略上，公司注重引进与培养双结合，提拔与淘汰双结合，以陆续完善人力资源管理政策。

3.1.1　在职员工情况

截至 2015 年 10 月，Y 公司共有员工 178 人。按照岗位部门统计，董事长 1 人，总经理 1 人，运营部 2 人，财务部 5 人，行政部 5 人，工程部 28 人，采购部 5 人，仓库 4 人，品质部 23 人，一线员工共计 104 人。按照岗位级别统计，高层管理人员 9 人，中层管理人员 18 人，基层管理人员 32 人，管理人员约占员工总数的 33%，普通员工 119 人，占 67% 左右。

表 1　截至 2015 年 10 月 Y 公司员工岗位级别占比表

岗位级别	高层管理人员	中层管理人员	基层管理人员	普通员工	合计
人数（人）	9	18	32	119	178
比例（%）	5	10	18	67	100

3.1.2　年龄构成

公司有高层管理人员 9 人，平均年龄 36 岁，年龄结构较为合理，本科及以上学历 4 人，总体教育程度中等。主要问题在于较多人员技术出身却从事管理，因而缺乏专业管理方面的训练。

中层管理人员 18 人，平均年龄 29 岁，年龄偏年轻。25～30 岁人员占了总人数的一半以上，他们工作热情饱满，拥有激情，富有创新精神，有干劲，是企业建设发展的中坚力量。公司目前以这部分人员为主，说明公司正处于稳步发展时期，适龄人力资源储备丰富，可供下一步发展所需。35～45 岁人员占 22%，他们大多是从企业建立之初就一直陪伴企业并为企业奋斗到现在，有着丰富的工作经验，且流动性较弱，有利于公司平稳发展。

3.1.3　学历构成

公司人员总体学历水平偏低，全公司本科学历的员工只有 12 人，大专学历的员工有 46 人，加起来占 33%，其余人员均为高中及以下学历，这部分人员占公司的大多数。学历构成是考核人力资源素质的主要方面，由较高学历构成的人力资源有培训成本低和人员综合素质高的特点。公司目前实施扩张性多项目发展战略，需要大量优秀的操作人员和技术人员。

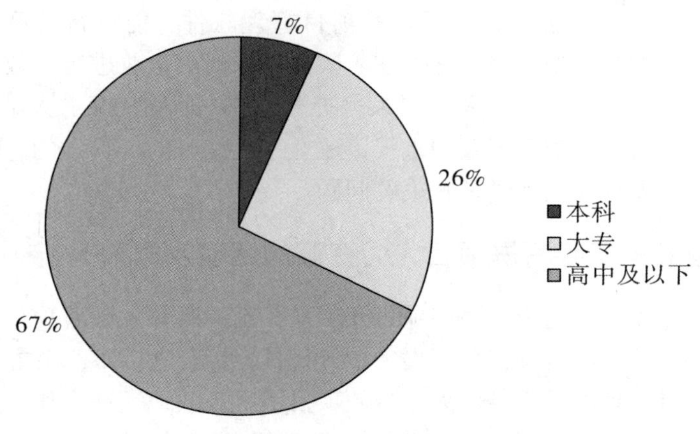

图 4　Y 公司人力资源学历构成

3.2　液晶电子手写屏项目人力资源状况

近年来，Y 公司在工程研发项目上有了不错的发展，对项目中的人力资源配置管理也有了深刻的认识。项目的实施离不开人的作用，如何将合适的人才放到适当的位置，最大限度发挥人才的能动性，从而确保项目的效益最大化，这也是人力资源配置中最关键的问题。目前，Y 公司项目人力资源配置形成了一种基本固定的模式，如图 5 所示：

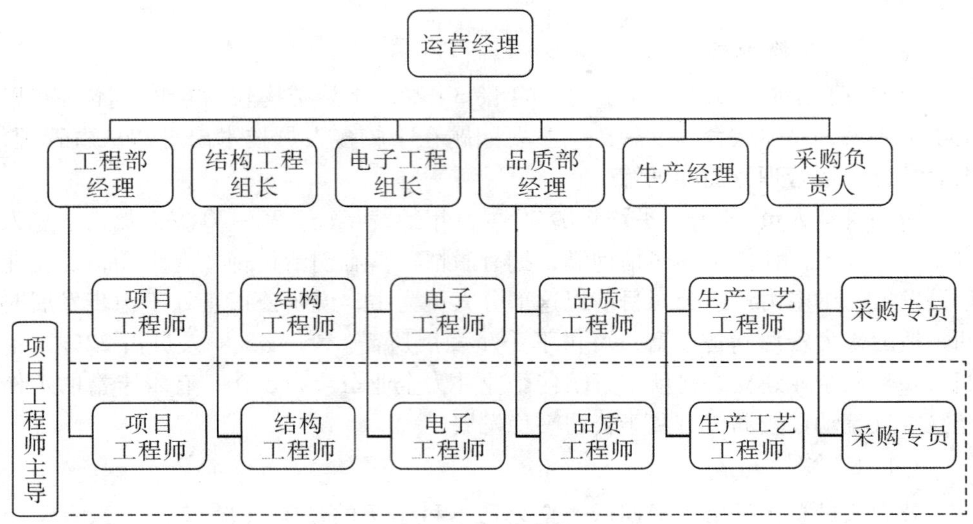

图 5　Y 公司液晶电子手写屏项目核心人员

Y 公司人力资源配置管理起步较晚，人员队伍专业素质不高，具体表现为：一方面，Y 公司高素质人才严重短缺，尤其是缺乏能按照国际通行项目管理模式、程序标准进行管理的技术带头人、项目负责人以及有技术会经营、外语水平高的复合型人才；另一方面，缺乏熟悉项目管理软件，能进行进度、质量、费用、材料等控制的复合型高级管理人才。因此，如何对企业进行有效的人力资源配置与管理成为目前 Y 公司工程项目人力资源管理中面临的又一大难题。如何加强企业对工程项目人力资源配置的重视，建立一套完整的、科学的、规范的人力资源管理配置体系成为当前亟须解决的问题。

3.3　液晶电子手写屏项目人力资源的困境及原因分析

人力资源是该液晶电子手写屏项目开展最关键的资源。随着项目的展开，人力资源配置存在的问题也慢慢显露出来，分析其原因，有以下几个方面。

第一，项目经理能力不足，无法带领项目团队高效地完成工作。表现为项目经理只注重技术细节的管理，而忽略了员工精神层面的管理与沟通，导致整个项目团队士气低落，员工积极性不高，工作效率低；项目经理花太多时间关注项目某个局部的进展，而忽略了项目的整体进展，从而导致项目整体进度延期。分析其中的原因，该项目在人力资源安排方面违背了优势定位的原则。优势定位一是指人应根据自己的优势和岗位的需求，选择最有利于发挥自己优势的岗位；二是指管理者应据此将人安置到最有利于发挥其优势的岗位上。简单来说，就是依据人的优势将其安排在适合的岗位上，只有这样才能最大限度地发挥员工的潜力。人的发展受先天因素的影响，更受后天实践的制约。后天形成的能力不仅与本人的努力程度有关，也与其所处的环境有关。因此，人能力的发展是不平衡的，其个性也是多样化的。每个人都有自己的长处和短处，有其总体的能级标准，同时也有自己的专业特长及工作爱好。

该项目经理原来是主要技术部门的经理，由于在技术方面有核心专长，并且研究的刚好是液晶电子手写屏项目必需的技术，公司基于其在技术方面的特长与优异表现，让其担任该项目开发的项目经理。不可否认，该项目经理具有专业素养，但其在管理以及综合统筹方面的能力是有所欠缺的。首先，我们来看看作为项目经理应该具备的技能：

（1）常识概念技能。即工程项目经理对复杂情况进行抽象和概念化的技能。工程项目管理涉及很多专业领域，合同关系复杂，各种特殊情况随时可能发生。工程项目经理不可能在每个专业方面都是专家，因此，应具备在处理错综复杂问题时能抽象概括出问题的基本脉络，抓住问题的关键的能力。

（2）专业技术技能。在工程项目管理中，多数工程项目经理都是由工程项目相关领域中的专家担任的，以便使工程项目经理在管理中更具有说服力和权威性。另外，工程项目管理属于一定专业领域中的一种一次性和创新性的工作，因此，工程项目经理必须具备工程项目所需的基本专业知识，了解工程项目涉及的专业的基本原理。

（3）人际交往技能。具有良好人际交往技能的工程项目经理能够使员工善于应对工程项目人力资源配置的动态管理，懂得如何与员工沟通，知道如何激励、引导、鼓舞员工。具备良好的人际关系可以使工程项目经理在特殊情况下与团队成员产生共鸣，对工程项目成员的思想和行为产生正面影响，化解工程项目成员之间的不和与分歧，提高团队的工作效率。工程项目经理在很多问题上需要同公司上层领导、用户、职能部门经理和其他同事、项目的利益干系人、工程项目团队成员等进行沟通。频繁、有效的沟通可以保证工程项目顺利实施，及时发现潜在的问题，得到改进工作的建议，增加相互间的了解和支持，避免意外的发生。有效的沟通，可以使工程项目所有相关人员对工程项目目标有一个清晰的认识，建立起良好的工作关系。

（4）情境领导技能。工程项目组织因各种原因，很多情况下成员素质参差不齐，存在较大的差异。在人力资源的管理方法上应因人而异，实行差异化管理。

（5）心理调节技能。项目经理通常会面对非常多的挑战，其压力是相当大的。为此，项目经理不仅需要具备相当好的抗压能力，还需要具备良好的心理调节技能，面对压力时，能够进行自我调节，化解压力，甚至把压力变成动力。只有这样，项目经理才能在高压状态下保持高效的工作效率，带领团队勇往直前。

通过以上分析并结合该项目经理实际状况可以发现，该项目经理只是专业技术技能突出，而其他方面的技能一般，其作为项目经理的能力是欠缺的，把其置于技术管理者的岗位上，其工作可能比较出色，但作为项目经理，他无法带领项目团队高效率地开展工作。

第二，人力资源过剩与紧缺的现象并存。在开发的早期阶段，人力资源过剩，很多项目成员无事可做，而到了项目开发中期，又出现人手不足的现象。分析其原因，主要违背了人力资源配置中的动态适应原理。动态适应原理是指人与事的不适应是绝对的，适应才是相对的，从不适应到适应是在运动中实现的，随着事物的发展，适应又会变成不适应，只有不断调整人与事的关系才能达到重新适应。现在来看该项目的人员配置，其在项目成立之初就把全部人员都固定下来，这部分固定的人员专门负责液晶电子手写屏项目的开发；而在开发初期，这些人员主要是做一些项目的调研工作，工作量不大，从而导致部分人员闲置；而当项目工作正式展开的时候，这些固定的人手又不足以应付大量的工作，造成人手不足的现象。

没有动态的人力资源需求预测，是造成人力资源浪费与不足现象并存的原因之一。

第三，不能做到因岗置人、人尽其才。由于该液晶电子手写屏开发项目对整个公司来讲是非常重要的一个项目，公司领导对此也非常重视，将公司最核心的顶尖人才都调配至此负责该项目，但当项目展开时才发现，该工作不需要高学历人才，只需要熟练掌握电子、结构设计技能的员工即可。随着项目的展开，这部分高学历顶尖人才士气低落，认为其所干的工作没有挑战性，意义不大，无法发挥专长与价值。分析其原因，主要在项目成立初期，没有对人力需求进行系统规划，未分析该项目展开需要的人才类别和数量，从而导致整个项目人力资源配置不合理，造成人力资源的大量浪费。这也违背了人力资源配置的能级对应原则，合理的人力资源配置应使人力资源的整体功能强化，使人的能力与岗位要求相适应。人力资源的配置并不都依照“置顶”的方式配置人才，而是要做到安排适合的人才到相应的岗位上去。这样才不会造成人才的浪费，也有利于团队的管理。

第四，核心技术人才不足。该液晶电子手写屏项目比较关键的核心技术是液晶屏材料的开发。而液晶屏材料的技术在业界也是比较前沿的技术，较难突破。在开发的过程中，由于公司内部的相关工程师在这方面研究准备不足，导致在项目开发时相关技术难题迟迟未能攻克。而准备在外部进行招聘时，也由于要价过高和其他因素，公司一直未能招聘到此类技术人才。分析其原因，主要是公司在平时不太注重内部人才的挖掘与培养，从而导致在用人时才发现人才储备不足。因此，关键是要在企业内部建立起人才开发机制和人才激励机制。这两个机制都很重要，如果只有人才开发机制，而没有激励机制，那么企业的人才就有可能外流。从内部培养人才，为有能力的人提供机会与挑战，是推动公司发展的动力。这两种机制完美结合，才能确保企业把人才培养好并将其留住。

以上为该项目人力资源配置中存在的主要问题，接下来要对如何解决这些问题进行研究。合理的人力资源配置是社会组织保持活力的基本要素之一，它不但可使社会组织内的人力资源结构趋向合理，而且可最大限度地实现人尽其才，才尽其用，使每个人的才智和潜能都得到充分的发挥。合理的人力资源配置是为了更充分地利用人的体力、智力、知识力、创造力和技能，促使人力资源与物力资源实现更加完美的结合，进而产生最大的社会效益和经济效益。

4　问题解决方案和措施

4.1　液晶电子手写屏项目人力资源需求预测

人力资源需求预测是以企业的战略发展为目标，综合考虑企业可能出现的各种因素的影响，对企业某一时间段所需人力资源的数量、质量等要素进行判断的预测活动。人力资源规划的关键要素之一就是对人力资源需求的预测，它是制定各种战略、计划、方案的前置条件。在对项目进行人力资源需求预测时，一般以项目生命周期作为预测期，结合企业的实际情况及现有人员结构，正确评价影响人力资源需求的因素，清楚地了解实际需求以及未来需求，将人力资源需求预测方法运用到项目中，并进行人力资源需求分析。

4.1.1　影响企业人力资源需求预测的因素

影响企业人力资源需求预测的因素有很多，主要体现在以下三个方面：

（1）企业发展规模的变化。企业在原有的业务范围上拓展或缩减，以及吸纳新业务或剥离旧业务等。这些方面的变化都会对该企业在人力资源的需求数量和结构组成方面造成相应的影响。

（2）企业技术、设备条件的变化。企业掌握的技术水平的提升或生产设备的新旧更替都会直接影响到企业对人力资源的需求。

（3）企业经营方向的变化。企业转变业务经营方向的因素也常常会对企业人力资源需求的数量和结构产生直接的影响。

4.1.2　人力资源需求预测方法

人力资源需求预测常见的方法有定性预测法与定量预测法。定性预测法又分为经验预测法、专家预测法（德尔菲法）、现状规划法、描述法、工作研究预测法（岗位分析法）等；定量预测法分为趋势外推法、回归分析法、比率分析法等。

（1）经验预测法：是通过公司各级管理人员基于各自过去的工作经验的判断和公司管理层对公司未来业务量变化的前瞻估计，来预测未来人力资源需求的方法。

（2）专家预测法：又称为“德尔菲法”，是企业通过聘请相关方面的专家，并利用专家在此领域的相关知识和综合分析能力，对企业未来的人力资源需求进行预测的方法。

（3）现状规划法：是企业根据现有的人力资源状况对人力资源进行补充或

调整的方法。

（4）描述法：是指预测者在相对明确的预测期内对该时期企业的发展目标和与之相关的因素做出假定性的描述、分析、综合，并制订出不同的备选方案，以此为基础对人力资源需求量进行预测的方法。

（5）工作研究预测法：这种方法又称为“岗位分析法”，是指在掌握企业各个不同工作岗位的内容和职能范围的基础上，依据不同岗位需要完成的工作量来预测的方法。

（6）趋势外推法：是在人力资源需求预测中运用最为广泛的方法，要求其必须掌握企业相关的历史数据，同时这些相关的历史数据要有一定的发展趋势可循。

（7）回归分析法：是指基于对自变量与因变量这两种因素相互变动关系研究的一种数理统计的分析方法。

（8）比率分析法：是指通过对关键因素和企业所需人员数量之间的比率分析来确定企业未来人力资源需求量的方法。

以上八种方法的特点如表2所示：

表2 人力资源需求预测方法特点对比表

方法	优点	不足	适用范围
经验预测法	可凭借预测人员的经验	受经验因素影响较大	企业在有人员流动的情况下，如晋升、降职、退休或调出等，可以结合现状规划法来进行预测
专家预测法	具有反馈性、匿名性及统计性	责任比较分散，专家的意见有时可能不完整或不切合实际，操作周期长	适用于专业性较强的人员预测
现状规划法	可对离、退休人员的情况进行预测	不能适应人员扩充或职位空缺的情况	适合中短期人力资源预测
描述法	假设性描述	由于环境变化等不确定因素，对于长期预测比较困难	适合短期人力资源预测
工作研究预测法	可获得岗位分析	过于复杂，操作周期长	适用于大型企业，特别是面临变革的企事业单位

（续上表）

方法	优点	不足	适用范围
趋势外推法	可获得时点数列预测	在使用时要假设其他一切因素都保持不变或变化幅度一致，而往往忽略了循环波动、季节波动和随机波动等因素	当预测对象根据时间的变化而呈现出上升或下降的趋势，同时没有明显的季节波动，并且能找到合适的函数曲线来反映这种变化趋势时，通过趋势外推法就可以进行相应的预测
回归分析法	可利用统计学原理描述随机变量间的关系	不能用于分析与评价项目风险	在对市场现象的发展状况和水平进行预测时，假设如果能够从中找到影响市场预测对象的主要因素，并且能够获得足够的资料，就可以通过回归分析法进行预测
比率分析法	可利用以往的经验，以企业未来的业务活动水平为基础	需要对未来业务量、平均生产效率及变化做出准确的评估，但这往往是比较难做到的	适合技术力量较稳定的企业

4.1.3　液晶电子手写屏项目人力资源需求预测方法的运用

根据 Y 公司人力资源现状及在项目人力资源配置中存在的问题，可以明显看出，Y 公司并没有根据企业自身的实际情况对项目人力资源进行需求分析，导致项目在实施过程中出现人员配置不均衡，项目人员素质参差不齐，在项目的不同阶段出现人员过剩或不足等情况。为了更好地分析 Y 公司液晶电子手写屏项目的现有人力资源配置情况，通过对项目分解结构的分析及对人力资源需求预测方法特点的比较，下文将分别通过经验预测法与比率分析法，在基于人力资源需求表的前提下对企业中各个不同岗位需要的人员进行阶段性预测以及岗位分析，确保人力资源配置的合理性及有效性。本文是针对项目研发阶段进行的人力资源需求的预测，其人力资源需求预测的时间段为 2015 年 8 月—2016 年 2 月。

4.1.3.1　经验预测法的运用

经验预测法通常会采用“自上而下”或“自下而上”的分析方式。自上而下是由公司经理拟定公司总体用人目标和建议，再由各级部门自行确定用人计划；自下而上是由直线部门经理向上级主管提出用人要求与建议，并征得上级主管的同意。

一般而言，在运用经验预测法时，通常将这两种方式相结合，具体步骤如下：①对 Y 公司液晶电子手写屏项目人员的岗位进行分析；②在岗位分析的基础上，由各部门负责人根据项目进度和工作要求，制订各个部门的人力资源需求计划，再由行政部门进行汇总。

表3　Y公司液晶电子手写屏项目人员岗位分析表

岗位类别	工作内容	岗位要求条件	任职资格
管理类	负责项目整体领导、协调工作	具有良好的沟通协调能力及较强的组织管理和风险控制能力	8年以上项目管理相关工作经验
结构类	负责电子数码类产品的结构设计开发的相关工作	精通有关电子数码类产品的结构设计	5年及以上实际项目操作经验
电子类	负责电路设计分析工作	具有良好的电子电路分析能力及手动操作能力	5年以上相关工作经验，应用电子技术、自动化相关专业
品质类	负责项目产品质量监控管理工作	熟悉相关产品检测标准，责任心强	6年以上相关产品品质管理工作经验
生产类	负责项目产品生产工艺流程管理工作	擅长生产控制及现场管理，具有高度的责任心	3～5年生产管理工作经验
采购类	负责项目产品材料采购类工作	具有良好的谈判和人际沟通能力	3年以上相关采购行业的工作经验
行政类	负责项目的行政事务	熟悉行政事务管理	2年以上光电企业行政工作经验

表4　Y公司液晶电子手写屏项目人力资源需求预测表

单位：人

工作模块	工作项	人力资源需求								
		项目工程师	结构工程师	电子工程师	品质工程师	生产工艺工程师	采购专员	项目助理	其他配套人员	小计
立项工作	项目评估	1			2			1	3	7
	产品概念和分析	1	1	1		1		1	2	7
	项目组织	1	1	1	1	1	1	1	2	9

（续上表）

工作模块	工作项	人力资源需求								
		项目工程师	结构工程师	电子工程师	品质工程师	生产工艺工程师	采购专员	项目助理	其他配套人员	小计
设计和评测工作	PCBA 设计	1	2	2	1	1		1	1	9
	塑胶外壳设计	1	2	2	1	1		1	1	9
	彩盒设计	1	2	2	1	1		1	1	9
	纸箱设计	1			1	1		1	1	5
品质工作	检测设备确认	1	1	1	2			1		6
	检测工具购买	1					2	1	1	5
生产工作	生产设备确认	1				1		1	2	5
	生产设备购买	1				1	1	1	1	5
	生产产能评估	1			1	1		1	1	5
样品组装调试	样品组装	1	2	2		2		1		8
	样品调试	1	2	2	2			1		8
量产		1				2		1	3	7
合计		15	13	13	12	13	4	15	19	

表 4 中横向“小计”代表每一项工作大致所需的人数与天数，纵向“合计”为实际的用人数目。在实际的生产过程中，每个人在项目进行的不同阶段所承担的工作任务也是不同的。

4.1.3.2　比率分析法的运用

将 Y 公司一般研发项目的人力资源配置作为比率分析依据，对其进行分析。表 5 为 Y 公司 2014—2015 年度一般研发项目的人力资源配置情况。

表 5　Y 公司 2014—2015 年度一般研发项目人力资源配置表

单位：人

岗位类别	职位名称	一般研发项目人力资源配置
管理类	工程部经理	1
	项目工程师	1
结构类	结构工程组长	1
	结构工程师	1

（续上表）

岗位类别	职位名称	一般研发项目人力资源配置
电子类	电子工程组长	1
	电子工程师	1
品质类	品质部经理	1
	品质工程师	1
生产类	生产经理	1
	生产工艺工程师	1
采购类	采购负责人	1
	采购专员	1
行政类	行政专员	1

假设Y公司一般研发项目工作量为Y，人力资源配置需求为M，项目岗位设置为n，则配置系数为：

$$X_n = M_n/Y_n$$

假设Y公司液晶电子手写屏项目工作量为A，则本项目人力资源需求量I_n与项目工作量之间的关系为：

$$I_n = A \cdot X_n = A \cdot M_n/Y_n$$

人力资源需求预测中的经验预测法是定性预测法的一种，预测的效果受经验的影响较大，容易出现人员冗余、估量过大等情况，因此，结合定量预测法中的比率分析法计算可以得出Y公司液晶电子手写屏项目各个岗位人力资源配置需求数量，据此可更加精确地了解该项目的人力资源需求情况。

表6　Y公司液晶电子手写屏项目人力资源需求表

单位：人

岗位类别	管理类	结构类	电子类	品质类	生产类	采购类	行政类
人员数量	2	2	2	2	2	2	1
合计	13						

Y公司液晶电子手写屏项目2015年8月—2016年2月人力资源需求总数为13人，其中需求较大的是技术型的项目人员。

4.2　液晶电子手写屏项目人力资源供给预测

人力资源供给预测是指为了满足公司发展目标对人力资源数量和质量的需求进行的人员补充预测。人力资源供给预测一般牵涉两方面的内容，一是对企业内部的供给预测，二是对外部人力资源供给量进行的预测。

4.2.1　影响企业人力资源供给预测的因素

影响企业人力资源供给预测的因素有很多，本文主要从宏观和微观的供给情况进行分析。

4.2.1.1　宏观供给情况分析

（1）基于国家层面的人力资源状况分析。

从国家层面来看，在人数上，截至2014 年底，全国就业人员共77 253 万人，比上年末增加276 万人；其中，城镇就业人员 39 310 万人，比上年末增加 1 070 万人。全国就业人员中，第一产业就业人员占 29.5%，第二产业就业人员占 29.9%，第三产业就业人员占 40.6%。

从整体上来看，国民受教育水平显著上升，高校毕业生总人数在 2015 年达到 749 万，相比 2014 年新增约 22 万。在政策方面，国家正在逐步完善相关的法律制度，为高级人才提供一定的优惠政策。

Y 公司所属的行业是一个技术含量比较高的行业，无论对技术人员的技术要求还是素质要求都比较高，而从国家层面上来说，人才供给具有一定的基础。

（2）基于行业层面的人力资源状况分析。

目前，我国的技术人才和一线技术工人总量基本能够满足一些大型企业的需求，但随着国家计划的提出和“十三五”期间重点战略性新兴产业与高新技术产业的发展，传统制造业策划行业无法与之相适应，所以还需要继续研发新产品，这些新产品的研究和发展需要大量的技术工程师和一线技术工人。因此，技术工程师和一线技术工人的供应在一段时间内会相对紧缺。目前，Y 公司所处的液晶电子手写屏行业仍处于快速发展的上升期，要成为行业的领军者，任何一个环节都离不开人才。

（3）基于供给因素分析。

①就业和心理偏好：人们就业的认识水平在转变，市场也在不断变化。“铁饭碗”的概念被打破，企业和个人可以进行双向选择，这不仅有利于求职者的合理流动，也有利于工作岗位的最优分配。此外，大学生的就业取向也变得更加理性，他们不再只盯着公务员岗位、管理岗位和一些其他看起来体面的职位，而是选择适合自己长期职业生涯规划的工作。

②区域性因素：Y 公司位于深圳市高新园区，这里是全国高新技术产业集中地，除了具有良好的政策支持，还背靠发达的国内劳动力市场，因此 Y 公司拥有充分的人才自主选择权。

（4）基于供给渠道分析。

①研究生及以上学历毕业生：公司核心技术研发及高管候补人才可通过和研

究院合作的方式获取。

②本科及大专毕业生：2015 年，全国有 749 万大学毕业生，其中机械、电子专业毕业生约 60 000 人。大学正在逐步扩大招生，供应的毕业生基本能够满足行业发展的要求。

③高职中专毕业生：高中、中专和职业学校毕业的学生是 Y 公司招聘普通技术工人的主要群体。统计数据显示，2014 年底城镇登记失业人数为 952 万人，城镇登记失业率为 4.09%。通过各级人才劳务市场招聘可以解决普通技术工人基本再就业问题，这也是企业承担社会责任的体现。

（5）Y 公司内部供给分析。

通过向公司人力资源管理部门进行调查与了解，公司每年的人员结构较为稳定，能够为项目组提供必要的人员。

4.2.1.2　微观供给情况分析

人力供给状况不仅和公司所处的区域、行业有关，也受到了公司人力资源政策的影响。以下结合 Y 公司的招聘政策，将从影响人力资源供给的微观层面进行分析。

（1）基于招聘政策情况分析。

公司在招聘方面制定了统一的人才录用标准。校园招聘方面公司主要在技术管理岗的选择标准上对普通技术工人做出了详细规定，包括重点关注的院校、专业、学历、外语水平和技能资格认证等内容；社会招聘方面公司则强调工作经验及学历的匹配程度。通过采用建立在一定水平上的这两个招聘标准，有效控制新进人员的整体素质，提升优质人才的占比，为公司的长期可持续性发展提供有力保障。

（2）基于招聘渠道情况分析。

该公司的招聘渠道大致分为三类：校园招聘、社会招聘和猎头招聘。在过去两年的招聘过程中，逐渐形成了以部分重点院校为基础，以一些短缺专业所属的目标机构为辅的校园招聘结构。考虑到研究生及以上学历毕业生的招聘成本较高，而公司的研究方向主要适合机械、电子基础的本科生和在校大学生。通过学习，使毕业生向管理培训生的角色迅速转换，从而使其熟悉公司业务，并快速融入公司的企业文化氛围中。常见的社会招聘主要是针对社会上具有行业工作经验的人员。Y 公司更注重校园招聘，注重自己的企业文化和员工的忠诚度，社会招聘比较少，未来公司应该适度加大对外招聘力度，特别是在新业务方面的招聘。猎头招聘主要面向高端人才，以及公司迫切需要的能够为公司解决难题的高级管理人才或技术人才。通过与猎头公司的合作，可招聘到合适的人选。

（3）基于内部供给情况分析。

企业内部人力资源供给主要的供给因素是内部员工的调动或离职，其中包括伤残、死亡和退休的自然流动，也包括内部升级、降级的流动辞职和解雇等非自然流动。

4.2.2　人力资源供给预测方法

供给预测常见有如下四种方法：技能清单法、现状调查法、管理人员替代法和马尔可夫模型法。

（1）技能清单法是一张包括培训课程、工作经验及经历、资质证书、关键能力评价信息的列表，它可反映员工的工作能力。

（2）现状调查法通过进行验证当前企业人力资源的数量、质量和分布结构，从而掌握公司的现有人力资源的具体情况。它是制定人力资源决策的有力依据。

（3）管理人员替代法对于企业高管供应预测是个有效的方法。通过对工作表现、晋升空间的管理、提升培训等内容的记录，来确定关键岗位的替代人员，评估候选人的提升需求及候选人的职业发展需求，以实现每个人的职业生涯规划和组织目标匹配的愿望。

（4）马尔可夫模型法视时间序列为随机过程，分析了初始状态概率和不同状态下人力资源的概率之间的转移，通过寻找企业在过去的变化规律，推断未来的人力发展趋势，进而给出人力资源供给预测。

以上四种方法的各自特点如表 7 所示：

表 7　人力资源供给预测方法特点对比表

方法	优点	不足	适用范围
技能清单法	用于反映员工工作能力的一张列表	不适用于大范围、调动频繁的情况	晋升人选的确定与管理人员接续计划、对特殊项目的工作分配
现状调查法	静态预测方法	在大型企业的应用中存在局限性，不能有效地体现出未来的人力资源变化情况	当前企业人力资源的数量、质量和分布结构的调查
管理人员替代法	直观、简单、有效	要根据企业的人事变动进行及时调整	便于对企业管理人员的供给进行预测
马尔可夫模型法	转换概率矩阵，利用统计技术预测未来的人力资源变化	精确性与可行性有待研究	适用于各种规模的企业内部人力资源供给预测

4.2.3　液晶电子手写屏项目人力资源供给预测方法的运用

人力资源供给预测主要包括内部供给预测分析和外部供给预测分析两部分。基于目前项目组的架构及人员组成，以下分别通过马尔可夫模型法和现状调查法对液晶电子手写屏项目组进行内部供给预测分析，并通过行业外部环境进行外部供给预测分析。

主要的步骤如图 6 所示：

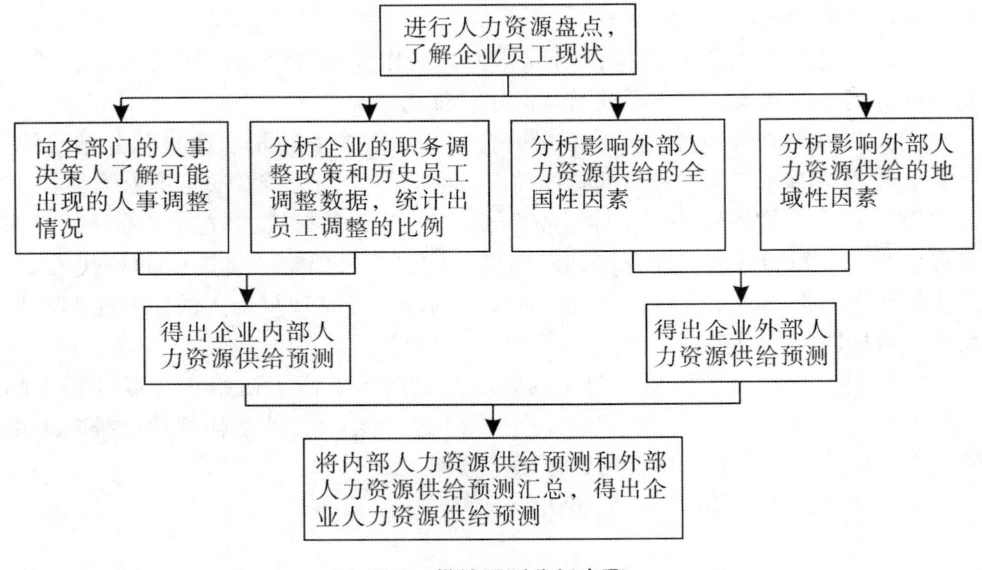

图6　供给预测分析步骤

4.2.3.1　马尔可夫模型法的应用

马尔可夫模型法可以表示为：

$$R_i(t)=\sum_{j=1}^{n}R_j(t-1)P_{ji}+M_i(t)$$

假定该企业的岗位类别有 n 个，$R_i(t)$ 表示时间 t 时 i 类员工的数量，P_{ji} 表示从 j 类员工向 i 类员工转移的数量占 j 类原有人数的比例，即从 j 类向 i 类转移的概率；$M_i(t)$ 表示在时间 $t-1$ 时 i 类员工所补充的数量，由此构造一次人员转移概率矩阵：

$$p=(p_{ij})=\begin{bmatrix}p_{l1} & \cdots & p_{ln}\\ \vdots & & \vdots\\ p_{n1} & \cdots & p_{nn}\end{bmatrix},\ p_{ij}\geqslant 0$$

这里转移概率矩阵需要考虑辞职、退休等问题，故 $\sum_{j=1}^{n}p_{ij}\leqslant 1$.

由此，得出向量公式：

$$R_i(t)=R_j(t-1)P_{ji}+M_i(t),\ t=1,2,3,\cdots$$

经过对 Y 公司的数据进行汇总分析，可知 Y 公司人员的晋升情况符合马尔可夫模型法的假设，Y 公司的人事结构和流量可以利用马尔可夫模型法来计算与预测。

为了满足本项目人力资源供给预测的需求，先整理出 2015 年 Y 公司内部的人员流动情况。将 Y 公司中与项目相关的职能按照岗位类别来划分，可分为管理类、结构类、电子类、品质类、采购类、生产类、行政类这七类，经过调查得知，2015 年初各类人数为 $R(0)=(4, 12, 6, 8, 5, 10, 5)$。

根据历史数据及调查分析，得出岗位间的转移概率矩阵：

$$P=P(ij)=\begin{bmatrix} 0.675 & & 0.232 & & & & \\ & 0.982 & & & & & \\ & & 1 & & & & \\ & & & 0.435 & & & \\ & & & & 0.323 & & \\ & 0.01 & & & & 1 & \end{bmatrix}$$

由此可知，2015 年初的人力资源状况如表 8 所示：

表 8　2015 年初人力资源状况

单位：人

管理类	结构类	电子类	品质类	采购类	生产类	行政类
4	12	6	8	5	10	5

这里，我们主要研究内部预测的问题，即 $M_i(t)=(0, 0, 0, 0, 0, 0, 0)$。则公式可简化为：$R_i(t)=R_j(t-1)P_{ji}$，$t=1, 2, 3, \cdots$由以上模型可以得出 2015 年 8 月—2016 年 2 月 Y 公司液晶电子手写屏项目的人员结构情况供给预测：

$$R_i(1)=R(0)\times P(ij)$$

$$=(4, 12, 6, 8, 5, 10, 5)\times\begin{bmatrix} 0.675 & & 0.232 & & & & \\ & 0.982 & & & & & \\ & & 1 & & & & \\ & & & 0.435 & & & \\ & & & & 0.323 & & \\ & 0.01 & & & & 1 & \end{bmatrix}$$

$$=(3, 12, 6, 5, 2, 10, 5)$$

根据以上计算，得出 Y 公司 2015 年 8 月—2016 年 2 月与项目相关职能岗位人数供给预测：

表9 2015—2016 年与项目相关职能岗位人数供给预测

单位：人

年度	t 值	管理类	结构类	电子类	品质类	采购类	生产类	行政类	总数
2015	0	4	12	6	8	5	10	5	50
2016	1	3	12	6	5	2	10	5	43

从表9中可以看出，公司在该项目人员需求的供给方面呈逐渐减少趋势，总体上来说，管理类、品质类、采购类供给减少，而结构类、电子类、生产类、行政类较为稳定，基本不变。在没有外部供给的前提下，品质类和采购类在人员供给方面也是足够的。

4.2.3.2 现状调查法的应用

经过近十年的发展，Y 公司在以人为本的用人理念的指导下，汇聚了一批电子研发、模具结构设计、项目管理、品质控制等方面的高素质、专业型人才，并发展成为一支拥有 178 位由多层级专业技术人员组成的队伍。以下是根据现状调查法制作的统计表。截至 2015 年初，公司按照多维度进行的人数统计如表 10 所示（此表调查的对象为 Y 公司，其岗位类别的划分同单一项目人员岗位类别的划分略有不同）：

表10 Y 公司 2015 年人数现状调查统计表

岗位等级	助理	专员	主管	经理	副总/总监	总经理及以上	不详
人数（人）	3	34	26	18	7	2	88
比例（%）	2	19	15	10	4	1	49
岗位类别	生产类	管理类	营销类	研发类	技术类	行政类	不详
人数（人）	102	27	16	9	12	12	0
比例（%）	57	15	9	5	7	7	0
学历	初中及以下	高中	大专	本科	硕士	博士及以上	不详
人数（人）	70	30	46	12	0	0	20
比例（%）	39	17	26	7	0	0	11
年龄	23 岁及以下	24～30 岁	31～35 岁	36～40 岁	41～50 岁	51 岁及以上	不详
人数（人）	0	112	16	39	7	4	0
比例（%）	0	63	9	22	4	2	0

通过表 10 分析可知，根据岗位类别来划分：生产类占 57%，该类涵盖了一线的生产员工，故数据较为庞大；管理类的比例次之，为 15%，包含高层、中层和基层的管理人员；继而是营销类人员，主要为公司的业务拓展做贡献，占比为 9%。在没有员工离职、岗位调动等前提下，结合本项目的人力资源组织架构，可以得出表 11：

表 11　2015 年各职能岗位人数及 2016 年供给预测

单位：人

年度	管理类	结构类	电子类	品质类	采购类	生产类	行政类	总数
2015	4	12	6	8	5	10	5	50
2016	4	13	8	10	5	9	5	54

4.2.3.3　外部供给预测

外部人力资源供给预测的方法主要有：市场调查法和相关因素法。

根据该公司以往招聘的情况来看，外部市场基本能够满足公司的人员供给要求。由于马尔可夫模型法忽略了外部供给的因素，因此，这里假定外部供给不变时每个职能岗位为常量 1，则有 $M_i\ (t)\ =\ (1,\ 1,\ 1,\ 1,\ 1,\ 1,\ 1)$。

表 12　2015—2016 年外部供给不变时各职能岗位人数供给预测

单位：人

年度	t 值	管理类	结构类	电子类	品质类	采购类	生产类	行政类	总数
2015	0	4	12	6	8	5	10	5	50
2016	1	4	13	7	6	3	11	6	50

综上分析，马尔可夫模型法是一种动态的内部供给预测方法，通过转换概率矩阵，利用统计技术精确获得下个时间区间的人力资源供给需求，结合外部预测（这里不详细论证）的结果得到完整的人力资源供给预测，这种方法虽然看似完美，但是其精确性和可行性还有待进一步论证。现状调查法是一种静态分析的方法，在规模较小的公司会比在规模较大的公司展开调查更加容易且精确。由此，可得出现有的人力资源的质量、数量和结构分布情况，从而预测出下一个时间区间人员的供给情况。

4.3　供求平衡分析

通过以上分析，可得出表 13：

表 13　2016 年需求与供给预测各职能岗位人数

单位：人

岗位类别	管理类	结构类	电子类	品质类	采购类	生产类	行政类	总计
需求预测	2	2	2	2	2	2	1	13
供给预测	4	13	7	6	3	11	6	50
差额	2	11	5	4	1	9	5	37

从表 13 中可以看出，2016 年各项人力资源供给都是大于需求的，但是管理类及采购类供给有可能出现不足的情况。因此，适当增加外部招聘是有必要的。此外，想要达到供需平衡，公司可以采取一些必要的激励措施，避免不必要的人才外流，同时辞退部分达不到企业要求的员工。

4.4　人力资源配置建议

通过以上对 Y 公司液晶电子手写屏项目人力资源配置中存在的问题的分析，结合现代较为先进的人力资源配置理论，提出以下改进建议：

（1）员工培训。

由于 Y 公司中员工普遍学历不高，加之公司研发的产品属于高科技产品，对部分行业的人才需求较高，因而容易产生员工技能层级的两极分化问题。为了减少员工对所在企业的不满，增加员工对企业的归属感和认同感，建议企业通过组织各种类型的培训，将员工的工作效率调整到最优。

（2）完善绩效管理制度。

通过前期对公司现状的调查了解，可知当前公司的员工绩效考核还达不到量化，部分员工因为受到不平等待遇而愤然离职，因此，加强并完善绩效管理制度势在必行。通过完善绩效管理制度，使每一位在岗员工的工作量达到量化管理的效果，最终在年终或者季度考评时做到有理有据，让真正踏实肯干、为公司做出贡献的员工得到正向激励。根据员工的工作绩效，使用末位淘汰制将不合格的员工淘汰出局。

（3）科学地进行项目的人力资源计划和控制。

本项目在计划过程中，未对项目人力资源进行深入研究，也未进行人力资源均衡配置和人力资源优化。这个问题的解决，需要结合项目管理和人力资源配置方面的专业知识。而在参访过程中，小组发现其他企业也有类似的问题。小组建议企业结合项目生命周期，在项目启动阶段，进行初步的项目人力资源需求预测、供给预测，而在项目计划阶段，进行详细的项目人力资源配置优化，并且在项目执行阶段，对项目人力资源配置进行监测。

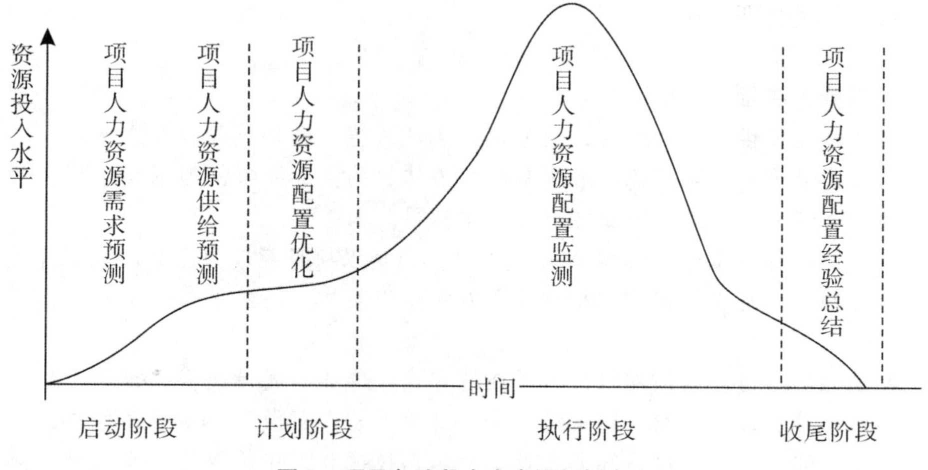

图 7 项目各阶段人力资源规划内容

（4）员工职业生涯规划。

同发展处于瓶颈期或动荡期的员工进行面对面的交流，由人力资源部与其直属领导为员工建立公司内部的职业生涯规划档案，为员工指明未来的发展方向，调动员工的工作积极性。

（5）适当提高员工薪酬福利。

薪酬是劳动人民的收入来源，也是其主要经济支柱。雇员福利是指员工除了获得报酬之外享受的利益和服务，旨在提高员工的生活水平及工作积极性。Y 公司员工的主力军仍然为“80 后”及“90 后”，大部分员工都处于单身或者远离家乡的状态，为员工举办诸如郊游、聚会、比赛等丰富多彩的业余活动有利于组织凝聚力的提升，也能够调动年轻人的工作积极性；此外，在一些传统节假日发放节日礼物，员工生日赠送领导祝福卡片或举办生日会等也是有效的方式。年轻人都有一颗上进的心，适当设置晋升通道及薪酬等级，让有能力的员工获得应有的报酬。

5 总结

在 Y 公司液晶电子手写屏项目的人力资源配置中，最主要的问题是没有进行动态的人力资源需求和供给分析，以达到项目人力资源总体的平衡。

本文基于基本的项目管理理论，结合项目研发过程中的实际体验，应用人力资源需求和人力资源供给模型，阐述了科技产品研发项目中人力资源配置问题的系统化的方法和经验，详细说明了如何系统地进行人力资源需求预测、供给预测，以达到人力资源供给的平衡。

当然，理论的推广还要考虑到公司的实际情况，如组织架构、人力资源的现状、公司文化等，在实际运用过程中，要根据现实加以改进，以更好地适应具体项目的需求，从而结合项目管理基础理论和人力资源管理专业理论创造出适合特定项目的最优管理模式。

小组参访启示

感谢学校提供的实践机会，大家参访了硕贝德无线科技股份有限公司。

通过访谈得知，硕贝德采取的是纵向一体化的业务战略，即围绕手机天线周边产品，采取并购方式，不断在产业链上拓展。

其研发项目组组建方式和Y公司类似，都是以项目经理为主导的强矩阵式项目组织架构。这种组织架构，相对于职能式组织架构，促进了该公司研发能力的提高。

经过此次参访，我们发现，公司在注重人才选拔的同时也很注重员工的知识培训和人才培养，比较契合硕贝德的企业价值观，真正做到了重视每位员工的成长与发展，通过培训、培养等促进员工知识、技能和工作绩效进一步提升，充分发挥员工主观能动性，全面提高公司人才素质结构。

但是在人力资源配置方面，和我国大多数企业类似，硕贝德公司的研发项目也没有进行人力资源需求预测和供给预测，在人力资源配置方面的企业能力还有待提高。

参考文献

[1] 寒武. 人力资源战略与规划 [M]. 北京：中国发展出版社，2007.

[2] 张惠琴，李璞. 人力资源管理案例教程 [M]. 北京：机械工业出版社，2013.

[3] 杨政燕. 人力资源规划设计与操作手册 [M]. 北京：中国纺织出版社，2007.

[4] 侯光明. 人力资源战略与规划 [M]. 北京：科学出版社，2009.

[5] 杨清，刘再烜. 人力资源战略 [M]. 北京：对外经济贸易大学出版社，2003.

[6] 王文富. 企业人力资源预测与规划研究 [D]. 天津：天津大学，2004.

[7] 蔡文钰. 企业人力资源预测的方法与步骤 [J]. 引进与咨询，2003 (8).

[8] 张凌云. 企业人力资源战略的环境因素分析 [J]. 当代经济，2006 (5).

[9] 李剑. 人力资源管理实务必备手册 [M]. 北京：中国言实出版社，2000.

[10] 赵永乐. 人力资源规划 [M]. 北京：电子工业出版社，2010.

[11] 严诚忠. 企业人力资源管理——理论与实务 [M]. 上海：立信会计出版社，1999.

[12] 鲁道夫·梅利克. 项目人力资源管理：扁平世界的工作与管理变革 [M]. 李萌，译. 北京：东方出版社，2009.

[13] 胡孝德. 人力资源管理案例集 [M]. 杭州：浙江大学出版社，2014.

[14] 中国人力资源网. 中国失业率统计已有完整数据　2015年前公布 [EB/OL]. (2013-06-21). http://www.hr.com.cn/p/1423406420.

[15] 国家数据. 人口基本情况 [EB/OL]. http://data.stats.gov.cn/tablequery.htm?code=AD03.

LSR 新产品生产线建设项目之进度优化研究

陈宇峰　李亚男　王小艳　邱洪霞　张文文　宋洪权

指导教师：秦全德博士

摘要：本案例分析的是NW集团公司的LSR新产品生产线建设项目，重点为该项目的进度计划提供工期优化方案，以及一系列的项目管理解决方案和生产线建设优化措施。首先，小组为NW集团公司的项目管理进行系统的流程规划，对其现状层层剖析，找出其中的问题。其次，运用项目管理知识和工具，先提出案例项目的整体改善建议，再具体到项目的进度计划、项目团队管理和项目沟通管理，逐一找出问题产生的根本原因，并提出相应的解决方案。最后，结合知名企业的参访经历，从制造业的成功范例中获得学习经验，并应用到该项目中去。

关键词：项目管理；生产线建设；进度计划；工期优化

1　前言

1.1　案例公司背景

NW集团公司创立于1983年，总部设于香港，并在美国设有分公司，各生产厂房则集中于深圳龙岗。由于回内地开厂较早，因此充分享受到了改革开放带来的各种益处。经过多年努力，NW已成为业内领先、专门提供优质产品制造及组装服务的供货商。NW的产品供应给不同行业，包括汽车制造业、办公室文仪设备行业、电信及医疗设备行业。其市场亦从亚洲地区，拓展至北美洲及欧洲等地。NW不断成长壮大，经过多年持续发展，已成为一家糅合研发、多层次工程及多元化生产模式的制造服务供货商，也是一家拥有多项专利技术的高新技术企业。NW正努力扩大服务层面，致力于协助国际客户把供应链效率推至更高。

1.2　公司新生产线建设的主要问题

该公司对项目并没有一个完善且系统的项目管理方法。各种项目也没有一个明确的项目负责人，部门间各自为政，只对公司总裁负责。项目立项之后，都是凭各部门负责人的经验来进行管理，完全依靠个人的执行力确保项目往正确的方向发展。项目进度也未按计划控制，没有明确的文件落实。里程碑计划和甘特图虽然常使用，但也用得很粗浅，没有使用专业的项目分析工具深入调查分析。因此，每次有项目运作，各部门都会很忙乱。经常拖延工期，造成人力、物力和财力资源的浪费。

1.3　研究的目的

本文以该公司LSR新产品生产线建设项目为例，通过项目管理知识，运用各种项目管理工具，对整个项目流程做一个系统的管理案例梳理。重点解决工期优化的问题，通过了解各个工作包的紧前、紧后关系，分析出关键路径，从而找出问题的关键点，并针对这些关键问题提出有效的解决方案，由此使得重要工作得以有效控制，也使进度时间得到缩短与优化。同时结合企业参访的经历，将生产成本控制上所得到的启发，运用到生产线建设后期上，进行一系列的优化以降低生产成本，使得公司利润最大化。希望以此为例，给该公司以后的项目或其他制造业的新生产线投产建设提供一些项目管理上的专业参考，以提高效率，缩短工期。

1.4　研究的内容和思路

本文在结构上，先从大局出发，讲述代工行业的整体情况，再逐步分析单个项目的管理，进而具体到工作包问题。第一步，了解公司的行业背景，简单讲述该行业的起源和发展，介绍该组织的发展历程；第二步，分析公司的组织结构，从项目管理的角度去了解公司的整个管理现状和运作流程；第三步，以该公司一个事业部的某一新产品生产线建设项目为例，运用项目管理知识和工具去发现问题，找出造成问题的根本原因；第四步，提出这些问题的解决方案与措施；第五步，结合企业参访经历，为该案例项目提出相应的改进建议；第六步，做出总结并对该行业的未来进行展望。

2　案例背景

2.1　代工行业的发展现状

2.1.1　*产业价值链的最底端，利润微薄*

代工生产是全球制造业产业价值分工的必然产物。我国改革开放以来，随着全球经济一体化和WTO全球贸易自由化的不断深入，国际产业分工从产业之间、产业内分工，逐渐演变为以产品价值链内工序、环节为对象的全球价值链分工。在中国拥有大量廉价劳动力、丰富资源的背景和改革开放的政策支持下，OEM、ODM等代工形式的企业在国内蓬勃发展。但是，代工行业在整个产业价值链中，能分到的利润却是极其低的。

以苹果手机为例，据加利福尼亚大学和雪城大学三位教授合写的《捕捉苹果全球供应网络利润》可知，2010年每卖出一台iPhone，苹果公司就独占58.5%

的利润，而代工之王富士康的代工利润仅占 1.8%！

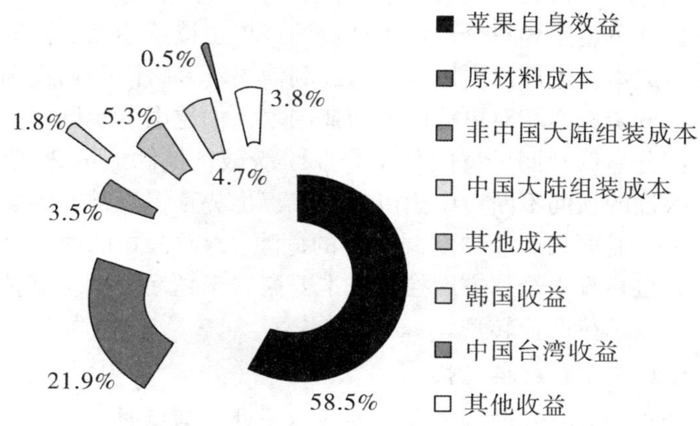

图 1　苹果 iPhone 利润分配图

2.1.2　国内人力资源成本不断上升

中国制造业靠低工资、血汗工厂、高能耗、高污染排放来推动的增长模式已经走到尽头。改革开放以来，国家财政收入高速增长，但居民收入占 GDP 的比重在不断下降。因此，国家也在宏观调控上不断地调高不同地区的最低工资标准，以缓和这个矛盾。同时，政府也在不断地加强对劳动者的保护，为劳动者提供各种社会福利保障和相应的政策支持。所以，企业也需要提供越来越多的员工福利。

以案例公司所在的深圳市为例，近十年来的最低工资标准不断上升，平均年增长率约为 11%。因为工资基数的上涨，所以社保、医保、住房公积金等也相应上涨。如果企业不考虑如何降低成本和提升技术，最终将会被淘汰，因为人力成本是逐年上涨的。

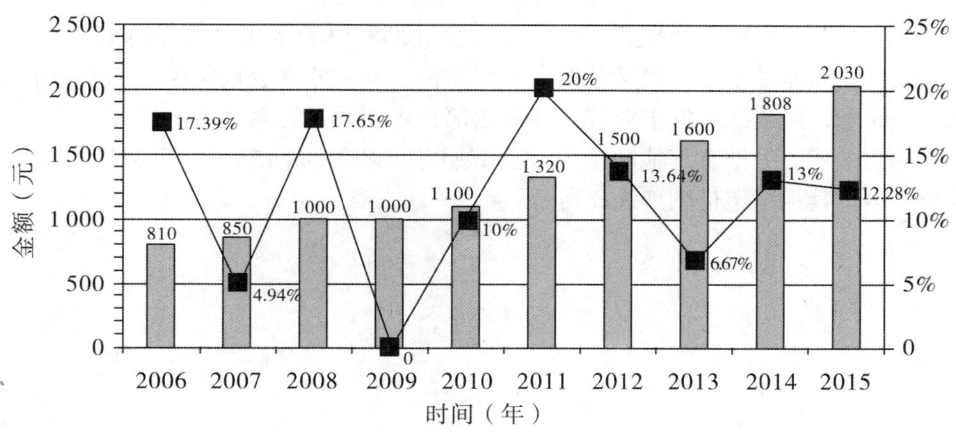

图 2　深圳市近十年最低工资标准及其增长率

2.1.3 国内代工企业的寒冬

自2008年金融危机以来，全球消费主力——欧美市场的需求普遍不足，而最终消费品销量的不足则导致全球代工行业的订单也持续萎缩。同时，由于我国不断上升的土地成本、生产成本以及人口红利消失等，跨国公司逐渐把订单转移到劳动力成本、资源成本相对更低的东南亚国家，如越南、泰国等。因跨国公司的订单转移，部分靠低利润维持的代工企业纷纷破产倒闭。从2008年至今，代工企业破产、搬迁的新闻不断。中国以往的代工优势正慢慢被其他发展中国家代替，中国的代工行业面临产业“空洞化”的危险。NW公司的两个事业部在2015年解散的原因，也是日本合作方因控制成本要搬迁至越南设厂。其他事业部也有同样的趋势，所以亟待产业转型。

2.1.4 代工产品更新换代快

互联网社会正朝万物互联的方向发展。由于处于信息时代，一个新产品出来后，如果销量好，必然跟风者众。这一点电子产品表现得尤为明显，如手机，每个月都有新产品发布，隔几个月就要更新换代，款式与性能都不断升级。产品的更新换代速度越来越快，产品的生命周期也越来越短。另外，消费者追求个性化的产品，因此产品的种类也越来越多。所以，代工企业必须建立柔性的、灵活的和智能的生产线，以适应多品种和多类型产品的生产需求，同时能够快速切换生产线，以生产不同的产品。

2.2 案例公司管理现状

NW集团主要经营的是OEM和ODM业务，也曾经尝试过OBM，即做自己的品牌。但因自有品牌直接和现有客户形成竞争关系，迫于客户的压力，以及自有品牌产品刚推出市场，短时间内不能得到市场认可，所以最终无奈放弃了该业务。

NW集团在深圳设立的是香港独资企业，采用的是事业部制组织架构形式。按照公司高层的规划，每个事业部都是一个小型公司，自负盈亏，根据事业部的业绩，公司给予事业部经理相应的激励。会计部和财务部由公司总部直接控制。如果某事业部业绩不佳，而又长期得不到改善，其业务就会被叫停；如有新的业务成长起来，则成立新的事业部。各事业部在集团公司的大平台上运作，有生有灭，良性循环。另外有其他几个为事业部服务的职能部门或工作室，如报关组、货仓组等。其组织架构图如图3所示：

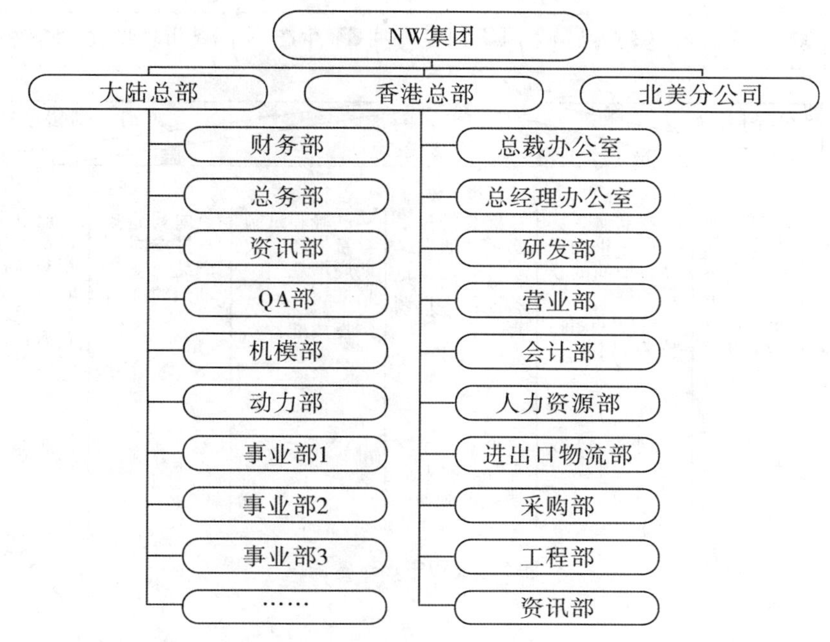

图 3　集团公司组织架构图

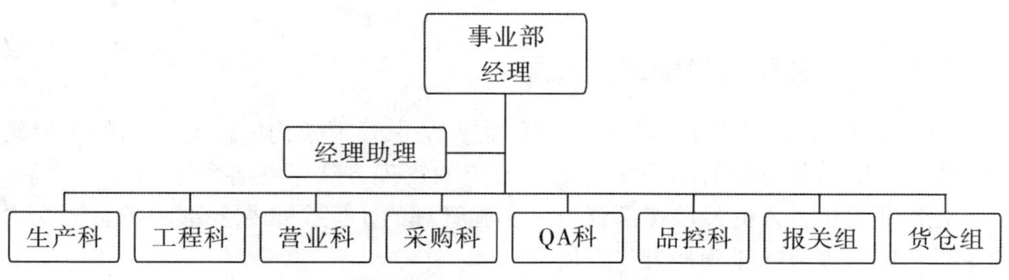

图 4　集团旗下事业部组织架构图

一般事务由事业部内部独立完成，如需要技术或资源支持，则向大陆总部或香港总部的相关辅助部门发出协助申请，再由分管的总经理或总裁签字批准即可。

2.3　案例公司的市场运营流程

公司秉承以客户为中心的原则，有专门的营销和技术人员服务于客户左右。在理解和预测客户需求后，营业部、研发部和对应的事业部会有专人跟进。根据客户的功能需求而设计并提供多种样板给客户测试，最后取最佳方案并投入小批量试产，功能质量和成本都满意后，则进入量产阶段。如果现有的生产线产能和质量不能满足新产品的生产要求，则会设立新的生产线，因此也会启动相应产品的新生产线建设项目。

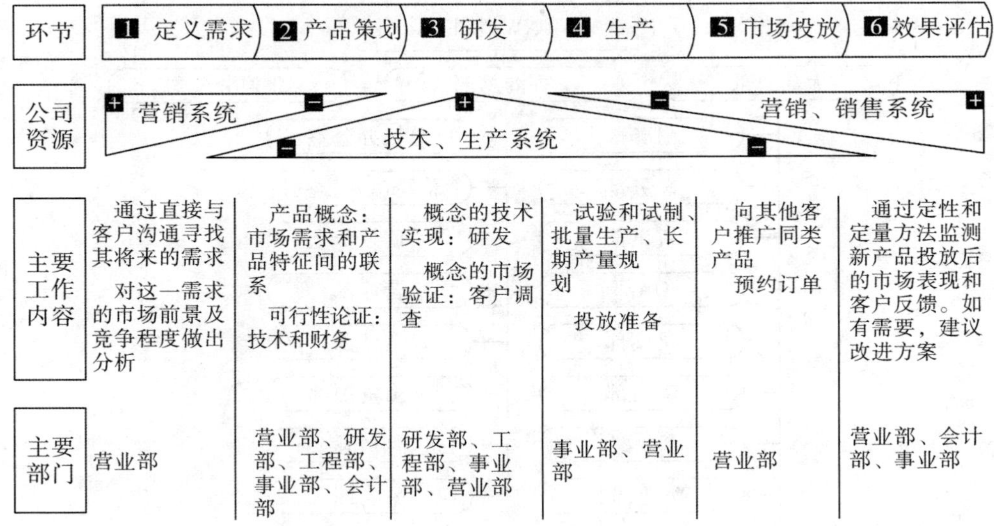

图5 公司市场运营图

3 NW 公司项目管理上的主要问题和案例项目概况

3.1 NW 公司项目管理的乱局

NW 公司目前的项目管理情况存在问题，是在管理架构中没有明确的项目管理的概念，对项目也没有一个完善的、系统的管理方法。在各种项目立项之后，都是凭各部门负责人的经验按部就班来实施管理的，完全依靠各部门负责人个人的执行力确保项目往正确的方向发展。

表1 NW 公司项目管理权责分工表

部门	项目责任分工	汇报对象
事业部	主管厂房建设、生产线布局设计，参与设备设计、设备安装调试及所有质量控制，编写作业标准等技术文件，培训技术工人等	公司总裁、客户
营业部	与客户沟通，根据生产线的建设情况，确定供货日期等	公司总裁、客户
研发部	确认量产是否如设计和评估一样，参与专用设备的设计，并向事业部工程科提供技术支持	公司总裁、客户
工程部	参与模具定制，向事业部工程科提供技术支持	公司总裁
人力资源部	根据事业部的申请，招聘与新生产线相关的工程师、检查员、技工和工人等	公司总裁
机模部	为新生产线制作专用设备和工夹具	公司总裁

公司组织结构臃肿，按产品类别划分，集团现共有 7 个事业部、13 大职能部门，另外，还有一些为整个集团服务的专职科组或工作室。部门与部门间关系错综复杂，新的产品项目运作周期越来越长，项目进度的拖延问题也越来越严重。

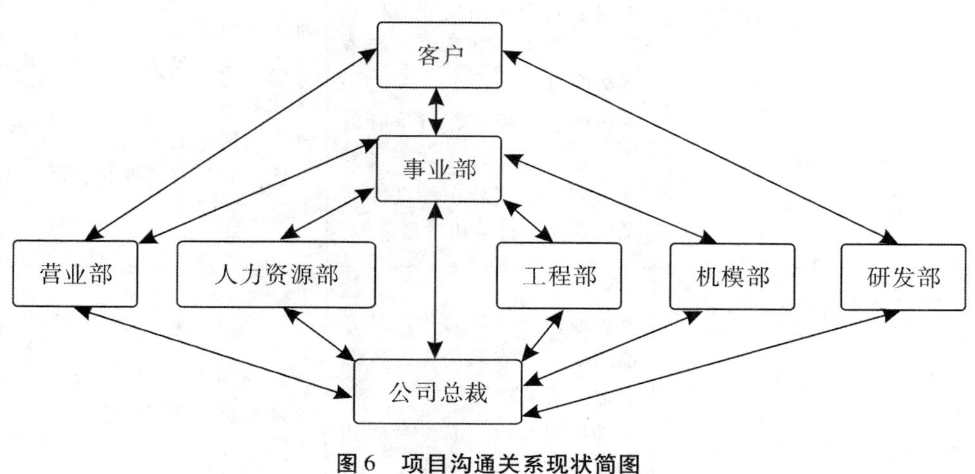

图6　项目沟通关系现状简图

3.2　案例项目背景

3.2.1　NW 公司 SWOT 分析

NW 公司高层也意识到自身的一些问题，根据企业内部与外部的情况，做出了相应的 SWOT 分析。

表2 NW公司SWOT分析模型

	优势S	劣势W
内部环境 / 外部环境	• 在新材料、新技术领域的投入处于行业领先地位 • 过去几十年的发展，积累了大量的资金和技术，竞争优势明显 • 国内政局稳定，与政府关系良好 • 与客户维持着一种良性互动的关系，订单相对稳定	• 组织架构庞大且重复，内部沟通效率低 • 人民币持续升值，汇兑损失较多 • 人力成本上升 • 无经营自有品牌的经验
• 国内经济持续发展，内需市场巨大 • 国家鼓励经济转型升级，有政策支持 • 电子商务优势明显，为渠道建设打开新的突破口	• 加强在办公自动化产品方面的市场调查和研发，掌握客户的需求趋势 • 加快建设新产品生产线和物流渠道	• 内迁到成本较低的城市 • 加快自有品牌的建设
威胁T	ST战略	WT战略
• 全球性的金融危机导致出口贸易下滑 • 国内人力成本、土地、生产资料价格持续上涨 • 潜在竞争对手的进入，实行产品价格战，产品毛利受到威胁	• 了解客户订单的分布状况，以确定自己的报价策略 • 分析竞争对手的报价策略 • 关注潜在竞争对手的生产运营状况	• 进行成本控制活动，降低运营成本，提高产品报价的竞争力 • 组织合并，精简机构，提高组织沟通效率 • 将工厂迁移到人力成本较低的东南亚

3.2.2 案例项目启动原因

为了充分利用自己的优势和机会，此项目的启动对应的是SO战略。公司在五金和橡胶零件上已经有了稳定的技术和规模不小的产销量，在全球市场上占有的份额较大，排名也靠前，与欧美和日本的国际大品牌都保持着长期稳定的合作关系。但是，由于此类产品技术含量较低，准入门槛也低，随着市场竞争的日益激烈，利润率也越来越低。加上人力成本、土地成本和设备老旧等因素，发展到现在，此类产品的生产已经难以维持公司的运营。从公司战略发展的角度考虑，如果不从其他产品上找到出路，公司在办公自动化设备的业务也必将走向衰落。因此，公司高层决定，发展办公自动化设备中技术含量和价值都较高的功能组件，并通过自身过硬的产品质量和规模化生产降低成本，以迅速打入OEM和ODM市场。

LSR 产品就是其中之一。通过销售与研发人员及客户的长期沟通合作，终于成功开发出客户所需的 LSR 产品。客户 K 是跨国大企业，产品销量很大，因此，必须在短时间内提高产量，以满足客户对于新产品大规模的生产需求。

3.3 LSR 新产品生产线建设项目概况

公司协助客户新开发的 LSR 产品得到了客户 K 的认可，经过与客户沟通确认后得知，此产品预计每月需求 5 万件，至少持续生产 5 年。在和客户签订供销协议后，此生产线项目正式启动。

项目启动之初，虽然已有一套设备可以进行小批量试产，但并不适合此类产品的大批量生产。为适应全新的生产方式，必须建设一条全新的生产线。同时，公司高层的战略发展计划中提出，要在这个新产品上加大投入，扩大市场。因此生产场地要额外预留一条生产线的位置以备将来之需。其中每条生产线的设计最大月产量为 5 万件，该类产品总预计月产量达到 10 万件。由于公司集团的几处生产基地都已经没有多余的厂房，新生产场地只能通过租借、扩建标准厂房或扩建简易铁皮厂房获得。经过高层对几种方案的筛选决策，最后决定在大陆公司总部工业园园区内的一块空地上新建一处 60m × 12m 的铁皮厂房，在半年内建设好并投入生产。厂房、装修和设备等固定资产预计总投入 400 万元（包括开发这个产品的前期设备投资），固定资产用年限平均法计算十年折旧。产品单价 35 元，净利润率 10%。生产线投资为银行贷款的方式，利率为 12%。

根据董事长兼 CEO 的估算，年收益为：

$$5\text{ 万件} \times 35\text{ 元/件} \times 10\% \times 12\text{ 月} = 210\text{ 万元}$$

由此可见，两年即可收回全部固定资产投资，说明该项目可行。

3.4 LSR 新产品生产线建设项目的问题

3.4.1 项目可行性分析问题

项目在开始投资前，公司并没有做出详细的技术经济分析和评价。公司董事长的这种评估方式属于静态投资回报期计算，即说明未考虑资金的时间价值。这样算虽然不能说不对，但现在的代工行业正处于微利时代，每个代工企业都必须精打细算过日子。仅仅这样计算是远远不够的。这个项目因为经过了初期的试制，产出的样本也通过了客户的测试，在生产技术上的问题不大。此时需要重视的是风险管理，比如新购设备、量产设备、人手、厂房建设，要考虑如果发生延期或其他意外，会产生什么后果等，这些都要在项目前期进行可行性分析，对可能出现的风险做出应急预案。

3.4.2 项目管理流程不清晰问题

此项目进行时，没有一个详细的项目管理流程。事业部和各个职能部门各自为政，着重处理自己分内的事情。各个工作包的开始与结束、先后的逻辑关系，都没有一个确定的流程。职能部门的经理会在内部指定一个负责人负责该项目，但该负责人并不会知道他所负责的项目事务跟其他部门的同一项目相关事务间的逻辑关系。

3.4.3 进度计划管理问题

项目管理的所有相关成员都是凭经验做事，没有详细的项目管理和进度计划。每位项目经理都希望能够按时、保质保量地完成项目，可是在项目执行时，常常会有“意外”发生，从而导致工期延长。由于项目的特殊性，很多风险因素在计划制订前未能充分被识别，导致在实施过程中有很多进度无法按项目初期制订的计划执行，进度计划没起到指导、推动项目实施的作用。在项目调整、节点延期时，往往是被动等待、变更相应设计或顺延节点，而未采取有效的提前沟通、提前预知的补救措施或评估相关的延期影响，也未对项目进行及时的调整或按照实际情况和认可的新节点进行调整，造成项目多次变更，从而导致项目整体延后。

3.4.4 项目团队管理问题

该案例中并没有明确规定这个项目的团队。没有一个牵头人专门负责这个项目，也没有组建项目团队，形成该项目的组织架构。只从现有管理架构中找寻相关部门的负责人去管理，和管理各部门的日常事务没有太大区别。我们知道，团队发展有四个阶段，分别是形成（组建）、震荡（融合或淘汰）、正规（成熟）、表现（具有合力及效率），而建线过程中的项目团队大部分处于团队的磨合阶段和规范阶段，组建容易，而稳定、发展较难。项目实施过程中，项目经理在人员建设方面没有做到全面考虑、全面覆盖，没有预期性地全面储备各种项目人才，由于人力资源短缺，一定程度上影响了部分项目实施的进度，导致整个项目衔接的时效性不够。同时，在建设项目工作中因工作内容、资源分配、进度计划、成本、先后次序、组织问题、个体差异等，导致团队成员之间产生矛盾与冲突，团队建设没有搞好，团队失去战斗力，以致沟通不畅，造成合作出现问题，也造成出现问题后相互推诿的后果。

3.4.5 项目沟通问题

项目沟通的双方或多方都希望能够准确无误地发送和接收全部信息，并正确、全面地理解这些信息，进而实现有效沟通。但此项目并没有进行正式的项目内部沟通，只用电话或单独见面的方式来互通项目信息。该项目涉及欧美客户、北美分公司、香港总部的各部门、大陆总部、产品事业部和各职能部门，地域、人员、文化、语言和风俗习惯等情况错综复杂。而该公司运作流程中并没有一个明确的沟通流程机制，也没有专门为这个项目建立专用沟通流程。在项目沟通过程中，会出现沟通障碍、沟通缺失和沟通误会等问题，使得项目不能有效进行。

新产品生产线的建设项目没有建立沟通机制计划，没有将沟通信息及时传递和发送，也没有相关的沟通报告等，以上问题导致不同的团队成员间产生不理解和不信任，或存在项目成员、项目干系人间的沟通“过滤”，即选择性理解，或者是先入为主，沟通时存在敌意，或没有同客户达成一致等问题。

4　项目管理改进和进度优化

4.1　NW 公司项目管理改进概述

该公司经过三十多年的发展，从在香港的一家小作坊逐渐发展成拥有几大生产基地，员工总数达 3 000 人的跨国企业。公司老板和高层管理虽然不断提升自己的知识和管理水平，但公司依然摆脱不了家族企业的影子，公司老板俨然一种家长式的管理作风。诚然，公司最高领导直接关注的项目，在执行力上是效率最高的，公司的资源也是对其优先配置，这对项目的顺利进行是有极大帮助的。但是，没有受到公司高层重视的小项目，就可能会遭到资源上的制约而造成延期。同时，公司总裁个人管理的事情太多，难免会存在盲区，也容易因忽略一些事情而造成不必要的损失。

因此，必须从专业的项目管理角度对公司的项目实行治理，使得项目在整个过程中得到全面、清晰的计划、实施和监控。

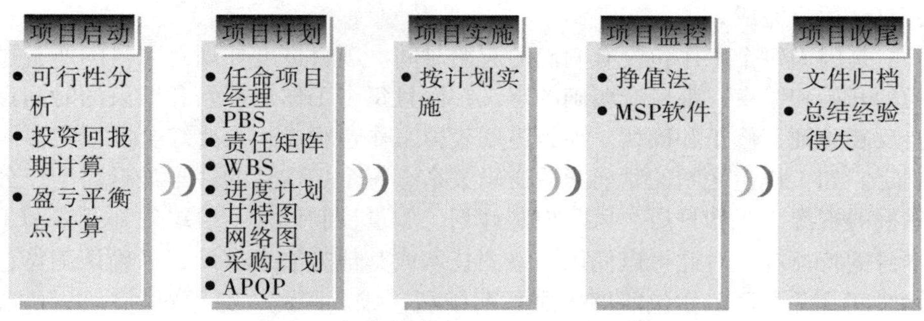

图 7　系统的生产线建设项目管理流程图

第一，对项目做可行性分析。需要对项目进行技术经济评估计算，得出投资回报期和盈亏平衡点，评估此项目是否有利可图而且切实可行。按照公司最高负责人简单的静态投资回收期的计算，也能看出该项目是值得推进的。另外，也要对项目中可能出现的各种风险进行预先评估，并制订应急方案。本案例主要针对的是经济技术评估和风险管理，此处不再详述。

第二，任命项目经理。该项目的预计年营业额达到 210 万元，初期投资 400 万元。需要多部门协作，因此该项目经理必须任命一名部门经理级别以上职位的人来担任。现在由总裁直接担任。如果事情多，可以任命一位总经理级别的人全权负责。

第三，项目计划是重中之重。利用各种项目工具和技巧对新产品生产线建设项目的进度进行详细的规划和优化。在确定项目目标之后，进行工作分解（WBS），按照工作包划分权责。责任落实到个人，明确每个工作包的起止时间。

第四，要时刻留意项目监控。项目的进行要根据计划按部就班，项目团队内要定期沟通，形成良好的汇报机制。项目经理要充分利用项目管理软件和工具监控项目进度，了解项目进程的一举一动，确保项目如期进行。如有意外，才能及时采用应急方案。

第五，重视经验总结收尾阶段，要做好各种文件的归档工作，总结在项目中的经验得失，为公司现有管理人员的学习进步之用，也为将来培养项目管理人才留下案例教材。

4.2　项目进度管理问题的原因和解决方案

4.2.1　进度管理问题的根本原因

一是因为没有详细的项目进度计划和相应的监控。进度管理是指在项目规定的时间内，制订出经济、合理和能够有效执行的进度计划，其中就包括多级管理子计划。项目实施正式开始时，就必须同时启动项目监控，确保每个工作包都能够按照计划执行，也必须掌握实际进度，并将它与进度计划进行比较，确认实际进度是否按计划要求进行。如果出现进度偏差，就必须要立即查找和分析原因，并根据偏差的根本原因制定相应的改善和预防措施，再修正原计划，如此持续改进，直到项目完成。

二是因为每个工作包没有明确的起始时间。项目进度计划对项目的所有过程活动的开始和结束，都应有明确的定义，而且每个工作包开始和结束的时间点都需要反复验证、修正和确认。项目进度表由工作包组成，需要综合考虑很多因素来制定。如工作包之间的紧前紧后逻辑关系、每个工作包的最早最迟时间、公司所掌握的资源、工作日历、风险控制计划、质量控制计划、组织外部资源和工作包本身的特征等。对此可以使用网络图技术或其他方法来辅助，以确认工作包的开始时间，并保证工作包能够按照预期顺利完成。因此，必须对进度进行控制，监督工作包的执行情况，这一过程要收集相关数据，与基准计划进行比较，一旦发现有偏差或错误，就必须采取措施及时纠正，并根据在控制中发现的影响进度的因素，采取相应的预防措施。项目进度控制的目标就是要确保项目按照既定的工期目标完成，或者在保证项目质量的前提下，适当缩短项目工期。

三是因为资源分配不明、权责不清和风险失控等。制订详细的项目进度计划时要考虑如下因素：时间目标是否合理，工作范围是否受控，项目管理是否有效及进度管理的力度是否足够，项目进行过程中是否有专人进行跟进，项目职责分摊是否合理，资源和人员能力是否足够，风险管理是否到位等。

4.2.2　进度管理问题的解决方案

（1）制订完整的进度计划，对项目各环节进行调研，并进行影响因素的风险评估；利用工具软件（如 MSP 等）、网络图及关键路径分析，协助确定重要性工作或调整工期，以及处理关注的焦点活动。

（2）要与上级进行足够的沟通，保证项目任务和活动有良好的跟踪措施；时刻监控项目进度，重点关注关键路径上的活动，制定必要的纠正措施并执行。

（3）合理地安排项目时间，保证按时完成项目；合理分配资源，提高工作效率，定义项目活动、任务；明确活动之间的依赖关系和活动顺序；根据资源分配方案，合理预算工期，可以使用计划评审技术（Program/Project Evaluation and Review Technique，PERT）估算活动时间。

（4）对于项目范围、项目风险和项目沟通的信息窗口，都必须严格管理和控制。如有必要，可以申请对进度计划的基准进行变更，在得到相应的领导或授权人士审核批准后，实施此变更。同时，相应的文件和记录要以书面形式保存。

（5）项目进度优化，也就是缩短工期，要把重点放在关键路径上。根据时差的数值来确定资源的投入。首先，关注近期内的活动；其次，尽量缩短工期长的活动。缩短工期的方法有很多，比如加派人手、投入更多的设备、引进外部资源、增加每周的工作天数（加班）、增加每天的工时（加班）、缩小工作范围、放宽活动要求、改进技术方法和更换获取周期短的材料等。

4.3　项目进度计划优化的具体操作步骤

4.3.1　WBS 和责任矩阵

根据企业调研的实际情况，针对案例项目进行工作分解，得出如下 WBS 和责任矩阵：

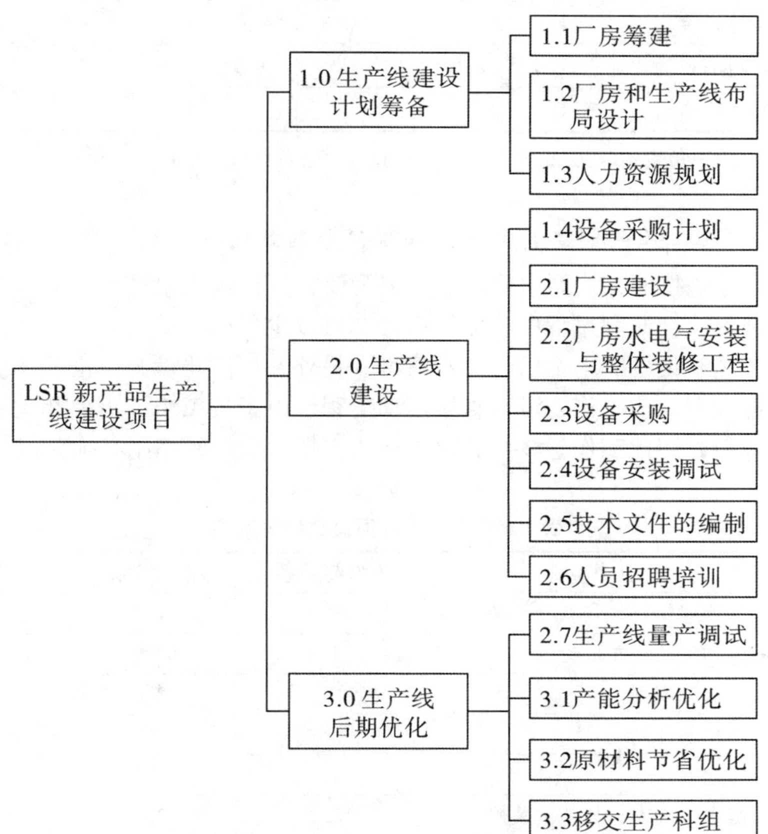

图 8　生产线建设项目 WBS

根据 WBS 的工作包和相关干系人划分责任矩阵：

表 3 生产线建设项目责任矩阵

代码	工作包	事业部	研发部	工程部	机模部	人力资源部	外包方	总裁
1.1	厂房筹建	F					C	P
1.2	厂房和生产线布局设计	F						P
1.3	人力资源规划	F				C		P
1.4	设备采购计划	C	F	C	C		C	P
2.1	厂房建设	J					F	
2.2	厂房水电气安装与整体装修工程	J					F	
2.3	设备采购	F	C	C				J
2.4	设备安装调试	F	C	C			f	
2.5	技术文件的编制	F						
2.6	人员招聘培训	f				F		
2.7	生产线量产调试	F	C	C	C			
3.1	产能分析优化	F	C	C				
3.2	原材料节省优化	F	C	C				
3.3	移交生产科组	F						

注：F：第一负责；f：次要负责；C：参与；J：监督；P：批准。

4.3.2 各工作包的逻辑关系表和双代号网络图

LSR 产品是按照客户要求研制的，因为要大规模投入量产，才启动这个新生产线建设项目。在研制过程中，已经有一套可以少量试产的设备。其人力资源配置、生产工艺和设备需求都已经非常清楚。另外，厂房建设为标准厂房，所以这些工作包都没有紧前工作，可以直接启动工程。由于员工培训需要相关技术文件作为培训资料，因此工作包 2.6 在执行前 2.5 技术文件的编制必须完成。

表 4 生产线建设项目逻辑关系表

代码	工作包	紧前关系	紧后关系	工期（日）
1.1	厂房筹建		1.2	5
1.2	厂房和生产线布局设计	1.1	2.1	10
1.3	人力资源规划		2.6	5
1.4	设备采购计划		2.3	7
2.1	厂房建设	1.2	2.2	45
2.2	厂房水电气安装与整体装修工程	2.1	2.4	30

（续上表）

代码	工作包	紧前关系	紧后关系	工期（日）
2.3	设备采购	1.4	2.4	90
2.4	设备安装调试	2.2、2.3	2.7	15
2.5	技术文件的编制		2.6	15
2.6	人员招聘培训	1.3	2.7	15
2.7	生产线量产调试	2.4、2.6	3.1、3.2	15
3.1	产能分析优化	2.7	3.3	15
3.2	原材料节省优化	2.7	3.3	15
3.3	移交生产科组	3.1、3.2		5

注：计划一周工作 7 日（白班），每天正常工作 8 小时。

根据各工作包的逻辑关系，可得出如下双代号网络图：

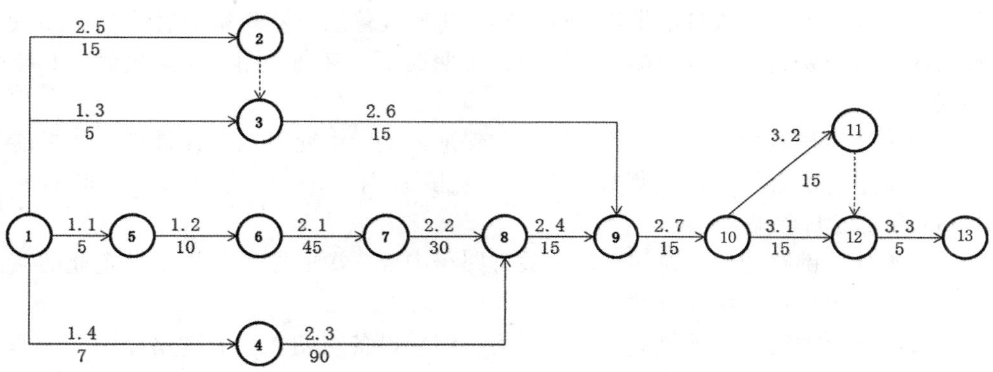

图 9　生产线建设项目双代号网络图

4.3.3　找出关键路径

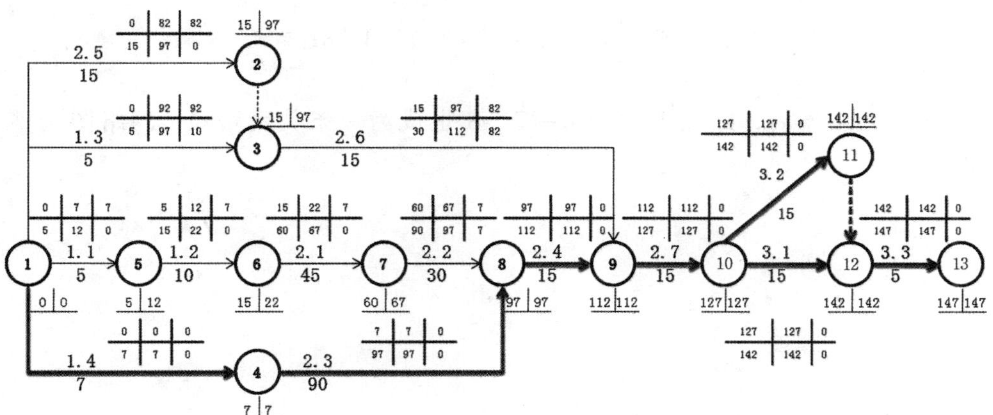

图 10　生产线建设项目双代号网络图时间参数计算

根据时间参数计算，图 10 中粗线为关键路径，现状的总工期为 147 日（即 1→4→8→9→10→11→12→13）。也就是说，按照这样的安排，要 147 日之后才能开始量产。

4.3.4　进度优化

在新产品生产线建设的过程中，工艺开发及工艺的稳定极其重要。产品在开发试制过程中，工艺稳定压倒一切，只有工艺合理了才能真正减少开发过程中的产品问题。另外，选择正确的刀具、夹具也极其重要。对出现偏差的工艺进行详细分析，召集相关部门进行技术的综合评估，彻底地从源头上解决问题，才能逐渐完善工艺技术，生产出客户满意的新产品，促进项目的顺利实施，体现项目的价值。接下来，小组会从项目管理的角度去分析建线过程中出现的问题，并提出其解决方案。

一个新的产品，在得到市场认可，并且有利可图的情况下，量产生产线的建设周期越短越好。因为市场瞬息万变，若不能如期投产，必将遭受损失。所以工期优化是该项目的第一要务。在这个项目中，还有另一个问题，就是如果不能按照客户计划要求的供货日期供货，导致客户生产线停线，甚至影响客户新产品发布的话，公司要遭受相应的损失。所以，工期提早，有利可图；工期延迟，利益必损！

因为已经与客户签订了协议，所以能保证销量，由此可以这样计算：如果能提前一日生产，必然可以获得如下利润：5 万件/月 ×35 元/件 ×10% ÷30 日≈0.583 万元（日收益）。

秉承从关键路径中要时间，从非关键路径中要资源的原则，再结合企业的实际情况，可得出如下优化方案：

进度优化方案一：给供应商施加压力，缩短设备交期。在关键路径中，工作包 2.3 设备采购的工期最长，共 90 日。这点可与设备供应商沟通，在没有附加条件下，提前几日交货是完全没有问题的。其相对路径为 1→5→6→7→8，总工期是 90 日。因此，该方案可以缩减关键路径 7 日，即将总工期 147 日缩减到 140 日，如此可得利润：

0.583 万元（日收益）×7 日 =4.081 万元

执行此方案后，路径 1→5→6→7→8 也成为一条关键路径，网络图调整如下：

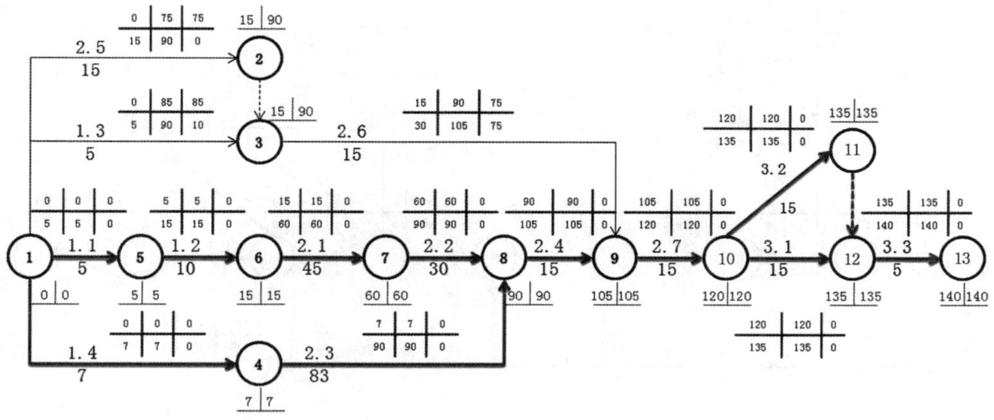

图 11　进度优化方案一实施后的时间参数计算

进度优化方案二：可以增加加班工时或加开夜班，来达到缩短工作天数的目的。

公司内部的行政、管理和高端技术支持部门不上夜班，因此这些部门负责的工作不能用此方案进行优化，加班时间（Overtime，OT）可以用于协调项目进度的机动时间。一日 24 小时，三班倒，利用全天的所有工时，没有加班时间，即不用多给加班费，设备的利用率也最高，是制造业最理想的生产方式。如果人力资源不足的话，则采用两班倒，适当地增加加班时间，也可以充分利用生产时间，使设备稼动率达到最大化。项目中适用此方案的工作包为：2.1 厂房建设、2.2 厂房水电气安装与整体装修工程、2.7 生产线量产调试。保守估计，这三个工作包的工期可以缩短三分之一。

表 5　进度优化方案二改善前后对比

单位：日

工作包	改善前	改善后	工期缩短
2.1 厂房建设	45	30	15
2.2 厂房水电气安装与整体装修工程	30	20	10
2.7 生产线量产调试	15	10	5

根据此方案，网络图修正如下：

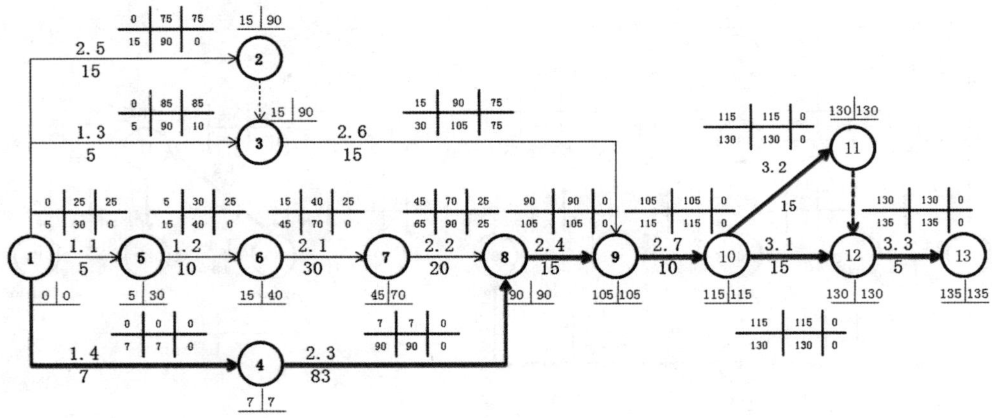

图 12　进度优化方案二实施后的时间参数计算

由图 12 可见，由于另外一条关键路径 1→4→8 的制约，总工期只减少了 5 日。在人力资源充足的理想情况下，此方案无须支付多余的费用，反之，则需要支付少许的加班费。为了充分利用该方案，需要对关键路径 1→4→8 做进一步优化。原相同工期时间跨度的关键路径为 1→5→6→7→8，与路径 1→4→8 相比差 25 日，所以这条关键路径也需要缩短 25 日，才能达到最佳效果。路径 1→4→8 共有两个工作包：1. 4 设备采购计划和 2. 3 设备采购，总共需要缩短工期 25 日，这是这条路径的工期缩短目标。

表 6　进度优化方案二再度改善前后对比

单位：日

工作包	改善前	改善后	工期缩短
1. 4 设备采购计划	7	5	2
2. 3 设备采购	83	60	23

通过安排加班的方式使工作包 1. 4 设备采购计划缩短 2 日。工作包 2. 3 设备采购主要由设备供应商负责，也可以要求供应商采取同一方案，用加班加点或加开夜班的方式缩短交期。如果需要的话，公司这边可以给予供应商相应的工时费用。工期缩短 23 日可以带来效益：

$$0.583 \text{ 万元（日收益）} \times 23 \text{ 日} = 13.409 \text{ 万元}$$

投入金额约 13 万元，此方案可接受。

进度优化方案三：租借相关设备。如果设备供应商未能按要求缩短工期，可考虑以租借的方式来获得设备。可向设备供应商租借旧设备或找寻其他设备供应商进行租借，同商业伙伴租借亦可。

一般来说，120 万元的设备，按照 10 年平均折旧法计算：

$$120\ 万元 \div 10\ 年 \div 12\ 月 = 1\ 万元/月$$

租借按三倍价格计算，一个月的时间，加上搬迁运输和装拆费，预计最多支出 4 万元。

综合方案二和方案三，网络图修正如下：

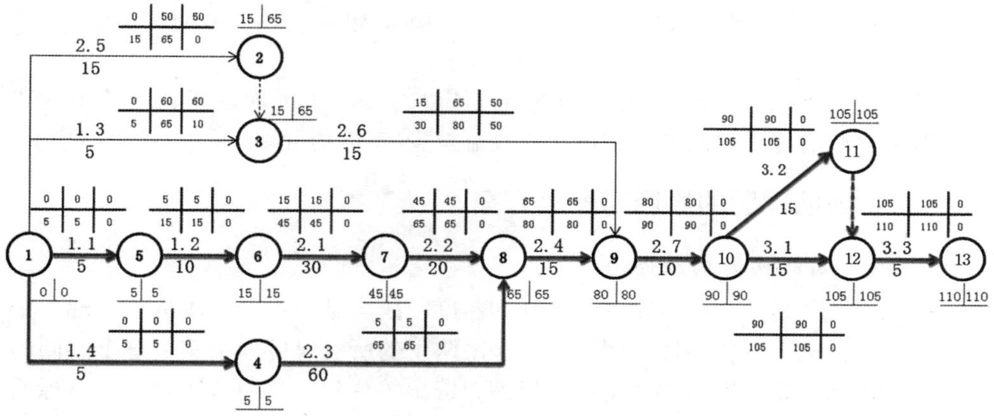

图 13　进度优化方案三实施后的时间参数计算

此时，总工期已经缩减至 110 天。

进度优化方案四：串行工作变为并行工作，多个工作包同时进行。在 2.7 生产线量产调试阶段，就实施 3.1 产能分析优化、3.2 原材料节省优化和 3.3 移交生产科组。

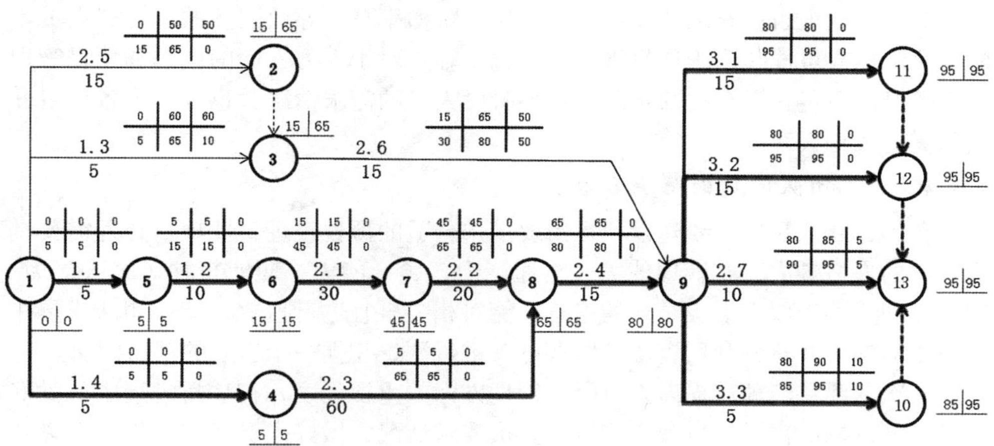

图 14　进度优化方案四实施后的时间参数计算

这样安排是可行的，在工作包2.4设备安装调试完成之后，直接安排生产。生产线在调试阶段，即可以有产品产出，产生效益。当然，品质控制方面，也要跟进。这里就不再详述质量管理方面的内容。保守估计，在这段时间（按15日计算），生产线可输出50%的产能。

综合上面四个方案，全部实施后的结果：总工期从改善前计划的147日缩减到95日，并且从项目开始到第80日后，即有50%的产能，生产线整体试运行15日后，生产线可以达到满负荷运转。由此，工期优化改善可以得到的效益为：

$$0.583\text{万元（日收益）}\times(147-95+15\times50\%)\text{日}\approx34.689\text{万元}$$

需要支付0~5万元（根据实际情况而定），其中包括加班费、设备租赁费等。减去这些可能支付的费用，优化总收益至少有30万元。

4.4　团队问题的原因和解决方案

4.4.1　团队问题的原因

首先，此项目缺少项目团队的理念和制度。团队是一组个体成员为实现一个共同目标而协同工作的集体。团队工作是团队里的所有成员为了实现这个共同的目标而做出的工作。项目团队是项目里人力资源的总和，是为了实现项目目标而聚集的一个团队，是一个用团队模式工作的特定组织，特指一组相互信任、相互依赖、齐心协力、共同合作、一起工作的团队成员所构成的一个整体。项目团队成员包括项目经理、负责项目管理工作的成员、负责项目工作执行的成员和其他为了项目而工作的组织内部的主要成员等。其中，项目经理即项目负责人，负责整个项目的计划、执行和控制，以保证项目目标的成功实现。项目经理是整个项目团队的核心和灵魂人物。项目经理应牢记：人是项目中最重要的资源，特殊人才是重要的保障资源，协调好重要资源，才能保证项目成功。

其次，此项目所在的企业更新换代快、跳槽率高，导致团队的目标和人员不断变化。也有可能是由于项目管理者太过年轻，对于人力方面的理解和项目管理方面的经验不足，没有提前预测项目各阶段人员的需求情况，也没有配备项目开展所需的各种人才。

4.4.2　团队问题的解决方案

首先，新产品生产线建设项目需要挑选合适的项目经理，此项目经理需要具有自己的人格魅力，有管理能力、沟通能力、领导能力、职业精神等个人能力。项目经理要善于取得上级领导的支持，能对相关事宜进行授权，能对团队成员采取激励措施，并充分利用资源，协调好关键资源，建立一个有效的项目团队。

其次，项目经理需提高人力资源管理方面的重视程度，在项目进展中要做好人员规划，提前预测项目各个阶段的人员需求情况，做好人员培养工作，保障项目顺利开展。尽量减少由于人员流失或短缺导致的项目开展滞后。

再次，项目团队成员的性格要互补，要具有团队精神，要能做好计划并对各自的工作承担责任，要积极参与新产品生产线建设项目，并能有效沟通协调建线项目过程中的各种问题，要尽力营造一个共同面对困难，积极而又富有建设性的建线项目环境。团队成员间出现冲突或者矛盾时，应采取回避或撤退、竞争或合作、反抗或妥协、正视和解决问题等方法进行处理。在解决问题时，首先要对问题做出说明，然后收集相关的数据，找出导致问题的原因，并得出解决方案，最后评估方案的可行性，决定最佳解决方案后，修订项目计划，实施方案后判断问题是否得以解决。

最后，建立好项目团队管理。项目团队中负责管理工作的人员将监控成员的行为，处理冲突，解决相关问题并评估绩效。实行项目团队管理后，应根据管理的结果，针对管理计划提出关于项目人员配备的变更申请。在解决问题的同时，这些资料可以作为鉴定项目团队绩效的证据，也可以作为公司信息资源库的新资料。

4.5 沟通问题的原因和解决方案

4.5.1 沟通问题的原因

首先，信息传递没有有序的渠道，沟通不畅。沟通是信息的传递和理解，项目沟通主要是项目团队成员与其他组织、项目团队成员之间的信息传递和理解。它是与沟通有关的过程，目的在于促进项目信息的有效交换，并确保这些信息能够合理和及时地产生、收集、传递、存储和处理。在项目管理的整个过程中，都离不开沟通。因此，编制项目沟通计划、沟通信息发送和沟通报告是项目沟通管理的重要内容。

其次，公司项目相关干系人文化背景差异大。人的性格和习惯千差万别，受环境干扰等因素影响，不同的团队成员和项目干系人对信息的发送、接收有着自己的理解。在此项目的干系人中，有使用英文的欧美客户，有使用粤语的香港管理层，还有讲普通话的工程师群体以及大部分讲客家方言的当地员工。不同的文化背景、不同的语言环境就很容易产生言语误解。

4.5.2 沟通问题的解决方案

首先，项目经理应该建立沟通机制。使用项目沟通计划，与项目所有干系人约定沟通的模式。与各方协调沟通是项目经理的主要工作，必须把握项目进度的一手资料，因此项目经理不仅要提升自身的沟通能力和技巧，也需要带动和促进整个项目团队的沟通，提高团队成员的沟通意识、技能和效率，使整个项目沟通都在计划好的沟通机制内运行。

其次，在识别干系人、规划沟通、发布信息、管理干系人期望、报告绩效等环节时，要使用准确的表达方式和简单的语言，注意对方身体语言和面部表情的含义，尝试站在对方的角度考虑问题，并选择在适当时候进行面对面的沟通。

最后，要学会倾听。完整地听取员工的倾诉或意见，学会欣赏不同的声音并冷静思考；培养自己的倾听耐性，听懂弦外音，鼓励别人说出完整的意见；要创造交流机会，自然切入主题；搭建交流渠道，如定期汇报等；建立管理信息系统，利用网络资源，进行调查研究；建立相关数据库和人脉信息沟通网络。

5 结合企业参访得出的项目改进建议

5.1 参访企业硕贝德感悟

在校学习期间，学校组织参访了上市企业——硕贝德科技。这是一家国内领先的移动通信终端天线企业，是国内制造业产业升级、技术突破的成功典范。同学和老师们与硕贝德高层进行了头脑风暴式的探讨之后，在制造业实际的项目管理、市场拓展与成本控制等方面都得到了不同程度的收获和启发。制造业中的方法、思路和成功的经验，有些可以被借鉴、引用到这个案例项目上。经过总结分析，可以从如原材料节省、优化工艺、提升生产线的良品率、提升产品附加值、智能化生产改造和提升内外部物流能力这六个方面去优化和解决在LSR新产品生产线建设项目上的问题。

5.2 节省原材料

在机械加工企业，原材料的采购费用在生产成本中所占的比例是比较高的。如果能够节省原材料，即使占比很小，在大规模量产的情况下，节省的成本费用也是非常可观的。企业可以通过减少物料的长度、大小、重量和形状来达到减少用量的目的。

比如物料A，原来使用长度是290mm，通过多次调整工艺和设备参数，在不影响质量和生产工时的情况下，缩短至285mm，用料减少1.72%，使得此原材料的使用成本下降了1.6%。虽然只有1.6%，但由于采购量大（每月至少采购5万件），产品生命周期长（至少5年），总节省量依然不容小觑。该项目的方案改善费用仅为0元，在不计算时间价值和存货价值的情况下，改善后至少可得效益如下：

0.1元/件（材料节省）×50 000件/月×12月×5年=30万元

因此，不要小看节省的比例小，要看数量和时间，积少成多，收益也是很可观的。对于代工行业来说，行业利润已经从2002年的30%，降到现在普遍只有5%左右。即使以高效管理著称的“代工之王”富士康，其利润率也只能达到这个水平。同时顺应当前清洁生产，节能环保的环境政策要求，节省原材料也是一项大趋势，企业必须要充分重视起来。

5.3 优化工艺，提高效率

生产效率的提升也是优化生产线的关键一步，也是这次小组研究的项目工作包3.1产能分析优化的主要内容。针对该项目，可有如下方案：

（1）投资设备和技术以提高生产效率。科学技术是提高生产效率的有效方法，而投资新设备和技术是最为直接的手段。当然，不是一味地追求最先进的技术，而是要找到最适合企业的技术。同时，需要进行投资回报评估。

（2）消除瓶颈工序，提升生产能力。生产线或生产流程是一个整体，其生产能力是由其短板，也就是瓶颈工序所决定的。一般来说，通过提升瓶颈工序的生产能力来提高整条生产线的生产能力是最为经济的。如果瓶颈工序的设备是最为贵重的，在整个生产线投入占比很高的话，则另当别论。对于这个案例项目来说，通过生产线产能平衡分析，在瓶颈工序中投入少量的设备，就大大提高了产量，并且投入两个月内就收回了所有设备投资金额，回报率相当可观。

（3）改进生产工艺或生产方法。对生产线工艺流程中的每一个工位和每一组工段进行研究，通过对人进行动作分析，对工具的辅助和工作环境等进行优化改良，消除错误和多余动作，以提高生产效率。可以立工作技能最优者为标杆，在这一基础上继续改进，制定标准作业程序（Standard Operating Procedure, SOP），让操作者严格执行，从而达到提高效率的目的。

（4）提高员工的素质和能力。如上述的 SOP，用来培训工人，必然能够有效地提升员工的技能。加上其他方面的培训，如质量管理体系培训、质量控制培训等，培养员工的质量意识。在生产的闲暇，可以组织员工培训，在生产繁忙时，基层现场管理员也可以实施现场培训。

（5）设立奖罚机制。有赏必有罚，当然，这个必须要秉承公平公正的原则。激励和惩罚的方法很多，对公司不同层级的奖罚方法又各有不同。有些公司实行绩效奖金罚款机制，这是一个很好的方法。当然，这个尺度还需要管理者适度把握，这也是管理的艺术魅力所在。

当然，这些都是要生产部门在日常管理中长期执行的，此处不再详述。

5.4 提升生产线的良品率，提高产品品质

要想在新产品生产线建设中取得较高的良品率往往需要投入较高的成本。新的产品要想大规模量产，良品率是很关键的指标。一般来说，新产品生产线刚生产出来的第一批产品的良品率不会很高，要经过不断调整、试错才能维持较高的良品率，而这中间的过程有时会十分漫长。时间成本和资金成本都成了不能忽视的主要问题。针对该项目，具体的提升品质方案如下：

（1）从原材料的源头控制质量。采购部门要做好供应商管理，与相关部门如品质保证部、工程部等共同做好供应商评核，保证供应商的资质，以确保采购的原材料品质优良。采购入库前，品保部要根据品质计划，对来料进行检测，把好质量关。

（2）在生产过程中控制质量。品质是做出来的，不是检测出来的。在生产过程中，制程控制（InPut Process Quality Control, IPQC）要负责做好制程检验，开机前，要做好新品首件检测（First Article Inspection, FAI），在生产过程中要根据相关质量管理文件要求和标准检验程序来进行抽查，以及利用各种品质控制

工具（如控制图）来控制制程质量。同时，推广全员参与质量管理的措施。

（3）注重产品的运输。运输不当，同样会造成产品的损坏。所以工程部门要设计适当的包装，并经过严格的包装测试，同时，物流部门也须选择有资质、信誉高的物流公司进行运输。

（4）优化模具、工夹具和生产设备工艺参数。良品率的提高可带动经济效益的增长，尤其是对于价值高的产品。在此项目生产线建成之初，产品良品率刚刚处于行业的平均水平，经过不断试错和改良，在不到3个月的时间里，该LSR新产品的不良率从行业平均水平10%降低到5%！在产品生命周期内可产生如下效益：

5%（减少不良率）×35元/件×5万件/月×12月×5年 =525万元

5.5 提升产品附加值，掌握核心技术，注重创新

有些企业会盲目扩张单一产品的生产线，导致新产品投放市场后竞争力低下，面临退出市场的风险。因为公司已有固定客户，固定客户对于单一产品的需求很快会满足。如果向公司核心产品的上下游延伸，在现有客户中也是有这样的需求的。比如参访的企业硕贝德，它的核心产品是天线，主要目标客户是手机生产商。从天线的关联部件入手，开发出天线机壳一体化产品。仅此一项，营业额就增加了十倍至百倍！单一天线，升级为几元的塑料机壳天线一体化，再到几十元的金属机壳的天线一体化产品。

企业不再安守现状，而是积极开创未来。制造业也是需要新陈代谢的，首先，注重产品的创新能力，要有自己的核心技术，并充分评估其带来的市场品牌效应，延伸其使用范围。其次，注重产品在市场中的定位，低端产品收益只是暂时性的，随着市场竞争日益激烈，低端产品终将被高端产品取代，所以，注重高端产品生产线的建设是未来产品创新的重中之重。最后，新产品生产线应注重市场一体化战略，精益求精，以实现对市场环节的渗透和控制，而非一味地寻求多元化扩张。

5.6 国内人口红利消失，新产品生产线要朝智能化生产改造发展

该项目应该从自动化上着手优化，多采用自动化机械辅助设备以减少人力资源的使用，甚至只采用一些经济实用的工夹具，提高效率，即可相应减少人手。比如，某种设备在改进之前，每台都需要一个工人操作和照看。而在增加自动上下料装置后，一个工人可以操作两台设备。而且此自动设备每套只需2万元人民币，两套共4万元。这相当于一位普通工人一年的人力成本支出。这个改进方案在实际操作中取得了成功，整个生产线都因此得到了优化，节省了不少运营费用。同时，此方案经过集团公司各相关事业部全面推广，使企业取得了更加显著的效益。

5.7 新产品生产线要注重内外部物流能力的提升

新产品生产线在厂内布局时，必须充分考虑到内部物流情况。每个工序的物

料摆放要清晰方便，不能混淆，容易混淆的物料要分开（硕贝德的无尘车间中设备、物料和工具的摆放都整齐有序）。物资流动要流畅，要按照工艺流程流动，流动期间不能有阻滞。对于外部，新产品要规划好相应的物流路线和运送方式。针对该项目，具体的解决方案如下：

（1）物流的相关设施要规划合理，利用充分。在满足生产所需的前提下，尽量提高现有资源的使用效率，减少新资源的投入，节约资源。物流的相关设施，如车间厂房、货仓存储区、货物收发区、物流中转区、生产辅助设备、物流输送设备等，都应充分利用，优化安排。

（2）在生产过程中，减少物流中转区，加快物流周转速度。生产线要合理布局，要分配适当的物流周转区域，减少物料的滞留。必须将制品 WIP（Working in Process）和成品 FC（Finished Goods）保持在最低物料安全数量限度内，同时也要保证生产线不处于待料停产状态。如此可以将生产线的存货降到最低，加速物料的流转，缩短运营周期。

（3）根据生产工艺流程设计与之相配套的物流作业计划。对应的物流设备、人员、流动路线、流动速度、停留地点、堆放数量和高度、管理责任区等，都需要充分论证，以保证物流和生产线能够完美配合，使得物流和生产设施的利用率达到最优。

6　总结

6.1　全文总结

小组首先为 NW 公司的项目管理制订了一个系统的流程规划。从 LSR 新产品生产线建设项目入手，对其现状层层剖析，寻找出其中的问题，然后运用项目管理知识和工具，制作适用于制造业产品生产线建设的项目管理参考范本。先提出案例项目的整体改善建议，再具体到项目的进度计划、项目团队管理和项目沟通管理，逐一找出问题产生的根本原因，然后提出解决方案。

本文主要为项目进度计划提供进度优化方案，运用项目计划与控制的双代号网络图，使用四个优化方案，对进度逐步优化，使得总工期从 147 天缩减到 95 天，在去除估算的成本后，至少可以获益 30 万元。另外，交货提前 52 天，使企业取得占领市场的先机。同时也提升了公司在客户眼中的形象，有利于将来的合作和业务的进一步扩展。

然后，结合企业参访经历，向制造业的成功模范学习经验，并将学到的知识应用到该案例项目中去。第一，在原材料方面，使得原材料的使用成本下降了 1.6%，在产品的生命周期内，一共可以节省 30 万元人民币。第二，优化工艺，提高效率。为新生产线保持长期高效提供了几项措施。第三，通过加强质量管控，不断修改设备参数，修改模具，提升生产线的良品率，提高生产品质，使不良率从 10% 降低到 5%，由此，在 5 年的产品生命周期内节省了大量的产品报废费用。第四，提升产品附加价值。参照学习硕贝德的经营方式，为NW公司未来的发展提供一条思路。第五，实行智能化生产改造。通过增加自动上下料装置，使设备操作人手减少一半。第六，对该新产品生产线的内外部物流提出三个优化解决方案。

6.2 案例问题的根本原因和主要改善建议

究其根本原因，还是NW公司高层对项目的管理意识不够，对项目没有一个系统的、可靠的管理方法。虽然公司在生产技术和生产辅助自动化方面有其独到的一面，但落后的管理制度常常导致新项目延期甚至失败。在项目启动之前，没有科学严谨的可行性分析；在启动后，没有一个可靠的项目计划；项目实施时，松散的团队结构和沟通方式，常常让项目进度失去控制；遇到风险，没有一个应急方案。

因此，对该案例的主要建议有如下四点：

第一，应建立和完善系统的项目管理制度。一个好的管理制度，可以事半功倍，节省许多人力物力；反之则事倍功半，诸事不畅。特别是在人力资源方面，一个平庸的人，在好的管理制度之下，也能够顺利完成工作任务。一个能力超群的人在落后的管理制度下也不一定能取得好的工作成绩。

第二，项目启动前必须进行科学的可行性分析。这个分析必须是严谨且全面的，而不是由老板个人决定的。公司管理高层要组建一个决策层，对重大决策和投资都要群策群力。所谓两人智慧胜一人，多几个人查缺补漏，多方面分析，肯定能更好地避免失败。

第三，新生产线建设计划期间，必须对建设工期提出优化方案。交期准确是代工行业管理水平的一个重要标准，也是对客户的重要承诺之一。交期会直接影响客户的生产计划或产品发布等自身的项目计划，因此，企业要尽量缩短工期并保证项目进度。优化方案要提前制订好，在实施时要想尽办法持续改进。

第四，自动化、智能化等优化方案在新产品生产线建设计划中要同期进行。“三同时”原则在此同样适用。企业在新建生产线的时候，各种优化方案和生产线主体建设要做到同时设计、同时施工、同时投入生产和使用。

小组参访启示

第一，改革开放以来，中国靠制造业迅速崛起，“世界工厂”的美名享誉全球。原材料和工作母机是工业的基础和摇篮，但在国内，关键的原材料和生产设备都需要进口！如特种钢材、高性能碳纤维等材料；如五轴联动加工中心、工业机器人等设备。在研发和设计方面，关键技术也都受到欧美、日本等发达国家和地区的封锁。我国制造业离世界水平还有很长一段距离。机器人的高效率，再加上劳动力成本不断上升，在制造领域机器取代人力已经成为大趋势。但是工业机器人市场大部分被国外品牌占领。近些年，国内企业虽然奋起直追，但关键零部件如伺服电机和控制系统还是比不上国外，加上基础工业落后，配套的机械零部件也需要加大力度改进。国家为了提高竞争优势，在政策上对这些方面进行了极大的补贴和扶持，比如农村技工培训补贴、工业化和信息化的两化融合、机器人扶持计划、《中国制造2025》的出台等。

第二，代工企业应像富士康一样发展。行业发展的趋势是市场集中度越来越高，在代工行业也一样，最后会形成几个如富士康这样的代工寡头。当中国为别国代加工的企业越来越多时，自有的品牌也就越来越少，这一点使中国的企业面临着严峻的考验。

第三，代工企业应发展自己的品牌，实现产业转型。代工企业可以通过学习，缩小与国际品牌客户的差距。代工过程中学习到的先进技术与管理知识有助于代工企业的转型与升级。技术能力的提升可以促进代工企业从 OEM 到 ODM 再到 OBM 的演进升级。激烈竞争能够促使 OEM 自主创新，提升核心能力，并最终成为拥有自主知识产权的 OBM。

第四，提升研发技术，专精于某一专业领域。如参访的企业硕贝德，这家上市企业就专门研究无线通信技术，加大研发投入，取得专利技术。有技术才有竞争力，不断地提高科技创新，与时俱进，才能在行业内保持健康发展。这是代工企业发展的必然趋势。国家也出台了相应的扶植政策。比如，高新技术企业的企业所得税从 25% 降到了 15%。未来的发展，还是要靠企业的自强不息。

参考文献

[1] 王银海. YLC 公司离心机组生产线优化研究 [D]. 上海：华东理工大学，2010.

[2] 陈贞. 多品种印刷电路板表面贴装生产线优化 [D]. 大连：大连海事大学，2009.

[3] 陈旭辉. 汽车装焊生产线优化设计 [D]. 南京：南京航空航天大学，2006.

[4] 杨浩. LNG 船用绝缘箱生产线优化的研究 [D]. 上海：华东理工大学，2011.

[5] 沈永. H 厂汽车衡生产线优化研究 [D]. 南京：南京理工大学，2011.

[6] 戚安邦，张连营. 项目管理概论 [M]. 北京：清华大学出版社，2008.

[7] 卢向南. 项目计划与控制 [M]. 北京：机械工业出版社，2009.

[8] 彭运芳. 新编技术经济学 [M]. 北京：北京大学出版社，2009.

[9] 马旭晨. 项目管理成功案例精选 [M]. 北京：机械工业出版社，2010.

[10] 王忠. 组织行为学 [M]. 北京：中国人民大学出版社，2014.

[11] 秦子雅，张文倩. 全球价值链下中国代工企业的发展现状及对策研究 [J]. 商，2014 (45).

[12] 胡大立，刘丹平. 中国代工企业全球价值链“低端锁定”成因及其突破策略 [J]. 科技进步与对策，2014 (23).

光明光电 1 厂 A/C 部 U Line 建设项目

胡立巍　王洪月　申世明　张　娜　陈　锐　邵　文

指导教师：林梅副教授

摘要："缺芯少屏"一直是我国电子信息产业面临的严峻问题，在国内电子信息产业液晶面板自给率不足的大背景下，为改善这一行业境遇，深圳光明光电 1 厂启动了 U Line 建设项目。本文运用项目管理相关知识和工具，比较详细地梳理了光明光电 1 厂 U Line 建设项目计划体系的编制和方法，主要包含范围管理、组织管理、进度管理、费用管理以及风险管理等方面的内容，展示了一般的项目计划制订方法在具体项目中的应用，为其他类似的项目提供借鉴。

关键词：项目计划；液晶面板；光明光电；U Line 建设项目

1　案例背景

"缺芯少屏"一直是我国电子信息产业面临的严峻问题，在现有的液晶显示器当中，液晶屏的成本占整机成本的 60% ~70%。液晶屏是电视机的核心部件，却一直大量依靠进口，每年的进口总额同石油、钢铁位列我国进口总额前三，进口金额和数量巨大。为了尽快缓解我国电子信息产业"缺芯少屏"的现状，本土显示屏高新技术企业迅速崛起。它们一方面通过高薪聘请国外专家进行指导，提升液晶显示屏制造技术和工艺水平，进一步提升产品竞争力；另一方面通过自主创新和运用先进管理方法提升生产线运营效率，获得竞争优势。本案例以行业标杆企业深圳市光明光电技术有限公司（以下简称"光明光电"）自主组建生产线为案例，通过梳理其新产线组建的整个过程和管理方法，展示项目计划的一般原理和具体背景结合的过程，达到理论原理学习与知识实践应用相结合的目的。

2　公司简介

深圳市光明光电技术有限公司注册资本 100 亿元，其项目总投资达 200 亿元，是深圳市建市以来单笔投资额最大的工业项目，也是深圳市政府重点推动的项目。2012 年初，光明光电被认定为"广东省第一批战略性新兴产业基地（深圳液晶平板显示）"，开发了迄今为止国内首条完全依靠自主创新、自组团队、自主建设的高世代面板线。项目于2010年开工建设，2011年8月8日建成投产，主要产品为26英寸、32英寸、37英寸、46英寸以及55英寸液晶面板，设计产能为月加工玻璃基板15万张。

如今，光明光电已经在深圳建成了1厂、2厂两个厂区，形成年销售额170亿元的庞大液晶面板产区。公司已有员工7 000多人，70%多的人员为本科及以上学历，其中研发人数近千人，这些高素质人才形成了强大的研发和生产管理力量。光明光电生产的产品在全球液晶显示屏市场占有率位居第五，32英寸液晶显示屏销售量稳居第一位，年盈利额在20亿元以上。目前，光明光电已成为液晶面板显示行业效率最高的企业之一。

公司目前采用职能型组织结构，如下图所示，各职能部门为新产品研发提供强有力的支持，包括本案例要探讨的U Line项目。

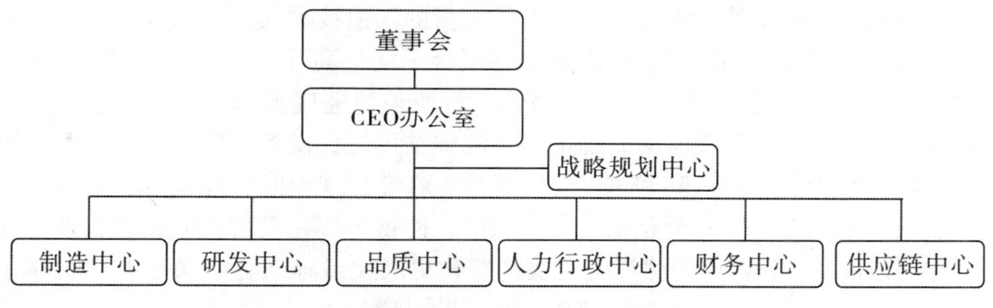

图1 光明光电组织架构

根据上述公司的组织架构图，CEO办公室下设战略规划中心负责公司整体经营战略的制定。制造中心下设1厂和2厂负责液晶面板的生产制造，依照公司战略规划进行产品量产。研发中心负责公司市场战略设计和研发新产品并做相关的测试工作。品质中心负责对量产产品进行一系列的品质查验，将符合客户需求的产品提供给客户并将客户反馈的问题、意见进行排查。另外，公司还有三个中心：人力行政中心、财务中心、供应链中心，它们主要为生产制造提供协助和支持。人力行政中心负责公司人才招聘、人才培养、公司各项行政业务的办理及行政制度的制定等。财务中心负责各业务的预算申请和审批、费用支出的核查批准、费用报销审批以及对营业收入等情况进行核对管控。供应链中心负责原材料供应、备件耗材的采购、物流运输和海关通关工作。本案例中，公司U Line建设（新产线建设）项目涉及公司多个部门的合作，周期较短（约16个月），为了提高项目建设效率，项目的组织结构结合公司现有职能结构形成强矩阵式结构。

3 项目背景与项目目标

光明光电生产的液晶面板主要有32英寸、46英寸、55英寸等市场热销尺寸。由于我国人口基数大，经济高速发展，液晶面板需求旺盛，尤其是大尺寸

（32 英寸及以上）液晶面板产品供不应求，但因液晶面板行业属于资金投入巨大，技术高度密集，专利壁垒多，资本回收期长，前期组建周期较长的行业，国内仅 BOE（京东方科技集团股份有限公司）、光明光电等少数企业具备大尺寸液晶面板设计、生产制造能力。国内液晶面板的供应量严重不足，需要依靠进口。

目前 BOE、光明光电经过 5 年以上的技术和人才积累，已经具备了大规模生产的能力，但因国内需求缺口巨大，国内面板自给率仍旧偏低，远远达不到国家规划的 85% 的自给率需求。为了进一步提高大尺寸液晶面板的供应量，国内需要更多新生产线的投入。

进入 2015 年，由于市场需求旺盛，光明光电 1 厂区虽满产，但液晶面板仍旧供不应求。为了加大液晶面板的供应量，以最快速度缓解供应不足的局面，光明光电计划再新建一条生产线以提升面板的供应能力。

光明光电在过去的 5 年里，经过 1 厂、2 厂的建设，在液晶面板生产线建设项目方面积累了大量的技术经验并培养了大量的国内技术人才，在项目管理方法上也在随着现实情况的变化而不断进步发展，不断提高项目的进度和效率。1 厂从组建到量产耗时长达 18 个月，虽创造了行业最快速度，但建设期间设计方案不断修改，仍旧耗费较多时间，加上对风险评估不足，设备搬入延后一个月，可见其对项目经验、项目风险和进度管控不严；在 2 厂建设时企业减少了对设计方案的改动，对风险也能充分预估，有效预防，使得 2 厂建设再次刷新了行业建设速度的纪录。1 厂和 2 厂的建设为更快速度和更高质量地新建一条生产线提供了宝贵的技术和经验。为了尽快新建生产线，同时增加 1 厂的厂区使用率，光明光电拟在 1 厂现有自留区域新增 U Line 以提高公司的整体产能。

本案例主要以 U Line 建设（依据生产线命名规则，以英文字母顺序进行命名）为主，阐明通用的项目管理知识，同时与行业背景相结合，构建特定的项目计划和管理方法。

项目名称：1 厂 A/C 部 U Line 建设项目。

项目交付物：U Line 生产线。

项目约束目标：U Line 生产线具备 A/C 部所有制程功能，量产产品特性达标（良好率 99.97% 以上），设备稳定运营（Uptime 在 90% 以上）；项目从开始建设至量产不超过 16 个月，预算总费用控制在 3 200 万元人民币以内。

项目计划体系：包括进度计划、费用计划等。

4　U Line 建设项目计划体系的编制与方法

4.1　范围管理

项目范围描述了项目必须实现的成果和完成的工作范围，明确承诺了责任范围。U Line 建设项目的范围表现形式是《项目立项报告书》。它明确定义了项目总目标以及各阶段的达成目标，强调了项目需主要关注的工程，包含需提前进行设备移动工程，新增的各设备工程名称，以及设备需要配套的水气电供应工程。

《项目立项报告书》在项目简介部分简要说明了项目的范围，包含新增产线、设备移动和相应的车间、水气电等供应。方案明细 1 和方案明细 2 主要阐述了项目范围的详细内容，包括 U Line 建设前的设备移动明细、设备移动出入口、移动设备的所在区域、设备移动目标位置以及各位置的需求原因等；方案明细 3 以各部门为单位，分为制造中心 A/C 部、制造中心自动化部、制造中心工厂 IT 部和供应链中心、制造中心环境安全部等，明确定义了各单位需要进行的作业内容和范围。参与项目的各部门和工作单位安排符合项目需求的人员代表部门参与项目工作，由此组成项目小组。项目小组由项目经理牵头，项目干事组织协调进行项目的推进，并对整个项目的成果和目标负责。项目小组对项目范围内的各项工作进行分配，明确权责，针对各工作出现的问题不断排查，确保项目顺利进行。项目成员负责将分配到的项目工作推进并落实，对进度进行掌控，并确保工作成果的达成。

依据以上《项目立项报告书》描述的内容，U Line 建设项目包含的全部工作内部 WBS 图表示如下：

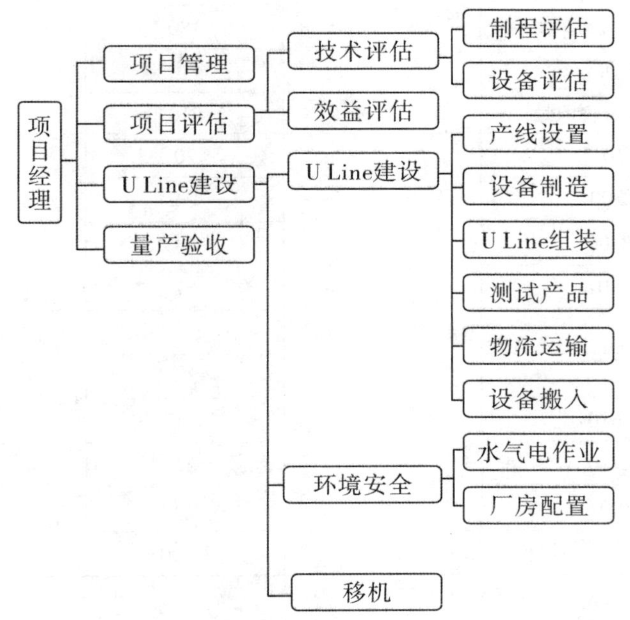

图 2　U Line 建设项目 WBS 图

相应的工作描述，如表 1 所示：

表 1　U Line 建设项目工作描述表

项目		描述	预估费用（万元）	责任单位
U Line 建设	New Line 新购设备	满足量产要求	1 501	制造中心 A/C 部
	STK 改造费用	在量产时间之前完成相应改造和增购	18	制造中心自动化部
	CST 增购		18	
	LD/ULD 拆装机，改造费用		34	
	CIM 改造费用		135	制造中心工厂 IT 部
	物流搬运		70	供应链中心
环境安全	洁净室系统改造	配合 U Line 的需求规格，并在各阶段完成供应，满足设备需求	120	制造中心环境安全部
	土建改造		123	
	排气系统改造		157	
	二次配（含 CDA/PV 系统改造）		134	
	电力系统改造		161	
	废水/纯水系统改造		130	
	PCW 系统改造		110	
	化学品系统改造		210	
移机	TACAC100	设备移机完成并保持 Spec Up-time	20	制造中心 A/C 部
	FAMCL200		24	
	FAMQC300		53	
	FAREPAIR		57	
	FI100		15	
	FI200		34	
	TAMAC610		34	
	TAMAC710		22	
	TAILR300		20	
总计			3 200	

4.2　组织管理

U Line 建设项目由 1 厂负责与组织，项目经理负责项目团队组建，项目的协调工作和项目总体进度的掌控由项目干事负责统筹。项目建设由七个中心部门协作配合，它们分别为：

（1）制造中心 A/C 部：负责新增设备技术评估/设备搬入/设备移机的顺利进行，并对其中的风险项目进行备案和预防，确保项目按计划进行。

（2）制造中心自动化部：负责搬运系统改造及 U Line 生产线入口和出口改造，并对改造过程中风险项目进行预防，掌握项目整体的进度。

（3）制造中心环境安全部：负责 U Line 建设项目的洁净室系统改造（包含洁净室地板的制作、水气电的供应等）。

（4）制造中心工厂 IT 部：负责设备信号和通信的连接与供应。

（5）制造中心 PMC：负责 U Line 建设后生产排程的安排和协调。

（6）财务中心：负责设备采购预算的编制，及 U Line 建设期间各项费用支出的审核。

（7）供应链中心：负责配合制造中心自动化部进行设备的投标、采购等相关业务办理；在设备制作完成之后负责设备的物流搬运，协助供应商通关。

七个中心部门会定期参加由项目经理牵头、项目干事组织的项目协调沟通会议，针对项目推进的事项，相互配合进行协调沟通，明确各方职责和工作分工。

在图 3 中组织结构下方有各中心部门的项目范围职责，它作为项目的责任矩阵来明确各项工作的分配，明确权责，并经过项目会议审议之后成为责任划分的依据，方便项目成员明确各自负责的项目工作范围，有利于发现疏漏和避免相互推诿。为了防止发生责任推诿，需要进一步进行微观任务分解，将可预知的事项列出清单，每个部分任命负责人进行推进。对于不可预知的必要事项及范围变更，需临时成立任务小组，由项目经理任命负责人及责任部署。

若发生项目范围变更的情况，项目负责小组成员需及时反馈给项目小组并加入项目会议议题（较为紧急的可以通过项目紧急沟通流程直接向项目经理反馈）。项目经理组织会议审议，变更较大的需将变更内容提交项目管理办公室进行审议，审议通过之后方可继续进行。项目会议的会议记录可作为项目推进的重要依据。

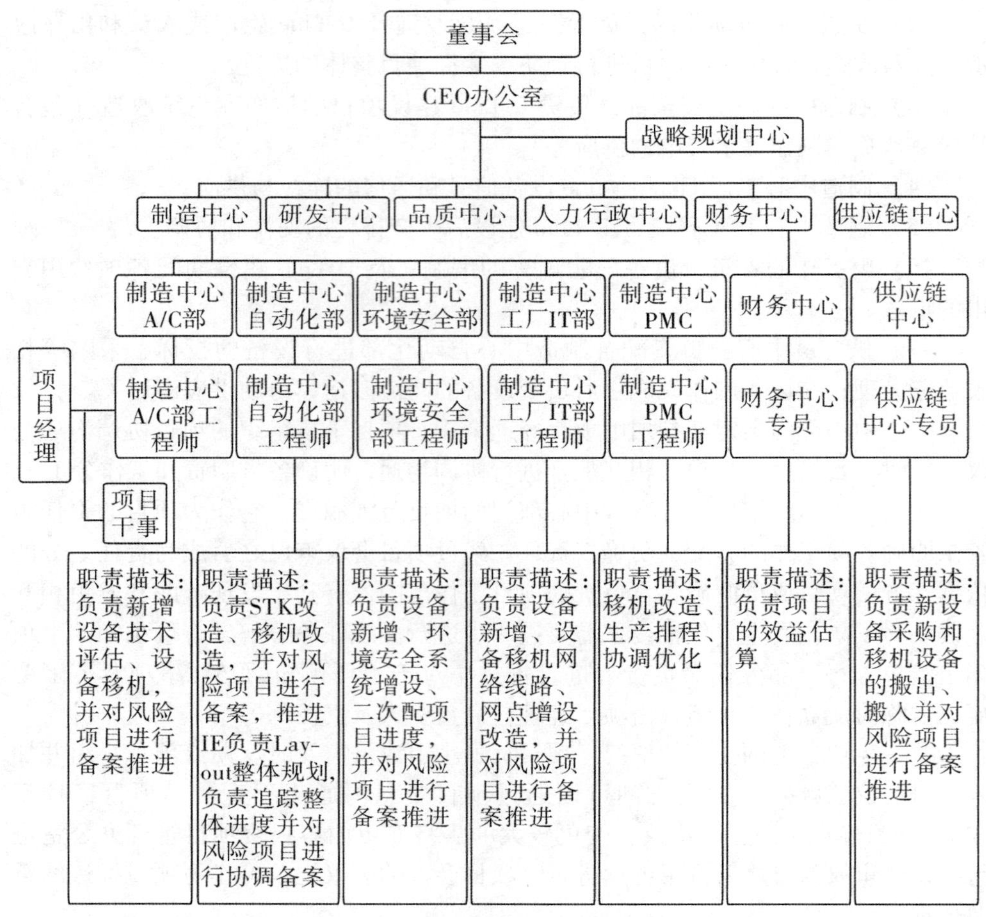

图3　U Line 项目的组织结构和责任分配图

4.3　进度计划

在整个 U Line 建设项目中，项目周期遵从一般的项目生命周期的四个阶段，分别为项目评估、设备制作、U Line 测试和量产验收。

项目评估阶段包含立项评估、立项申请。它属于项目的规划阶段和计划阶段。它主要是从产品应用、设备技术以及市场供求情况等方面对项目进行评估和确认，并对项目立项的主要条件，如预算、时间、质量资源、技术要求、空间要求等进行可行性评估。同时，制订组建方案并依此制订人员、经费等资源计划，报公司项目管理办公室进行审批。在进度方面，由公司战略规划情况，估算出粗略的时间。项目立项申请时，需通过项目管理办公室审批，则标志项目正式立项。紧接着组建项目小组，选定项目经理和成员。

设备制作阶段包含设备设计、制作、搬入。它属于项目的实施阶段。它涉及产品需求规格所需要的 U Line 的生产线设计、设备的设计和制作等信息，并负责技术领域的相关工作，同时也包含相互的沟通确认、协调和审批等项目管理工作。

U Line 测试阶段包含组装和产品的测试。它属于项目的完成阶段。这一阶段主要进行项目组建、产品测试等，并对产生的问题进行反馈，不断改进，使项目逐渐趋于完善，满足量产需求。

量产验收阶段属于项目管理的验收阶段，它标志着项目的正式结束，U Line 各项批量生产的产品品质和设备要求均达标后，才可正式批量生产。

因为 U Line 建设并非在全新的产品要求下进行，所以项目进度计划的编制是在以往项目经验的基础上拟定的，不需要遵从全新的项目进度计划的编制方法。首先由项目成员根据现有产品和设备要求进行经验的预估，制订从设计到量产的大致进度计划，其中包含确立里程碑及重要事件、绘制甘特图、将计划提交公司执委会进行讨论。各中心部门代表拿到初步计划后，结合产品要求和设备制作计划，同相关单位协商评估之后制订出中心部门的详细计划并提交项目经理。如果与整体进度计划相冲突，需要与项目经理进行反馈沟通，项目经理同意后修改整体进度计划，并在有必要时与各中心部门进行资源的整合与协调，以使整体进度计划趋于合理并满足公司战略规划。

根据项目工作流程及设备供应商、环境安全施工供应商和移机设备供应商的施工需求时长，编制出 U Line 建设项目工作任务的紧前紧后关系，如表 2 所示：

表 2　U Line 建设项目工作任务紧前紧后关系

项目	工作名称	工作代号	紧前工作	紧后工作	工作时间（周）
U Line 建设	立项评估	a		b	2
	立项申请	b	a	c	3
	招标	c	b	d	2
	设备制作	d	c	e	24
	物流运输和搬入	e	d	f	7
	U Line 组装	f	e	g	5
	产品测试	g	f	h	5
	量产	h	g		2
环境安全	洁净室系统改造	i	c	f	8
	土建改造	j	c	f	5
	排气系统改造	k	c	r	20
	二次配（含 CDA/PV 系统改造）	l	c	r	22
	电力系统改造	m	c	r	22
	废水/纯水系统改造	n	c	r	22
	PCW 系统改造	p	c	r	22
	化学品系统改造	q	c	r	22
移机	设备移机	r	k、l、m、n、p、q	f	8

按照这样的制订方式，依据工作任务的紧前紧后关系计算工作时间参数后绘制甘特图，U Line 建设项目进度计划如图 4 所示。从立项评估到量产截止，项目工期从 2015 年 6 月到 2016 年 9 月，耗时约 16 个月，符合新产线组建的需求。因为设备制作时间较长，需要 8 个月，此为设备供应商确认最短工期，已无法压缩，它成为项目的关键路径，配套工程当中的移机、环境安全部分的作业时间需在 5 个月以内完成，远少于设备制作工期，时间较为充裕。

	Year	##	2015 年 7 月	2015 年 8 月	2015 年 9 月	2015 年 10 月	2015 年 11 月	2015 年 12 月	2016 年 1 月	2016 年 2 月	2016 年 3 月	2016 年 4 月	2016 年 5 月	2016 年 6 月	2016 年 7 月	2016 年 8 月	2016 年 9 月
	Week	1	2 3 4 5	6 7 8 9	10 11 12 13	14 15 16 17	18 19 20 21	22 23 24 25	26 27 28 29	30 31 32 33	34 35 36 37	38 39 40 41	42 43 44 45	46 47 48 49	50 51 52 53	54 55 56 57	58 59 60 61
U Line 建设	立项评估																
	立项申请																
	招标																
	设备制作																
	物流运输和搬入																
	U Line 组装																
	产品测试																
	量产																
环境安全	洁净室系统改造																
	土建改造																
	排气系统改造																
	二次配（含 CDA/PV 系统改造）																
	电力系统改造																
	废水/纯水系统改造																
	PCW 系统改造																
	化学品系统改造																
移机	设备移机																

图 4　U Line 建设项目进度计划

为了避免进度计划过于复杂，难于管理或使用，U Line 建设项目进度计划分关键路径进度计划和非关键路径进度计划。U Line 建设项目主要由项目经理进行管理和推进。此计划包含了所有的里程碑及重大事件，以甘特图的形式，避免造成项目整体的延误。移机和环境安全两部分作为非关键路径进度计划主要交由部门内部进行推进与管理，并由项目经理和项目组负责。计划中罗列的移机和环境安全进度在供项目负责人推进和管理的同时，也可给相关的设备负责人作为参考，以利于相互督促，顺利按时完成。

4.4　费用计划

项目建设相关费用一般伴随着建设进程而产生与变更。

在 U Line 建设项目评估阶段，项目成员依据经验对项目所需的设备采购费用、环境安全费用以及项目评估过程中产生的其他费用进行预估，提出整个项目的费用计划。费用主要涉及设备采购、物流运输、移机、环境安全等。

这个阶段的成本计划由于没有详细的费用明细和产品及设备的规格要求，加之供应商报价存在变数，不同时期、采购量不同等对价格影响较大，所以费用计划工作大多凭借以往的经验。

进入项目设计阶段，产品和设备规格要求已确定，供应商对相应要求也有报价，供应链采购可以根据项目设备负责成员要求的设备规格和供应商的报价进行比价与议价。为了降低设备费用并确保公平公正，表 4 中的项目至少需要三家供应商进行投标，项目团队会对能够满足项目规格要求的供应商进行筛选，去除不符合资质的供应商。在符合资质的供应商中，负责采购的项目成员会对供应商的报价进行多轮比价，最终确定价格及其供应商。如表 3 为项目组依照以上流程制订的项目费用计划。

表 3　U Line 建设项目费用计划

<table>
<tr><th>预算编码</th><th>项目</th><th>描述</th><th>预估费用（万元）</th><th>责任单位</th></tr>
<tr><td>10001</td><td>New Line 新购设备</td><td>满足量产要求</td><td>1 501</td><td>制造中心 A/C 部</td></tr>
<tr><td>10002</td><td>洁净室系统改造</td><td rowspan="8">配合 U Line 的需求规格，并在各阶段完成供应，满足设备需求</td><td>120</td><td rowspan="8">制造中心环境安全部</td></tr>
<tr><td>10003</td><td>土建改造</td><td>123</td></tr>
<tr><td>10004</td><td>排气系统改造</td><td>157</td></tr>
<tr><td>10005</td><td>二次配（含 CDA/PV 系统改造）</td><td>134</td></tr>
<tr><td>10006</td><td>电力系统改造</td><td>161</td></tr>
<tr><td>10007</td><td>废水/纯水系统改造</td><td>130</td></tr>
<tr><td>10008</td><td>PCW 系统改造</td><td>110</td></tr>
<tr><td>10009</td><td>化学品系统改造</td><td>210</td></tr>
<tr><td>10010</td><td>TACAC100</td><td rowspan="9">设备移机完成并保持 Spec Uptime</td><td>20</td><td rowspan="9">制造中心 A/C 部</td></tr>
<tr><td>10011</td><td>FAMCL200</td><td>24</td></tr>
<tr><td>10012</td><td>FAMQC300</td><td>53</td></tr>
<tr><td>10013</td><td>FAREPAIR</td><td>57</td></tr>
<tr><td>10014</td><td>FI100</td><td>15</td></tr>
<tr><td>10015</td><td>FI200</td><td>34</td></tr>
<tr><td>10016</td><td>TAMAC610</td><td>34</td></tr>
<tr><td>10017</td><td>TAMAC710</td><td>22</td></tr>
<tr><td>10018</td><td>TAILR300</td><td>20</td></tr>
<tr><td>10019</td><td>STK 改造费用</td><td rowspan="3">在量产时间之前完成相应改造和增购</td><td>18</td><td rowspan="3">制造中心自动化部</td></tr>
<tr><td>10020</td><td>CST 增购</td><td>18</td></tr>
<tr><td>10021</td><td>LD/ULD 拆装机，改造费用</td><td>34</td></tr>
<tr><td>10022</td><td>CIM 改造费用</td><td rowspan="2">配合 U Line 的需求规格，并在各阶段完成供应，满足设备需求</td><td>135</td><td>制造中心工厂 IT 部</td></tr>
<tr><td>10023</td><td>物流搬运</td><td>70</td><td>供应链中心</td></tr>
<tr><td colspan="3">总计</td><td>3 200</td><td></td></tr>
</table>

另外，为了减少公司资金链负担，项目成员也会进一步同供应商商议分期付款方式和比重等。进入项目实施阶段，负责供应链采购相关项目的成员需要根据设备相关项目成员（如制造中心 A/C 部项目成员）反馈的具体项目进度和达成状况，对供应商进行分期付款。

项目实施阶段是在 U Line 量产之后，依据项目整体目标达成情况进行确认和验收。此时，项目组负责撰写项目验收报告并由项目经理、公司 CEO 等依次签核，负责采购的项目成员依照项目验收报告中所述的达成情况进行尾款的支付（一般为总金额的 5% ~10%）。

本案例中，U Line 建设项目因涉及金额巨大，在付款方式上采用分期付款方式，付款节点依次为 U Line 建设项目供应商定标支付 38%、设备物流运输时支付 22%、U Line 组装完成支付 17% 和在 U Line 量产验收之后支付剩余 23% 的尾款。具体的费用支付时间节点和金额计划如表 4 所示。

表 4 费用支付时间节点和金额计划

预算编码	项目	付款比例时间点			
		供应商定标	设备物流运输	U Line 组装完成	U Line 量产验收
10001	New Line 新购设备	450.3	450.3	450.3	150.1
10002	洁净室系统改造	60	0	0	60
10003	土建改造	61.5	0	0	61.5
10004	排气系统改造	78.5	0	0	78.5
10005	二次配（含 CDA/PV 系统改造）	67	0	0	67
10006	电力系统改造	80.5	0	0	80.5
10007	废水/纯水系统改造	65	0	0	65
10008	PCW 系统改造	55	0	0	55
10009	化学品系统改造	105	0	0	105
10010	TACAC100	9	9	2	0
10011	FAMCL200	10.8	10.8	2.4	0
10012	FAMQC300	23.85	23.85	5.3	0
10013	FAREPAIR	25.65	25.65	5.7	0
10014	FI100	6.75	6.75	1.5	0
10015	FI200	15.3	15.3	3.4	0
10016	TAMAC610	15.3	15.3	3.4	0
10017	TAMAC710	9.9	9.9	2.2	0
10018	TAILR300	9	9	2	0

（续上表）

预算编码	项目	付款比例时间点			
		供应商定标	设备物流运输	U Line 组装完成	U Line 量产验收
10019	STK 改造费用	5.4	5.4	5.4	1.8
10020	CST 增购	18	0	0	0
10021	LD/ULD 拆装机，改造费用	10.2	10.2	10.2	3.4
10022	CIM 改造费用	40.5	40.5	40.5	13.5
10023	物流搬运	0	70	0	0
总计		1 222.45	701.95	534.3	741.3

预算的管控是项目管理中的重要环节，在项目进行中要确保项目顺利进行还要保证预算的使用在可视的管控之下。

本案例中，U Line 建设项目小组为了管控 U Line 建设项目各工作任务预算，将各工作任务的预算进行了预算编码区分，每个工作任务使用预算时只能使用对应预算编码内固定的预算金额。若出现超支情况，财务系统将无法支付并自动反馈给项目经理和项目相关成员，项目相关成员需要向项目经理报告超支原因等情况，项目经理经过初步判定以确定是否调整或追加预算，在经过项目经理同意后，由项目经理在项目例会中协调资源并在相应预算编码中补充差额才可进行支付。经过项目经理确定需要进行预算追加的，由项目经理向项目管理办公室报告，经过项目管理办公室审批后方可追加预算并进行支付。

为了方便管控和呈现 U Line 建设项目费用在各时间段的费用计划情况，项目组依照 U Line 的项目进度计划结合公司所提供的分期付款金额和时间节点，绘制出此项目的费用计划。2015 年 6 月—2016 年 9 月间各月费用计划的累积支出，总计为 3 200 万元。在费用实际支出后将实际支出费用加入下表，同计划费用比对，可直观地体现实际执行情况。

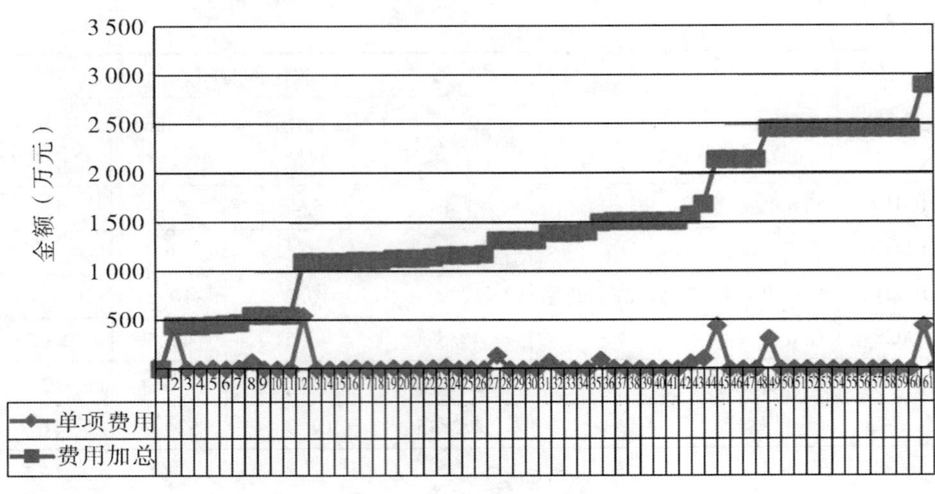

图5　U Line 建设项目费用计划

4.5　风险管理

一般而言，企业会依据风险的发生概率、影响程度和风险等级三个方面的情况对风险进行评估。在影响程度和风险等级的评估中，可依据高/中/低（高风险：>60%发生风险的可能性；中风险：30%～60%发生风险的可能性；低风险：<30%发生风险的可能性）三个标准对风险进行定义。

对于 U Line 的建设，项目主要涉及四项风险。新增设备中，由于液晶面板行业设备垄断，设备商 HHT 不同意出售设备，造成整个进度的延误；在设备移机过程中，测试设备移机之后设备精度与设备稳定性发生变化；U Line 设备的增加和生产线产能的增加导致产线因为调配问题出现系统瘫痪；消防系统需要暂停工作，从而造成隐患。

在风险项目中，U Line 建设项目组须进行风险评估，对风险加以注意和管控，并针对风险提出防范预案及对策。

表5　U Line 建设项目风险评估

序号	项目	风险描述	风险（高/中/低）			风险防范预案	责任人	状态
			发生概率	影响程度	风险等级			Open/Close
1	新增设备	HHT 不出售设备导致整个进度延误，同时评估其他厂家的费用也会增加，未来生产及管理成本增加	60%	高	中	同时评估其他厂家设备	制造中心 A/C 部	Open

（续上表）

序号	项目	风险描述	风险（高/中/低）			风险防范预案	责任人	状态
			发生概率	影响程度	风险等级			Open/Close
2	设备移机	移机后测试设备的精度与稳定性发生变化	30%	高	中	拆机时保证关键部件打包固定的质量；移机时保证机台勿发生碰撞；提前确认新移机位置的地板防震等级	制造中心 A/C 部	Open
3	STK	CST 或 WIP 增加后，容易引起 STK 爆仓；STK 搬送负担随之增加，易导致搬送超时	80%	高	高	WIP 堆放总量小于 5CST；持续优化搬送；搬送路径分流对应	制造中心 A/C 部	Open
4	环境安全	洁净室改造部分需要暂停，因其会造成消防隐患	100%	高	高	增加手持式灭火器，加强施工管控，避免明火作业	制造中心环境安全部	Open

5 总结

该项目以增加公司总体产能为目的，主要有以下几大特点：

（1）项目周期短：为充分缩减项目时长，通过各阶段工作时间节点确定关键路径为 U Line 建设中的设备和制作，将相应配套工程同其并行排列，并在 U Line 建设需求时间点之前完成。虽然多个配套工程同时进行造成人力需求大幅增加（人员数量增加约 1.5 倍），但从预估的生产周期来看，全部周期约 16 个月，相较于一般产线建设的 18 个月缩短了 2 个月。这使得公司总体效益大幅增加。在项目经理与成员充分沟通后，也相应地增加了项目成员的数量，通过增加人数换取时间。

（2）U Line 建设影响较大：一般而言，U Line 建设仅涉及环境安全、财务、工业工程等相关部门，同移机等项目并无联系。但该项目为 1 厂 A/C 部建设之外的规划，空间有限，无直接可以满足 U Line 的建设用地。

（3）组织结构合理：由于该项目涉及部门多，耗费高，用时短，建设难度大，因此，设置该项目组织结构为强矩阵结构，项目经理来自1厂总厂，职位远高于各职能部门，更易于调配资源，使得项目成员由各职能部门抽调协助后项目工作的优先性更高，有利于项目资源调用。另外，负责U Line建设的主设备负责部门为制造中心A/C部，是厂级单位，较配套部门更具优势。

（4）激励措施得当：为了充分调动项目成员的积极性，在项目过程中会依据各小项目达成情况增加项目成员出国考察和国内出差的机会。另外，在项目过程中，项目成员负责工作的重要性、项目工作成果等均会被记录在项目绩效中，作为部门主管评定成员绩效的依据。

小组参访启示

本次参访的企业是伊利惠州工厂，小组成员收获了伊利惠州工厂许多宝贵的管理经验。

在短暂的2个小时的参访过程中，小组了解了伊利牛奶从原料加工到最后的奶制品产出的全部生产过程。

首先，工厂的自动化程度非常高。在参观走廊，透过透明的玻璃窗可看见厂房内的饮品全部使用传送带进行运输，仅有少量员工不定期地进行饮品质量检测。传送带的高速运输可以保证每秒钟生产6.6包饮品，这不但保证了饮品的洁净度，也大大加快了生产进度，降低了人工成本。

其次，在质量的监控上伊利也追求极致。为了确保饮品品质，伊利从瑞典引进高质量无菌灌装车间设备，确保包装的无菌和密封质量。同时，为了防止产品质量有问题但被漏放，除了在设备上安装电子监控测试饮品的含菌量，还派人员每小时不定期地从生产线抽取饮品进行破坏性和非破坏性的检测。伊利不但检测饮品的质量，还会对饮品包装的严密性、横封和纵封情况，以及包装喷码、包材印刷、日期等进行细致、高频率的检查。

这次参访除先进高效的生产线让人惊叹之外，公司在文化上也有很多吸引人之处。比如，伊利倡导创新和改善。在惠州工厂设立了TPM中心，专门进行各类提案的改善与推进工作。TPM为了鼓励员工发挥才智，对产品、产线精益求精，不断鼓励和持续推进创新思想。比如每月选举和评定生产线员工的各类优秀改善提案并给予3 000元人民币的奖励。此外，为了使全员参与，形成不断改善的公司氛围，伊利惠州工厂将TPM的改善提案数量和质量都做了明确规定，并将其列入各个部门的年终考核当中。这种强制和自发相结合的模式，为伊利工厂的不断创新提供了源源不断的动力，在激发员工工作热情的同时也让公司整体不断获益，形成良性循环的企业文化。

小组认为伊利之所以能成为国内一流的奶制品企业，这同它的企业制度、企业文化是密切相关的。好的企业是由好的制度和好的企业文化创造出来的，同时好的企业又可以提供更多的资源形成好的文化与制度，它们是相辅相成，相互推进的。

参考文献

［1］孟宪和，曹蕾．社会公众活动项目管理［M］．北京：中国建筑工业出版社，2015.
［2］卢向南．项目计划与控制［M］．北京：机械工业出版社，2009.
［3］马旭晨．项目管理成功案例精选［M］．北京：机械工业出版社，2010.

HR 公司厂房搬迁项目进度及成本管理

王　堃　陈杏平　吴建华　史　洋　黄本霞　姚　亮

指导教师：甘小冰教授

摘要：厂房搬迁对于公司而言是一件非常重大的事情。因为搬迁的过程不仅影响正常的生产还影响订单的交期，进而影响公司与客户的关系，因此搬迁前需要制订详细的进度及工作计划，尽可能降低由搬迁带来的负面影响，并确保搬迁过程中不出现混乱。研究小组以 HR 公司厂房搬迁项目为例，对 HR 公司 2009 年厂房搬迁的进度计划、过程及成本控制进行分析，找出 HR 公司厂房搬迁项目进行过程中存在的问题。根据这些问题，运用项目管理中的进度管理、资源管理、进度优化、成本管理等方面的知识进行分析，提出解决方案及建议。希望分析的结果能有助于 HR 公司未来厂房搬迁工作的顺利进行，也希望能够为其他正在搬迁或者计划搬迁的企业提供参考依据。

关键词：项目管理；厂房搬迁；进度管理；进度优化；成本管理

1　前言

1.1　公司背景

HR 公司成立于 2002 年，是一家专门从事超硬材料研发、生产及销售的高新技术企业，于 2010 年被认定为“国家级高新技术企业”。公司主要的产品有石油钻探用超硬材料复合片、矿山及煤田用超硬材料复合片、超硬材料刀具、超硬材料喷嘴等。

HR 公司有着较强的技术开发实力，在充分消化吸收国外技术的基础上，结合国内超高压设备与技术，研究开发出了符合特定条件的生产技术，该技术在超高压合成超硬材料复合片领域具有独创性。HR 公司在技术上追求创新，目前已获得多项发明专利，并成功量产或投入使用；在质量上追求高标准、严要求，确保每个出厂的产品性能优越，质量稳定可靠，品质如一，差异趋于零。公司的技术队伍中既有长期从事超硬材料研究开发的技术专家，也有锐意进取的年轻技术人员。

HR 公司在注册地建立了超硬复合材料研发中心和生产基地，以石油钻井、钻探，天然气钻井、钻探用金刚石复合片的合成及加工为重点，占地面积近 10 000 平方米。在东北建立了超硬复合材料开发园，占地面积 20 000 余平方米，形成超大规模的超硬复合材料先进加工技术生产基地和研发中心。公司具有年产各种规格石油天然气钻井钻探用金刚石复合片及特种超硬材料和超硬材料喷嘴等超硬复合材料制品 100 万件以上的能力。

HR 公司的产品被国内各大油田和大型钻头厂长期选用，并出口欧洲和美洲等发达国家和地区，在国内外树立了良好的公司品牌形象，特种超硬材料和超硬材料喷嘴也为广大用户带来了显著的经济效应。

1.2 存在问题

由于公司的技术居领先地位，并且产品质量可靠性非常高，所以近几年来 HR 公司的发展非常迅速，已经远远超过高层领导的预测，然而厂房空间不足成为公司发展的绊脚石。为了适应公司的发展需求，公司须对厂房进行搬迁。公司在 2009 年的一次搬迁过程中，因缺乏合理的计划和有效的监督与控制，最终造成了一些重大失误。

具体分析有以下几个问题：

①资源安排，尤其是人力资源安排不合理。

②搬迁过程中存在拖延或等待过长等现象。

③搬迁过程中存在物资丢失的现象。

④搬迁的实际成本远远超过预期。

1.3 研究目的

厂房搬迁对于公司来讲是一件非常重大的事项，也是一项需要谨慎对待的工作。因为搬迁的过程影响正常的生产从而影响到订单的交期，进而影响到公司与客户的关系。因此，搬迁前需要制订详细的进度及工作计划，尽可能降低由搬迁带来的负面影响，并确保搬迁过程中不出现混乱。至于搬迁过程中设备与物资的管理，要在计划中明确责任人及相关工作。本文通过分析原因并优化进度方案，使得搬迁过程中资源能被合理利用，并达到控制成本的目的。希望这些建议与措施能使 HR 公司未来的厂房搬迁工作顺利进行，也希望能够为其他正在搬迁或者计划搬迁的企业提供参考依据。

1.4 研究思路及方法

本文以 HR 公司厂房搬迁项目为例，对 HR 公司 2009 年厂房搬迁的进度计划、过程及成本控制进行分析，主要包括厂房搬迁项目开展前的目标分解、责任分配、进度安排、资源分配、成本计划等各个内容环节，分析该项目进行过程中存在的问题，并找出根本原因。

根据 HR 公司厂房搬迁项目存在的问题，运用项目管理中的进度管理、资源管理、成本管理、进度优化、资源均衡等方面的知识进行分析，并提出改进建议。研究思路如图 1 所示：

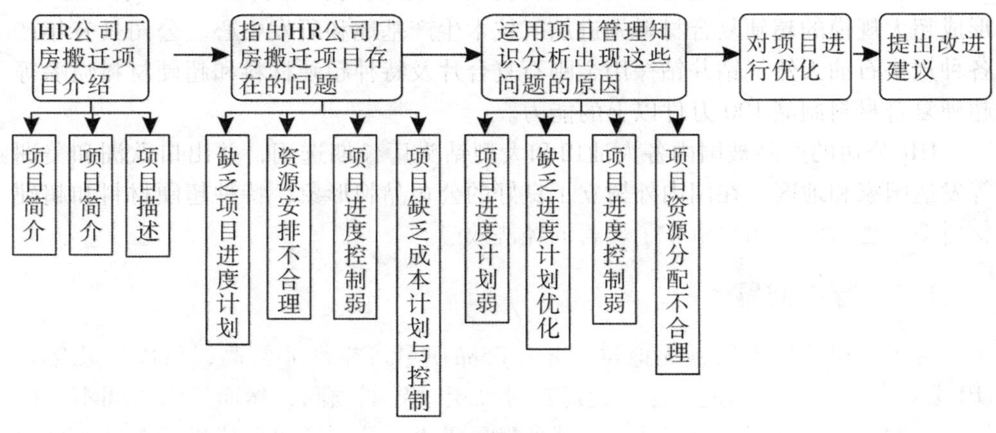

图 1　研究思路

2　案例正文

2.1　公司简介

石油、天然气作为人类目前最重要的能源，深深地影响着人类每天的衣食住行。而作为不可再生资源，石油与天然气的开采工作随着开采量的增加难度也大幅增加，在过去一百多年的时间里，人类已将绝大部分易于开采的石油、天然气消耗殆尽，而剩下的几乎都属于难以开采的底层能源。石油、天然气开采行业对作为钻头核心部件的超硬材料复合片的要求越来越高，正因如此，超硬材料复合片的技术竞争非常激烈。

而 HR 公司凭借其产品的高品质、稳定性和价格优势，获得国内众多有实力的客户的认可。HR 公司的产品在国内占据了绝对的领先优势，而且在国际市场享有盛誉。公司分别与国内某钻头龙头企业和全球某知名钻头及设备服务龙头企业建立了“战略伙伴供应商”的关系。公司的产品出口每年以 30% 的速度增长。HR 公司（指总部，不包括东北的开发园，下文不再另行说明）目前的组织架构如图 2 所示：

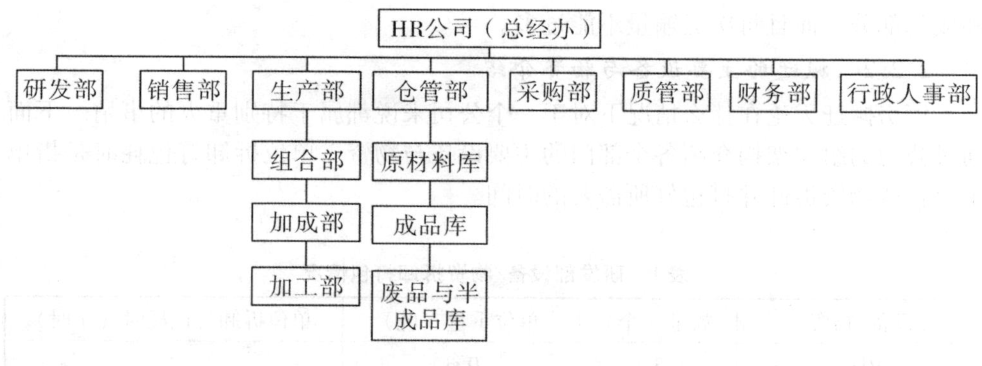

图 2　HR 公司组织架构

HR 公司目前有 276 名员工，其中研发部 20 人，销售部 6 人，生产部 192 人，剩下的为其他几个部门的员工。

2.2　项目简介

2.2.1　项目背景

2009 年 5 月，公司贴出公告："首先非常感谢 HR 公司全体员工多年来对公司的贡献。经过大家的共同努力，公司近几年发展迅速，目前的厂房已经远远不能满足我们的生产需求，同时现在的厂房环境也亏待了大家。为满足我们公司的发展需求及改善员工的工作环境，经公司慎重考虑，计划于 6 月至 9 月进行搬迁，迁往距离此处约 16 公里的×××工业园××栋。"

此公告引起了全体员工的热议。首先，公司搬迁的时间比员工们预计的早了半年，虽然之前听到小道消息，但员工们估计到年底才能进行搬迁，搬迁时间的提早，说明了公司的发展迅速，扩大生产迫在眉睫，员工们很高兴。其次，新的地址出乎员工们的意料，新厂址所处的地理条件非常好，周边的环境、居住条件、饮食条件都很不错。但是员工们在高兴的同时，也对公司的决定产生一些怨气，因为公司选择搬迁的时间刚好是一年当中最热的几个月。

实际上，厂房搬迁的时机正处于公司发展迅猛的时期。前文也介绍过，HR 公司凭借其产品的高品质、稳定性和价格优势，获得国内众多有实力的客户的认可。在这些优势的推动下，公司的产品出口每年以 30% 的速度在增长，HR 公司的发展非常迅速，已经远远超过高层领导的预测。公司的迅速扩张也使得厂房空间不足这一现状成为公司发展的绊脚石。为了适应公司的发展需求，公司须对厂房进行搬迁。

新的厂址由公司高层领导结合多方面的因素考虑决定，新厂区的地点离旧厂区距离大约 16 公里，根据道路情况货车行驶需 1 小时。新厂区与旧厂区相似，地处主干道旁，交通比较方便，但新厂区在某个工业区内，从主干道到工业区有一小段路，这段路虽然不长，但是道路比较窄，9 米或 9 米以上的长车无法进入，而且要通过桥底，货物过高也无法通过。所以搬迁过程中，某些设备需要拆卸成几部分，而且每次运输量不能过多。

2.2.2 搬迁的主要设备与物资介绍

厂房搬迁无论在什么情况下对于一个公司来说都属于特别重大的事情。下面通过公司的组织架构介绍各个部门的主要设备与物资。单位拆卸打包耗时是指单个设备或物资拆卸并打包好所需要的时间。

表1 研发部设备/物资拆卸打包情况

设备/物资	数量（个）	单位重量（吨）	单位拆卸打包耗时（小时）
RD1	3	0.3	2
RD2	3	0.3	1.5
RD3	3	3.0	3
RD4	65	0.25	0.5
RD5	3	0.3	3
RD6	4	0.15	0.3
RD7	16	0.15	1
RD8	1	18	16

研发部共20人，由于设备多是精密仪器，所以需要较长的时间拆卸打包。以上设备除RD8外，拆卸打包均需要2人来完成。RD8拆卸16小时至少需要4人来完成。拆卸RD7需要放在最后完成，其余设备无先后顺序。且出于保密性的考虑，研发部不能让其他部门人员帮忙。

设备打包好之后，RD6、RD7单位搬运装车时间为0.3小时。RD1、RD2、RD3、RD5单位搬运装车时间为1小时，RD4每4个算一个搬运单位，单位搬运时间为1小时。RD8整机搬运装车需要4小时。由于运输通道、运输工具的限制，以上搬运过程无法靠增加人员来减少时间。

共有三条搬运通道，RD1、RD2、RD4、RD5、RD6、RD7走第一条搬运通道，RD3走第二条搬运通道，RD8走第三条搬运通道。每一条搬运通道需要3～4人，三条搬运通道可同时进行搬运。

销售部共6人，此部门除了办公电脑、打印机再无其他办公设备。6人共6台电脑、6套桌椅、2台打印机、3个两层文件柜。

经计算，以上搬运装车需耗2小时。要走第一条搬运通道，需4人即可。

生产部包括组合部、加成部、加工部。

表 2　组合部设备/物资拆卸打包情况

设备/物资	数量（个）	单位重量（吨）	单位拆卸打包耗时（小时）
JH1	4	1	2
JH2	4	0. 2	0. 5
JH3	3	0. 2	0. 5
JH4	2	1	3
JH5	4	0. 2	3
JH6	5	3	4
JH7	7	0. 2	0. 3
JH8	20	0. 1	0. 3
JH9	10	0. 2	0. 5

组合部共有员工 50 人，拆卸打包设备 JH6 至少需要 5 人，其余设备均需要 3 人完成。因为组合部有很多模具需要归类包装，严禁混合，否则无法配套。经测算，所有模具归类包装好需要 6 人 8 小时完成。模具的归类包装可最后做也可最先做，但是因为环境限制，不能在拆卸打包其他设备或物资时进行。

设备 JH6 需要走第二条搬运通道，单位搬运装车需要 2 小时。其余设备需走第一条搬运通道，单位搬运装车时间均为 0. 4 小时，每条搬运通道需要 8 人。

表 3　加成部设备/物资拆卸打包情况

设备/物资	数量（个）	单位重量（吨）	单位拆卸打包耗时（小时）
JC1	28	30	5
JC2	56	0. 2	0. 2
JC3	2	3	3
JC4	2	0. 5	0. 3
JC5	4	0. 5	2
JC6	2	30	16

加成部共有员工 46 人，就每个设备而言，拆卸打包 JC1 至少需要 8 人，每增加 4 人可减少半小时，最多可 20 人同时进行拆卸，最多可同时拆卸 2 台。拆卸打包 JC2 需要 2 人，人多不会提高拆卸打包效率。拆卸打包 JC3 至少需要 5 人完成，7 人时（最多需要 7 人）可以将单位时间减少到 2 小时。拆卸打包 JC4 至少需要 3 人。拆卸打包 JC5 至少需要 8 人，10 人（最多需要 10 人）共同拆卸打包可将时间减少到 1. 8 小时。拆卸打包 JC6 每台仅需 12 人，且拆卸 JC6 必须在其他设备完成拆卸打包后才能开始，而且装配时需要先装配 JC6。

该部门所有设备均要走第三条搬运通道。JC1、JC3 单位搬运装车时间为 3

小时，需要 20 人，且该设备只能一件一件搬运装车，不能多件同时进行。JC2 单位搬运装车时间为 2 人 0.3 小时，可同时搬运装车。JC4、JC5 单位搬运装车时间为 4 人 1 小时，可同时进行。JC6 搬运装车需要 10 人，耗时 4 小时，且不能与 JC1、JC3 同时搬运。

表 4　加工部设备/物资拆卸打包情况

设备/物资	数量（个）	单位重量（吨）	单位拆卸打包耗时（小时）
JG1	8	2.5	1.5
JG2	8	3	2
JG3	4	3.5	2.5
JG4	2	2	1.5
JG5	80	0.2	0.4
JG6	3	2	1.5
JG7	20	0.4	1

加工部共 96 人。拆卸打包 JG5 和 JG7 需要 2 人可完成，人多无用。其他设备的拆卸打包需要 4 人完成，人多无用。在所有设备及物资均完成拆卸打包之后需要花费 3 小时对夹具、模具进行打包，至少 8 人，多于 8 人对减少时间效果不明显。

JG5、JG7 走第一条搬运通道，单位搬运装车时间为 0.5 小时。其余走第二条搬运通道，单位搬运时间为 1.5 小时。每条通道需要 16 人。

原材料库只有 1 人管理，需要从其他部门借调员工来整理搬运。因公司在搬迁前原材料就已消耗了部分，所以最后库存的材料总重量略有减少，但是种类繁多，因场地等方面的限制，最多需要 8 人进行整理打包，预计需要 24 小时。最后还需要 4 小时完成清点。至少需要 8 人搬运装车，共计 10 小时搬运装车完，每增加 2 人可节省 0.5 小时，最多可 14 人同时进行。

成品库仅 1 人管理，整理、分类、打包装好，并做好清点，需要 4 人，预计 16 小时内可完成整理，再需 2 小时进行清点。设备/物资总重量为 6 吨。至少需要 4 人搬运装车，4 人可用 8 小时搬运装车完，每增加 2 人可节省 0.5 小时，最多可 8 人同时进行。

废品与半成品库仅 1 人管理，与成品库类似，需要整理、分类、打包装好，并做好清点需要 4 人，预计 16 小时内可完成整理，再需 2 小时进行清点。至少需要 4 人搬运装车，4 人可用 8 小时搬运装车完，每增加 2 人可节省 0.5 小时，最多可 8 人同时进行。

采购部共 3 人，这一部门除了电脑、打印机再无其他办公设备。3 人共 3 台电脑、3 套桌椅、3 部打印机，2 个两层文件柜。经计算，以上搬运装车共需要 2 小时。走第一条搬运通道，需要 3 人。

表 5 质管部设备/物资拆卸打包情况

设备/物资	数量（个）	单位重量（吨）	单位拆卸打包耗时（小时）
ZG1	3	0.1	1.5
ZG2	1	0.6	4
ZG3	6	0.05	0.4
ZG4	20	0.02	0.5
ZG5	4	0.02	1
桌椅	10	0.2	0.4

质管部共 34 人（全为女性）。如上表所示，在质管部的设备/物资中，ZG2 需要 4 人完成，桌椅单位拆卸打包耗时为 2 人同时进行的时间。其余设备/物资均可由 1 人完成。所有设备/物资搬运装车都走第一条搬运通道。桌椅只能一件一件搬运，不能同时进行，单位时间为 0.3 小时，4 人完成。其余单位搬运时间为 2 人 0.3 小时。

财务部共 8 人，这一部门除了办公电脑、打印机再无其他办公设备。8 人共 8 台电脑、8 套桌椅、5 部打印机、4 个两层文件柜。经计算，以上搬运装车共花费 2 小时。走第一条搬运通道，3 人即可完成。

行政人事部共 10 人，这一部门除了办公电脑、打印机再无其他办公设备。10 人共 10 台电脑、10 套桌椅、3 部打印机、5 个两层文件柜。经计算，以上搬运装车共花费 2 小时。走第一条搬运通道，3 人即可完成。

由于通道的设置问题，除了加成部搬运工作可与其他部门同时进行外，其他部门之间的搬运均不可同时进行。

2.3 项目描述

2009 年 6 月 14 日，公司总经理召集所有员工开会，解释公司搬迁的原因及公司未来的发展愿景，表明了高层对公司发展的信心与决心，宣读了搬迁过程中的注意事项，说明三个月内公司将处于停产状态，并宣布搬迁工作正式开始。

2.3.1 搬迁的目标与任务分配

搬迁工作开始之前，公司高层领导制定了搬迁的目标并分配了大致的任务。

由于公司员工没有专业的项目管理知识体系，所以搬迁项目的目标及工作安排比较简单，以下是当时的目标及目标分解情况。

项目总时长三个月（包括收尾工作），即 2009 年 6 月 14 日开始，至 2009 年 9 月 14 日完成全部搬迁工作（周六、日轮流休息）。项目预计直接费用为 550 万元人民币（不包括停产带来的损失）。

机器及物资损坏率为零，设备/物资丢失率为零，人员受伤率为零。

表6 HR公司厂房搬迁项目描述

项目名称	HR公司厂房搬迁
项目目标	三个月内完成厂房搬迁，并实现生产，预计直接费用550万元人民币
交付物	所有物资搬迁至新厂房，并恢复正常生产
交付物完成准则	完全可以正常生产，机器及物资损坏率为零，设备/物资丢失率为零，人员受伤率为零
工作描述	准备工作、搬迁方案确定、联系搬迁服务公司、整理打包、搬运、设备及物资装配、收尾
工作规范	各部门工作规范
所需资源估计	人力、搬运服务公司、吊机、货运汽车、叉车、钢筋水泥、挖土机
重大里程碑	开始日期为2009年6月14日，结束日期为2009年9月14日
总经理确认	签名并填写日期

该项目任务分工的原则是各部门自行负责本部门的物资及设备的拆卸打包并配合搬迁服务公司的人员进行搬运。

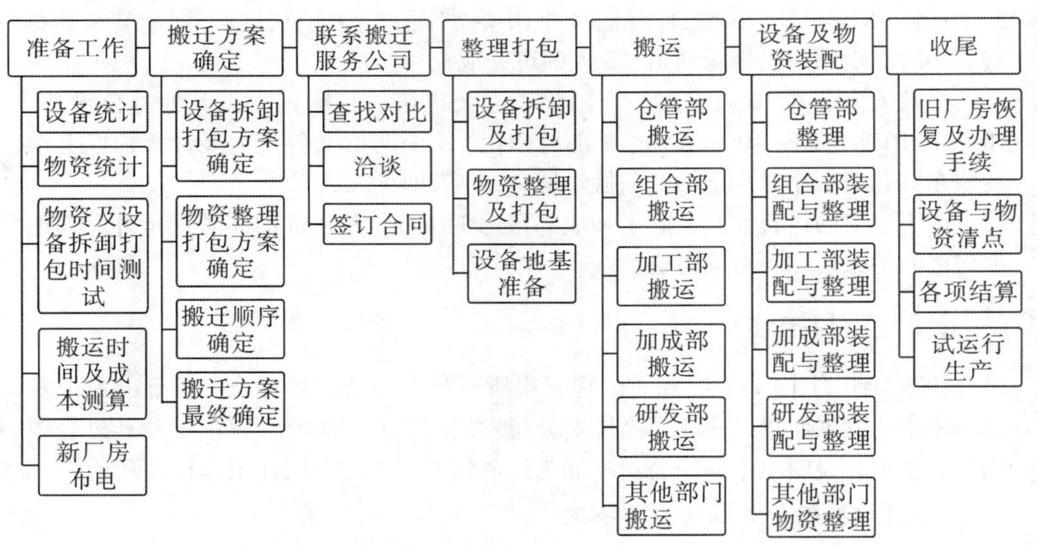

图3 HR公司厂房搬迁项目目标分解

2.3.2 搬迁进度安排

HR公司搬迁项目总计耗时三个月，计划如下（预留4日）：

表 7 搬迁项目计划表

工作	时间（日）
准备工作	22
搬迁方案确定	4
联系搬迁服务公司	7
整理打包	10
搬运	20
设备及物资装配	10
收尾	15

各部门搬运的顺序依次是：仓管部、组合部、加工部、加成部、研发部、其他部门。

费用方面的计划为：项目预算 50 万元人民币，预计支付搬迁公司 100 万元人民币，预计支付员工工资 300 万元人民币，地基建设预计为 100 万元人民币。

2.3.3 搬迁过程

（1）准备工作。各部门开始安排统计本部门的设备、物资，查阅设备拆卸的方法及注意事项，并开始测算设备拆卸打包需要的时间、物资整理打包需要的时间，以及测算搬运所需要的时间。与此同时，行政人事部门开始就新厂房接电的事情与相关政府部门进行沟通。实际上，准备工作很顺利，都能及时完成，时间测算也很精确，但是这期间员工无所事事，在第 10 日的时候员工就已经熟悉所有设备的拆卸方法及注意事项（因为以前设备保养与维修都是由员工自行完成或参与完成，所以比较熟悉），并完成时间的测算。接下来的 10 日，人员基本上闲置，等待新厂址接电工作的完成。接电、布电工作基本上按原定计划在第 10 日完成。

（2）搬迁方案确定。准备工作完成后，各部门负责人初步制订本部门的方案，并由总经理组织各部门负责人讨论方案。方案制订比较顺利，比规定时间提早一天完成。因此，整理与打包时间也提早一天完成。

（3）联系搬迁服务公司。这一步可与整理打包同时进行。

（4）整理打包。与联系搬迁服务公司的工作同时进行。设备拆卸与打包由各个部门自行负责，从加工部调出 6 人到仓管部帮忙。各部门由本部门负责人指挥。生产部门中，加工部的人员最多，大部分设备无须拆卸打包，可以直接搬运装车，因此加工部在此项工作中完成最早，严格算起来只花了不到 5 日的时间，而且有一部分员工完全处于清闲状态。而加成部的设备最为复杂、笨重，且物资较多，容易混合。加成部为了确保及时完成该项工作，向加工部和组合部提出了借调人员的请求，而两个部门的负责人均以要保证他们拆卸、整理不出错而需重复检查为由拒绝了加成部的请求。由于加成部人员不足，所以花费时间最长，最终他们的该项工作拖延至第 15 日完成，在他们完成的时候其他部门的工作早已完成。搬迁的过程中，员工们怕提早完成后需要去其他部门帮忙，所以多数在拖延时间，许多事情本该提前完成，但是员工们在一些不重要的事情上故意磨蹭拖延。而加成部的员工看到其他部门的员工这么清闲而且没有帮忙的意思，工作态度也很消极，这就导致了加成部的该项工作拖延数日才完成。

另外，由于设备的特殊性，一些设备需要挖 3 米深的大坑，并在坑里做地基，而且地基需要建设完放置一段时间才能使用。该项工作需要跟新厂址所在区委、建设部门沟通，确认施工方式与时间。由于没能提前预计到该项工作的风险，地基建设完成时部分物资与设备已经运到，却不能直接使用。

（5）搬运。公司采取的原则是所有部门打包就绪之后再统一安排搬运，原先的想法是能更好地控制和缩短搬运时间，减少搬迁服务公司的费用。但是，由于各部门都打包好后才统一搬运，而搬运有先后顺序，所以搬运开始后，部门间出现劳运不均的现象。有的员工在忙碌工作，有的甚至打完上班卡直接回宿舍睡觉（虽然公司严令禁止，但是在当时场面混乱的情况下根本无人注意）。最终也由于部门之间的相互埋怨，造成了搬运延时，公司不得不多支付将近 50 万元的搬运费。

（6）设备及物资装配。前面也提到过，此项目的设备地基延时使用，所以设备搬运到之后多等了 2 日时间，并且这个过程并不顺利，重新装配时间与拆卸整理时间一样，总计用时 32 日。

（7）收尾。收尾工作相对比较顺利，但在清点物资时又出现了一些因职责不清而相互推诿的事情。清点时发现有物资丢失现象（丢失了价值 5 万余元的产品及多件工具）。

最终搬迁截止至 10 月初，比计划的时间多出将近 20 日，实际花费 700 余万元，严重超时超支。

从整个搬迁项目过程看，项目进展很不顺利，过程中出现较多问题，项目严重拖延，项目计划性与控制性很差。

3 案例分析

3.1 项目存在的问题

总结 HR 公司厂房搬迁项目不难发现以下四个问题：

（1）缺乏项目进度计划。项目开始前并没有制订周密的计划，导致了项目开始之后毫无组织性和目的性，一旦出现问题就找不着方向，造成场面混乱。

（2）资源安排不合理。部分人员非常忙而另外一部分人员却比较清闲，项目实施过程混乱。

（3）项目进度控制弱。此项目存在拖延或等待过长等现象。比如在准备完成后需等待方案制订。而且在拆卸打包过程中，任由加成部拖延时间，搬运过程中没有对进度进行控制并及时矫正。设备与物资的丢失给公司造成了损失，而这种损失本是可以避免的。

（4）项目缺乏成本计划与控制。由于本项目成本主要与进度相关，项目进度延时也就造成了项目成本的提高，在项目初期没有进行详细的计划与预算，造成项目推进过程中无法对项目成本进行监控与调整。项目最终超支将近 30%。

3.2 原因分析

厂房搬迁项目对于公司而言属于重大项目，项目周期短而急；项目的主要成本除了一些不可缺省的如地基建设、旧厂房复原等费用，其余的主要为时间成本。对于本项目而言，推迟一日就需要多付员工一日的工资，而且搬运服务公司的费用也占了很大的比例。HR 公司在开始这个项目前虽然召开了项目说明会，但公司并没有做详细的计划，并把计划分发下去，所以，对于员工而言，他们并不清楚搬迁的具体情况和搬迁的具体安排，只知道自己要干什么，而不知道什么时候干完这项工作和下一项工作什么时候开始。

结合前面总结的 HR 公司厂房搬迁项目存在的问题及项目管理方面的知识，分析出 HR 公司厂房搬迁项目的主要问题是缺乏进度管理，而项目成本很大程度上依赖于项目进度。

下面从项目管理的角度出发，利用相关知识具体分析 HR 公司厂房搬迁项目实施过程中存在的问题。以下是对项目管理九大知识体系的梳理。

（1）项目范围管理。

项目范围管理是对一个项目所涉及的项目产出物范围和项目工作范围所做出的决策、计划、管理和控制工作。范围管理的根本目标是要保证项目所生成的产物能够全面达到项目目标的要求，同时要保证项目产出物的全部项目工作能做到充分和必要。

（2）项目时间管理。

项目时间管理包括项目工期管理和进度管理两大方面，是一种为了按时完成项目过程而开展的项目专项管理。其中，项目工期管理是指以项目时间指标为主的管理，而项目进度管理是指以项目时点为主的管理。

（3）项目成本管理。

项目成本管理的实质是在确保项目既定功能的前提下，通过对项目成本的管理实现项目价值的最大化，项目成本管理的根本目的是实现对项目的价值管理。

（4）项目质量管理。

项目质量管理是指为保证项目质量达到目标要求而开展的项目管理活动，其根本任务是保障最终交付的项目能够符合项目的目标质量要求。项目的质量管理包括工作质量的管理和产出物质量的管理。

（5）项目集成管理。

项目集成管理包括在项目全过程中识别、界定、合成、统一、协调项目管理的各种活动和活动的管理过程及工作，在项目管理中，项目集成管理具有合成、统一、关联、集合等方面的特点。

(6) 项目风险管理。

每个项目都有风险，而且在项目过程中风险存在很大的不确定性。项目的风险是由于项目本身所处的环境和条件本身的不确定性及项目业主或顾客、项目实施组织等其他相关利益主体在主观上不能准确预见或控制的影响因素而使项目的最终结果与项目相关利益方所期望的目标产生偏差，从而给项目相关利益主体带来损失。项目风险管理就是针对这些风险进行管理。

(7) 项目沟通管理。

项目沟通管理的目的是使项目相关方达到理解和交流，其内容包括信息、思想、感情。沟通管理是提出和回应问题与要求，是信息与思想交换的过程，是一种有意识的行为。沟通管理是保证项目顺利进行的重要活动。

(8) 项目组织与人力资源管理。

项目组织与人力资源管理主要包括项目的人力资源规划、发展、合理配置、精确评估、适当的激励、团队建设、人力资源能力提高及人力资源监督与控制等方面。其根本目的是充分发挥项目团队的主观能动性，以实现项目的目标，提高项目效益。

(9) 项目采购管理。

项目采购管理是指在项目进行的过程中从外部寻求并采购项目所需资源的管理过程。

这九大知识体系应用于项目管理的全过程，缺一不可。对于不同项目，其侧重点不尽相同，而对于每一个失败或不尽完善的项目而言，其出现的问题也不尽相同，但终究离不开以上的基本知识。

3.2.1 项目进度计划弱

从项目启动到结束我们可以看出，公司对项目进度计划并不重视。项目管理学当中，项目进度计划不仅是进度控制和管理的依据，还能对项目进行优化。从搬迁公告贴出到开始搬迁，HR 公司并没有对项目进行详细计划，或者说其搬迁计划只是建立在以职能部门为单位的基础上做出来的粗略计划，不能构成后期项目进度管理的依据。这也造成了项目后期出现责任不清、部门间相互推卸责任的情况。

各部门搬运的顺序依次是：仓管部、组合部、加工部、加成部、研发部、其他部门。

从前文“搬迁项目计划表”中我们能看出，实际上 HR 公司制订的进度计划并不详细，也并未对计划进行优化。这样的计划无法构成后期进度控制的依据，因此会影响后期的进度控制。这份计划未明确各个部门完成每一项工作的截止时间，只是预估了完成搬迁工作总共耗费的时间，这就造成了有些部门本可以提前完成但故意拖延的现象。

在项目管理过程当中，项目进度计划是规划项目中各项工作的开展顺序、起止时间和相互衔接关系的重要文件。制订项目进度计划使项目实施形成一个整体。项目进度计划是项目进度控制和管理的依据。

制订项目进度计划是为了控制项目各节点的时间，众所周知，项目的主要特征之一就是有严格的时间期限，这也决定了项目进度计划在项目管理工作中的重要性。

项目进度计划是在工作分解结构（WBS、责任矩阵）的基础上对项目、工作做出的一系列的事件计划。

3. 2. 2　缺乏进度计划优化

对项目进度计划进行优化不仅能使项目进度安排更合理，还能使资源得以充分利用。项目进度计划优化是项目进度计划制订的一个重要环节。

HR 公司搬迁项目计划中有明显的漏洞。比如联系搬迁服务公司这项工作完全没有必要额外耗费 7 日时间，因为搬迁的时间已经确定，这项工作可以在准备工作中进行，假如单独耗费 7 日时间，而这 7 日时间其他部门的人没有安排工作，会造成资源浪费。

另外，搬运工作没必要统一进行，因为资源有限，应该按一定顺序进行搬运。搬运工作与拆卸打包工作可以同时进行，只需将不同部门之间错开就可以。

而且，项目实施过程中明显有些员工很清闲而有些员工自始至终很忙碌，存在很大一部分员工连续几日甚至十几日没事做的情况，可见，人力资源浪费非常严重。

除了列举出来的几个问题，实际上还有很多问题。总而言之，HR 公司因缺乏对项目进度计划的优化，导致进度安排不合理、资源浪费等问题。

3. 2. 3　项目进度控制弱

我们知道，在执行项目计划过程中往往会发生与计划不符的误差，这就要求项目负责人及其他管理人员或项目各项工作责任人及时做出调整，消除或减少偏差，使得项目目标可以尽可能地按时完成。因此，在项目管理过程中，必须不间断地监控项目的进度节点以确保每项工作都能按进度计划进行。同时，必须及时掌握计划的实施情况，并将实际情况与计划进行对比分析，必要时应及时采取对策进行调整，使得项目按预定的进度目标进行。

HR 公司在这次厂房搬迁项目中，出现了明显的进度失控的情况。在拆卸打包过程中，在组合部和加工部可以提前完成，而加成部出现人员不足可能延时的状况时，管理者并未及时做出调整，而是任由两个部门的人消极工作，最终不仅造成了工期延迟，也使员工之间产生了矛盾。另外，在搬运过程中并没有对进度进行控制和矫正，比如组合部和加工部提前完工，如果员工不愿意去其他部门帮忙，那么搬运的时间完全可以提前，但是公司也并未做出调整。除以上两点问题之外，实际上还有很多问题，如部门之间的沟通问题、会议效率的问题等。

事实上，我们知道，项目计划只是根据简化的模型对未来进行的推算与预测，由于在编制计划时，事先难以预见的问题很多，在计划执行过程中往往会发生与计划不符的误差，这就要求项目负责人及其他管理人员或项目各项工作责任人及时做出调整，消除或减少与计划不符的问题，以使项目目标尽可能按时完成。因此，项目进行过程中，必须不间断地监控项目的进度节点以确保每项工作都能按进度计划进行。同时，必须及时掌握计划的实施情况，并及时将实际情况与计划进行对比分析，必要时应采取对策进行调整，使得项目按预定的进度目标进行。

3.2.4　项目资源分配不合理

资源分配问题关乎项目的成本，资源分配不合理往往带来的直接后果就是资源浪费，以致项目成本的增加。因此，资源分配问题是项目成本控制的关键之一。

根据项目背景我们了解到，实际上加工部的工作并不需要该部门全体员工参与，而加成部的人员明显不足。公司在制订计划时并没有考虑到这一点，所以未做好人力资源的分配调整，只是规定各部门负责部门内的工作。这就造成了资源的浪费。

另外，各项工作之间并没有连接好，工作不连贯。比如原计划安排所有部门拆卸打包完再统一搬运，这存在两个问题，首先是在拆卸打包过程中各部门进度并不统一；其次是各部门不能同时搬运。以上两个问题都会造成时间的延迟。

4　解决方案及建议

项目进度管理，是项目实施过程中对各阶段的进展及完成的时间进行的管理，是保证项目准时完成必须经历的步骤。项目进度管理的核心实际上就是项目进度计划的制订和项目进度计划的执行，项目控制的过程是要对项目过程中的偏差进行及时调整和纠正。其他的信息都是为项目进度计划和项目进度控制提供依据。

从前面的分析可以看出，HR 公司厂房搬迁项目缺乏项目进度管理导致项目最终严重延时与超支。

有效的项目进度管理对于一个项目而言至关重要。有效的项目进度管理包括详细而合理的项目进度计划和有效的项目进度控制方法。而对于 HR 厂房搬迁项目而言，进度是控制成本的关键因素，因此，进度控制也就间接对项目成本起了作用。再者，就项目管理而言，项目进度管理与成本管理本就是相辅相成，相互关联的。

下面针对 HR 公司厂房搬迁项目中遇到的问题提出改进方案，所提出的方案并不一定是最优方案，但是展示了该问题的改进方法与方向。

首先，在项目开展前要做好目标分解、责任分配，对项目进度进行计划与优化，同时也要进行资源优化，这样才能为项目进度及成本控制提供依据，并达到省时省成本的目的。其次，在项目进度控制时需要根据进度计划进行严格控制，发现偏差要及时进行纠正。

4.1　项目进度计划

项目进度计划首先少不了项目的目标分解和责任矩阵，只有做好目标分解之后做出的责任矩阵才能对项目进行计划，才能对项目计划进行优化。项目进度计划可以采用以下三种方法：

（1）甘特图。这是最常用的一种方法，由于它有着简单、直观、明了、易于编制等特点，所以这种方法在小型项目管理中编制项目进度计划非常有效。在大型项目中它只能作为高级管理层了解全局、基层安排进度的工具。对于复杂的项目，甘特图并不适用。

（2）里程碑计划。里程碑计划是以项目中重要事件或重要环节的开始和完成时间作为基准所形成的计划，是一个战略计划或项目框架。

（3）网络计划。网络计划是用网络计划的办法对项目的工作进度进行安排和控制，以保证实现预计目标的科学的计划管理技术。其包含关键路径法和计划评审法两种计划方法。

4.1.1 各部门工作时间估算

前面介绍搬迁的主要设备与物资时介绍过各部门拆卸打包设备、搬运设备和物资及重新装配设备所需的时间，这是当时准备工作时各部门测算出来的，我们暂且相信该测算的可靠性。从这些信息中我们大致可以估算出每个部门的工作时间。

研发部 20 人，拆卸打包设备最短需要 2 日（每日工作 8 小时计算，共 16 小时）。最后 2 小时空出 16 人出来进行搬运，因此，实际上在第 2 日的最后 2 小时可以开始搬运。搬运总计 24 小时，相当于 3 日工作时间。重新装配也需要 16 小时，即 2 日工作时间。

同理估算，销售部 2 日内可以完成整理、搬运的工作。组合部如果 50 人进行拆卸打包 3 日内可以打包完成，搬运装车只需要 32 人，3 日可完成搬运。加成部 46 个员工都工作的情况下需要至少 10 日可完成拆卸打包工作。需要至少 12 日才能搬运完成，搬运需要 30 人。加工部的设备与物资多数为整体式，而且该部门员工比较多，所以拆卸打包时间比较短，在 3 日之内就可以完成。搬运需要 42 人，总共需要 6 日，最后 2 日需要 16 人。原材料库需要从其他部门借调 7 人，3 日整理打包完，不到 1.5 日可搬运完。成品库需要从其他部门借 3 人，2 日整理打包完，1 日可搬运完。废品与半成品库需要从其他部门借 3 人，2 日整理打包完，1 日可搬运完。剩下的其他部门可同时在 4 日之内完成整理与搬运。

以上计算的时间均为理想时间。另外，三条搬运通道同时使用，各部门的搬运工作可同时进行。

4.1.2 目标分解

从项目管理角度出发，将目标进行分解，虽然 HR 公司之前也做了目标分解，但是为了方便后边的工作安排，在此可将一些工作细分后进行调整。

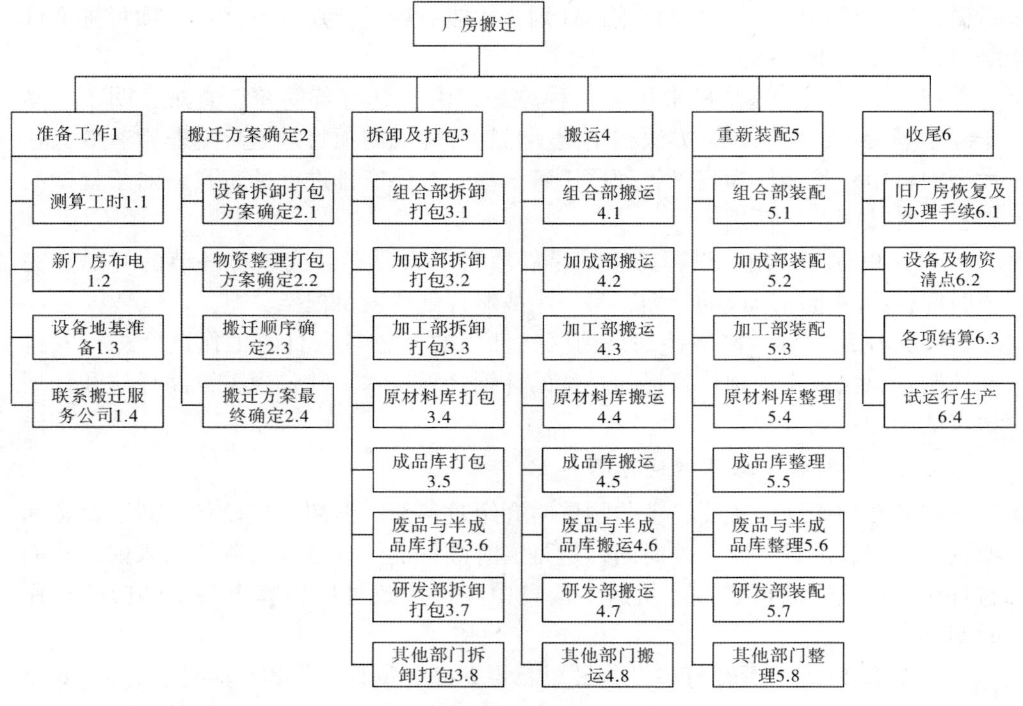

图4 目标分解图（WBS）

目标分解完成后我们需要对每项工作进行说明，所以制定项目工作列表。

表8 项目工作列表

工作编码	工作名称	内容	责任部门	协作部门
1.1	测算工时	测算设备拆卸打包时间、物资打包时间、搬运时间	行政人事部	各部门
1.2	新厂房布电	对新厂房进行布电以供设备及办公用	行政人事部	采购部
1.3	设备地基准备	很多设备需要建设地基，在新厂房为这些设备建设地基	行政人事部	加成部
1.4	联系搬迁服务公司	对比搬运服务公司，洽谈价格，签订合同	采购部	
2.1	设备拆卸打包方案确定	熟悉设备拆卸方法及注意事项，制订拆卸方案	总经办	各部门
2.2	物资整理打包方案确定	为各物资的整理及打包方式制订方案	总经办	各部门
2.3	搬迁顺序确定	制定搬迁顺序	总经办	

（续上表）

工作编码	工作名称	内容	责任部门	协作部门
2.4	搬迁方案最终确定	制订搬迁方案	总经办	
3	拆卸及打包	各部门拆卸设备并打包、整理物资并打包	各部门	
4	搬运	各部门搬运设备及物资	各部门	
5	重新装配	各部门将各自的设备重新装配、物资重新整理	各部门	
6.1	旧厂房恢复及办理手续	按租厂房时的合同须将厂房恢复原样，并办理相关手续	行政人事部	加成部
6.2	设备及物资清点	清点设备、物资数量及检查是否有毁坏	财务部	各部门
6.3	各项结算	主要是对搬迁过程中所产生的各项费用进行结算	财务部	
6.4	试运行生产	小批量试运行生产	生产部	仓管部、质管部

4.1.3　责任分解

上面我们初步完成了项目目标的分解，并给出描述每项工作的列表，但是这仅仅是项目计划的开始。前面我们介绍过各部门的物资情况，并大致测算了各部门完成各项工作所用的时间，接下来我们进行任务分解。

在项目管理中，任务分解通常采用责任矩阵的方式。责任矩阵在项目管理中是十分重要的工具，它强调每一项工作由谁负责，并为项目成员进行角色定位。其主要作用是将工作分配给每一位成员，使每一项工作责任明确、节点清楚，通过责任矩阵可以清楚地看出每一位成员在项目执行过程中所承担的责任。

为了便于制定，我们在责任矩阵中加入了各项工作的先后关系顺序，即将该项工作的前导工作及后续工作加入责任矩阵中，这样不仅可以明确各项工作的先后顺序，也能让该项工作的责任部门清楚该项工作是在哪一项工作的后面开始，或者他们的工作将影响到后面的哪些工作。

表 9　项目责任矩阵

WBS编码		前导工作	后续工作	持续时间（日）	总经办	研发部	生产部			仓管部	其他部门				
							组合部	加成部	加工部		销售部	采购部	质管部	财务部	行政人事部
1	1.1		2.3	3	J	C	C	C	C	C	C	C	C	C	F
	1.2		1.3、5	10								C			F
	1.3	1.2	5.2	15				C							F
	1.4		4	5	J							F			
2	2.1		2.3	3	F	C	C	C	C	C	C	C	C	C	C
	2.2		2.3	3	F	C	C	C	C	C	C	C	C	C	C
	2.3	1.1、2.1、2.2	2.4	1	F										
	2.4	2.3	3	3	F										
3	3.1	2.4	4.1	3			F								J
	3.2	2.4	4.2	10				F							J
	3.3	2.4	4.3	3					F						J
	3.4	2.4	4.4	3						F					J
	3.5	2.4	4.5	2						F					J
	3.6	2.4	4.6	2						F					J
	3.7	2.4	4.7	2		F									J
	3.8	2.4	4.8	2	C						C	C	C	C	F
4	4.1	3.1	5.1	3			F								J
	4.2	3.2	5.2	12				F							J
	4.3	3.3	5.3	6					F						J
	4.4	3.4	5.4	1						F					J
	4.5	3.5	5.5	1						F					J
	4.6	3.6	5.6	1						F					J
	4.7	3.7	5.7	3		F									J
	4.8	3.8	5.8	2	C						C	C	C	C	F

（续上表）

WBS编码		前导工作	后续工作	持续时间（日）	总经办	研发部	生产部			仓管部	其他部门				
							组合部	加成部	加工部		销售部	采购部	质管部	财务部	行政人事部
5	5.1	4.1	6.2	3			F								J
	5.2	4.2、1.3	6.2	10				F							J
	5.3	4.3	6.2	3					F						J
	5.4	4.4	6.2	3						F					J
	5.5	4.5	6.2	2						F					J
	5.6	4.6	6.2	2						F					J
	5.7	4.7	6.2	2		F									J
	5.8	4.8	6.2	1	C						C	C	C	C	F
6	6.1	4		10				C							F
	6.2	5	6.4	2	C	C	C	C	C	C	C	C	C	F	C
	6.3	6.1、6.2		7										F	
	6.4	6.2		9	J		F	C			C				

注：F：负责；C：参与；J：监督。

有了这个责任矩阵，各部门的任务就很清晰了。而且在这个责任矩阵中，我们加入了各项工作的持续时间，也能让各项工作的负责人清楚各自工作的时间点。这样就可以使后期的项目控制工作有据可循，避免冲突，防止项目过程中出现混乱。

这样我们就初步完成了目标分解和责任分配。

4.1.4　资源分配

我们在所给的案例中可以看到，在搬迁过程中出现资源分配不均衡、资源闲置等资源浪费现象，甚至出现了员工旷工却未被发现等管理乱象。为了方便后期对资源进行优化配置及成本管理、资源管理工作的展开，根据目标分解和责任分配的情况来分析一下资源分配的情况。以下表格是各项工作需使用员工数和可用员工数。

表 10 人员分配情况

WBS编码		持续时间（日）	员工数	可用员工数	总经办	研发部	生产部			仓管部	其他部门				
							组合部	加成部	加工部		销售部	采购部	质管部	财务部	行政人事部
1	1.1	3	23	23	J	C	C	C	C	C	C	C	C	C	F
	1.2	10	10	10								C			F
	1.3	15	10	10				C							F
	1.4	5	3	3	J							F			
2	2.1	3	20	20	F	C	C	C	C	C	C	C	C	C	C
	2.2	3	20	20	F	C	C	C	C	C	C	C	C	C	C
	2.3	1	10	10	F										
	2.4	3	5	5	F										
3	3.1	3	50	50			F								J
	3.2	10	46	46				F							J
	3.3	3	96	96					F						J
	3.4	3	8	1						F					J
	3.5	2	4	1						F					J
	3.6	2	4	1						F					J
	3.7	2	20	20		F									J
	3.8	2	50	61	C						C	C	C	C	F
4	4.1	3	32	50			F								J
	4.2	12	30	46				F							J
	4.3	6	42	96					F						J
	4.4	1	8	1						F					J
	4.5	1	4	1						F					J
	4.6	1	4	1						F					J
	4.7	3	20	20		F									J
	4.8	2	50	63	C						C	C	C	C	F

（续上表）

WBS编码		持续时间（日）	员工数	可用员工数	总经办	研发部	生产部			仓管部	其他部门				
							组合部	加成部	加工部		销售部	采购部	质管部	财务部	行政人事部
5	5.1	3	50	50			F								J
	5.2	10	46	46				F							J
	5.3	3	96	96					F						J
	5.4	3	8	1						F					J
	5.5	2	4	1						F					J
	5.6	2	4	1						F					J
	5.7	2	20	20		F									J
	5.8	1	50	63	C						C	C	C	C	F
6	6.1	10	10	10				C							F
	6.2	2	8	8	C	C	C	C	C	C	C	C	C	F	C
	6.3	7	8	8										F	
	6.4	9	230	230	J		F	C			C				

注：F：负责；C：参与；J：监督。

从表中可以看出，多项工作有可用人员剩余的情况，公司需要对人员进行调整。

4.1.5　进度计划

项目进度计划包括甘特图、里程碑计划、网络计划三种。由于搬迁的时间紧急，省时间就是省成本，所以项目进度计划适合用甘特图来表示。

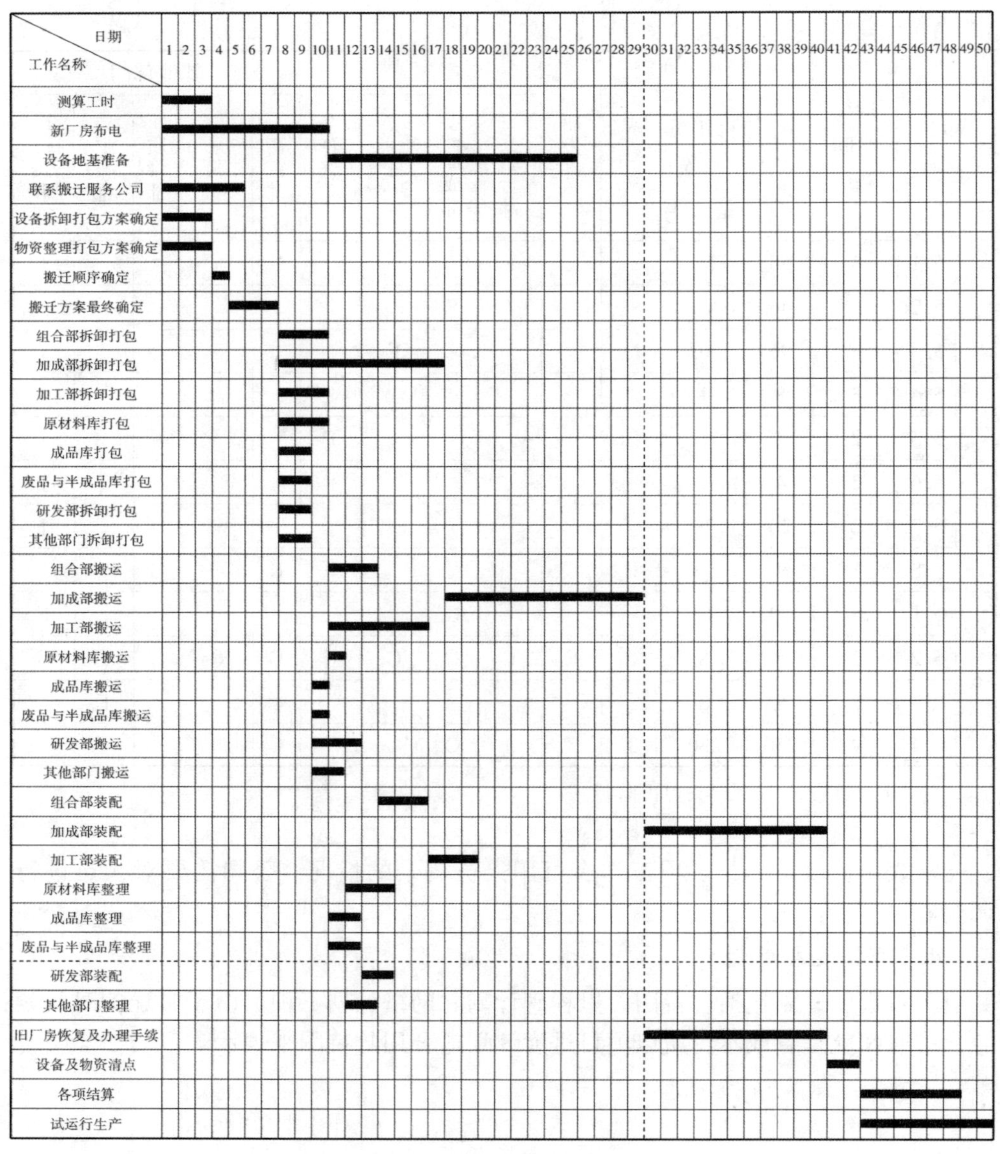

图 5　甘特图

我们可以发现，经过详细计划后，不仅人员闲置的问题得到了解决，而且项目周期缩短到了 50 日。

至此，我们完成了初步的进度计划。

4.1.6　成本计划

根据案例所给的数据，项目预算为 50 万元人民币，而案例中员工工资已经单独计算，所以可以看出这 50 万元人民币主要是布电所需费用，则该项工作的日均费用为 5 万元人民币。

计划搬运 20 日，预计费用为 100 万元人民币，日均费用为 5 万元人民币。

支付员工的工资 300 万元人民币，原计划为三个月，中途不休息，所以平均每日支付员工的工资为 3. 33 万元人民币。由于公司员工人数固定，所以该项开销每日都会产生，不管员工工作与否。

地基建设（设备地基准备）费用为 100 万元人民币，地基建设每天平均费用为 6. 67 万元。

根据进度计划，计算成本如图 6 所示：

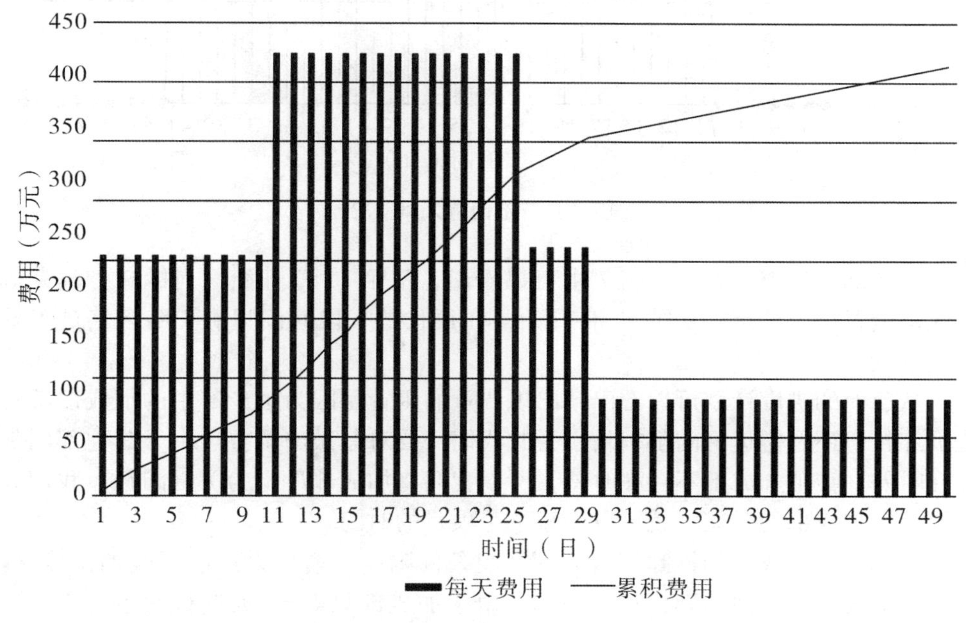

图 6　成本计划

经过计算，成本由案例中计划的 550 万元人民币变成了 416. 5 万元人民币。

至此，我们完成了搬迁项目的初步计划。从上面我们可以看到，制作详细的计划不仅可缩短搬迁的时间，还可降低成本。

4. 2　计划优化

前面我们对搬迁项目进行了时间估算、目标分解、责任分解、资源分配、进度计划和成本计划，但是这些只是形成了初步的计划。

从前面的计划我们可以看出，实际上按上面的进度，资源（主要是人力资源）的利用并不合理，中途出现较严重的人员闲置现象。

由于要求办公室人员去协助生产部搬运设备是不可行的，且办公室人员在完成本部门的搬迁之后就可以正常上班，所以，我们就以生产部的人员分配情况进行计算。按上面的计划我们算出生产部闲置人员的情况。

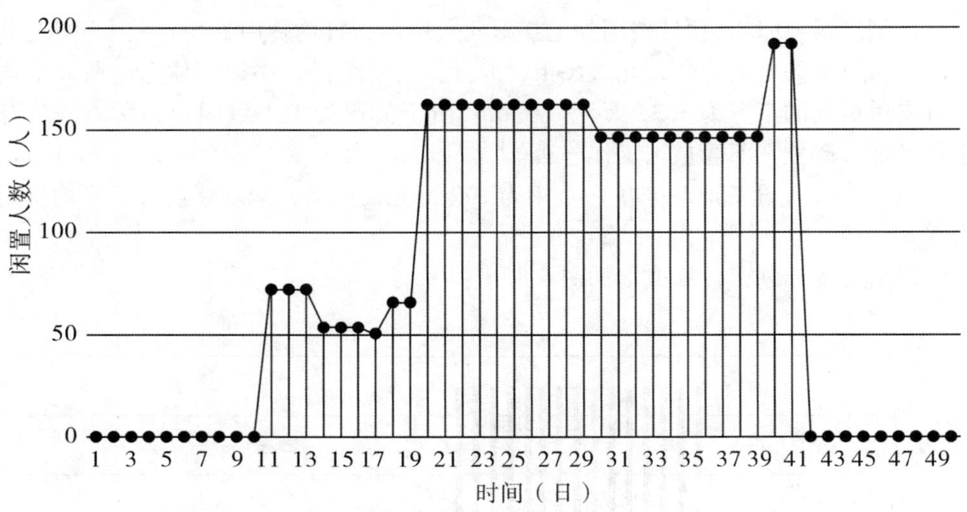

图 7　生产部闲置人员情况

生产部共计 192 人，从图 7 中可以看出，从第 11 日开始，当拆卸打包完成后人员闲置情况严重。从第 20 日开始，在很长的一段时间里有 100 多名员工处于闲置状态。

从前面的进度计划可以看出，出现严重的闲置是因为生产部中的加成部不管是拆卸打包还是搬运时间都很长，为此我们需要对其做出调整。由于其他部门都存在时差，唯独加成部不存在时差，所以我们将加成部设定为关键路径，我们只需要缩短加成部的时间，就可以缩短整个项目的时间。

实际上，加成部的拆卸打包受到客观条件限制，增加人员已不能加快速度。但是，加成部可以边拆卸打包边搬运。由于加成部只需 30 人进行搬运，所以我们可以从闲置人员当中抽出 30 人帮助加成部搬运。人员闲置现象从搬运阶段开始出现，因此，我们也从搬运阶段开始进行优化。优化之后的甘特图如图 8 所示。

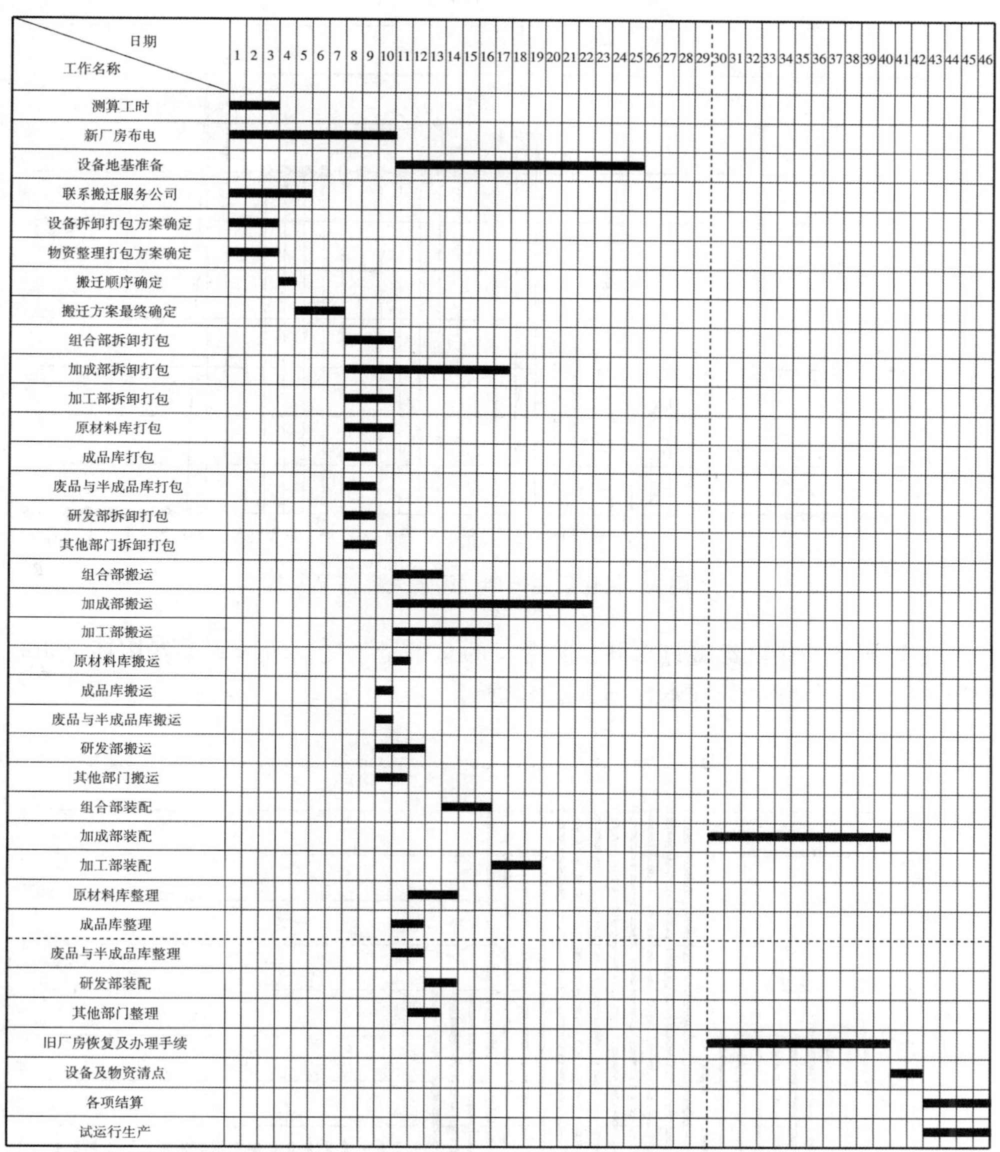

图 8　优化后的甘特图

由此，优化之后工期可由 50 日缩短至 46 日。

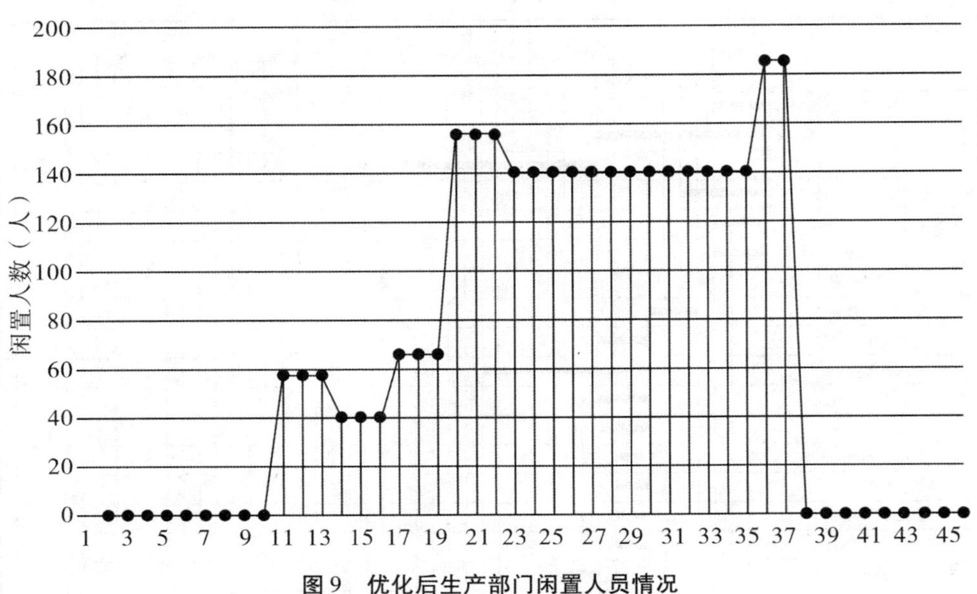

图 9　优化后生产部门闲置人员情况

搬迁服务费用已经签订合同，其搬运的总重量不变，所以服务费用还是 100 万元人民币。优化后的成本计划如图 10 所示：

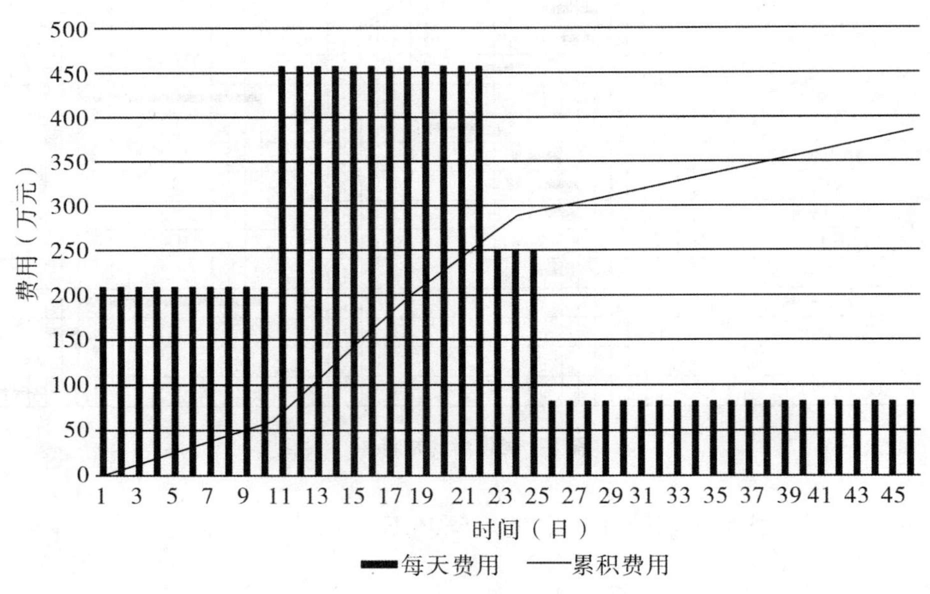

图 10　优化后的成本计划

优化后成本降至 393 万元左右。

表 11 优化后的责任矩阵

WBS 编码		前导工作	后续工作	持续时间（日）	总经办	研发部	生产部			仓管部	其他部门				
							组合部	加成部	加工部		销售部	采购部	质管部	财务部	行政人事部
1	1. 1		2. 3	3	J	C	C	C	C	C	C	C	C	C	F
	1. 2		1. 3、5	10								C			F
	1. 3	1. 2	5. 2	15				C							F
	1. 4		4	5	J							F			
2	2. 1		2. 3	3	F	C	C	C	C	C	C	C	C	C	C
	2. 2		2. 3	3	F	C	C	C	C	C	C	C	C	C	C
	2. 3	1. 1、2. 1、2. 2	2. 4	1	F										
	2. 4	2. 3	3	3	F										
3	3. 1	2. 3	4. 1	3			F								J
	3. 2	2. 3	4. 2	10				F							J
	3. 3	2. 3	4. 3	3					F						J
	3. 4	2. 3	4. 4	3						F					J
	3. 5	2. 3	4. 5	2						F					J
	3. 6	2. 3	4. 6	2						F					J
	3. 7	2. 3	4. 7	2		F									J
	3. 8	2. 3	4. 8	2	C						C	C	C	C	F
4	4. 1	3. 1	5. 1	3			F								J
	4. 2	3. 1、3. 3	5. 2	12			C	F	C						J
	4. 3	3. 3	5. 3	6					F						J
	4. 4	3. 4	5. 4	1						F					J
	4. 5	3. 5	5. 5	1						F					J
	4. 6	3. 6	5. 6	1						F					J
	4. 7	3. 7	5. 7	3		F									J
	4. 8	3. 8	5. 8	2	C						C	C	C	C	F

（续上表）

WBS编码		前导工作	后续工作	持续时间（日）	总经办	研发部	生产部			仓管部	其他部门				
							组合部	加成部	加工部		销售部	采购部	质管部	财务部	行政人事部
5	5.1	4.1	6.2	3			F								J
	5.2	4.2、1.3	6.2	10				F							J
	5.3	4.3	6.2	3					F						J
	5.4	4.4	6.2	3						F					J
	5.5	4.5	6.2	2						F					J
	5.6	4.6	6.2	2						F					J
	5.7	4.7	6.2	2		F									J
	5.8	4.8	6.2	1	C						C	C	C	C	F
6	6.1	4		10				C							F
	6.2	5	6.4	2	C	C	C	C	C	C	C	C	C	F	C
	6.3	6.1、6.2		7										F	
	6.4	6.2		9	J		F	C			C				

注：F：负责；C：参与；J：监督。

责任矩阵变化不大，主要是将4.2加成部搬运的前导工作变成了3.1和3.3，即在组合部、加工部拆卸打包完成后立即进行加成部的搬运。另外，组合部、加工部全程参与协助。

4.3 实施过程进度控制

项目进行过程中，必须不间断地监控项目的进度及各时间节点以确保每项工作都能按进度计划进行。同时，必须及时掌握计划的实施情况，并及时将实际情况与计划进行对比分析，必要时采取对策进行调整，使得项目按预定的进度目标进行。

按照不同的管理层次，进度控制可分为以下三类。

（1）项目总进度控制。这是项目经理等高层次管理部门或管理者对项目中各里程碑事件的进度控制。

（2）项目主进度控制。这是项目部门对项目中每一主要事件的进度控制。

（3）项目详细进度控制。主要是各作业部门或各项工作责任人对各具体工作进度计划的控制，这是进度控制的基础。

项目进度控制的原理有：动态控制原理、系统原理、封闭循环原理、信息原理、弹性原理、网络计划技术原理。项目进度控制实施动态监控，有日常监测、定期监测、进度报告。

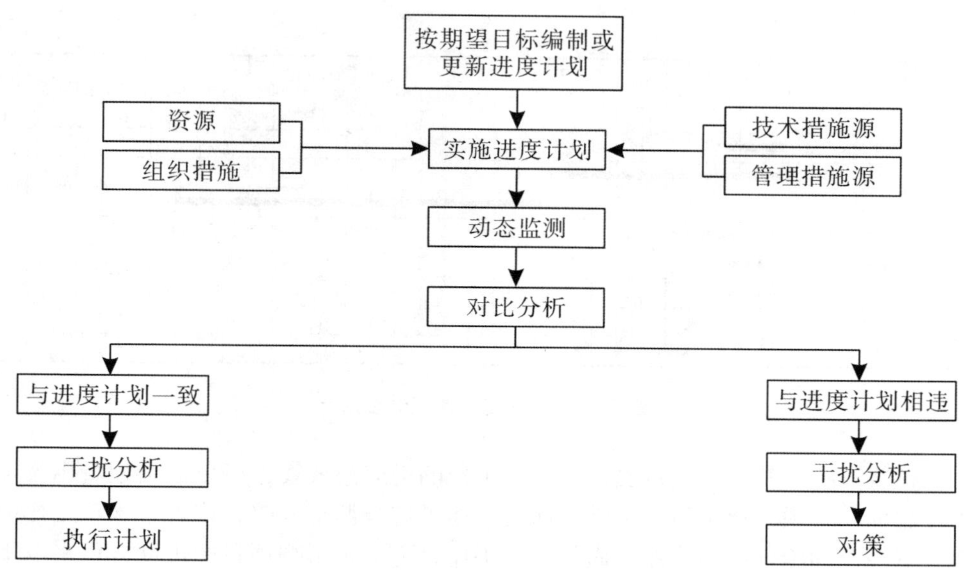

图 11　项目进度控制过程

影响项目进度控制的因素主要有：人的因素、技术因素、材料因素、设备因素、资金因素等。

（1）人的因素。如项目团队是否有团队精神，对项目进度的控制是否能够做到及时、快速、有效，同时也考验项目工程师和项目组成员是否有项目经验和进取精神。项目进度管理中人的因素非常重要。

（2）技术因素。包括项目有关的技术储备、现有技术对项目要求满足与否，或者外界是否有可借鉴或引入的技术。技术因素对于项目进度控制至关重要。

（3）材料因素。项目所需材料的采购和保存，采购的周期等因素也可能会影响项目进度管理。

（4）设备因素。与技术因素相同，设备能否满足项目要求、新采购设备能否保证及时投入使用等问题也需要被考虑。

（5）资金因素。包括项目预算是否充足、项目过程中资金能否及时跟上，这一因素也可能导致项目延期，因此需要重视。

下面结合以上知识就 HR 公司厂房搬迁项目提出控制进度的办法。

4.3.1　进度及成本管理

厂房搬迁项目周期短，时间紧迫，需要每天检查各项工作的进展情况，以便对项目进展进行分析，这就需要各项工作负责人每天上报进展情况，形成项目动态监测机制。本项目在进行计划时采用的是甘特图法，而在进行动态监控时可采用实际进度前锋线法。实际进度前锋线是一种在时间坐标网络中记录实际进度情况的曲线。每天由各项工作责任部门的负责人上报工作的进展情况，将各部门的进度连成线，这样可以知道项目的实际进度，以便进行监控。如图 12 所示（仅作为举例）。

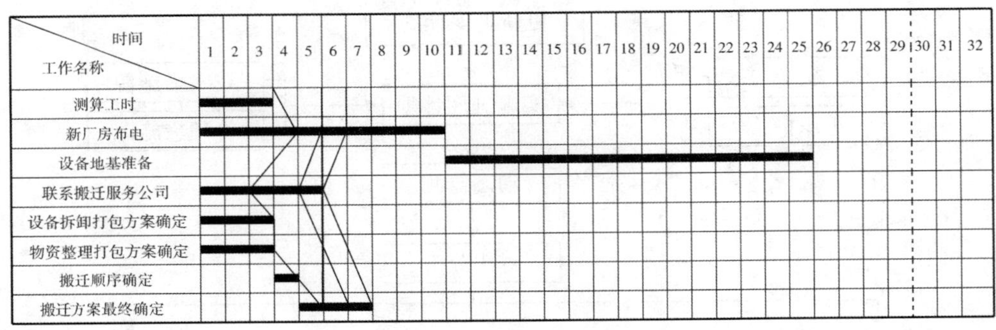

图 12　实际进度与计划进度对比

该线段在甘特图上进行绘制，每项工作的进展连成线，可以清晰地看出哪项工作超前，哪项工作延后。出现超前的工作可进行调整放缓，或者将该项工作的部分资源调动给延后的工作；而延后的工作，为了不影响项目的进度，可采取加班、借调资源等方式加快进度。

总之，通过该方法，可以达到动态监测的目的，同时可以及时发现项目中的问题，以便及时做出调整方案，保证项目顺利进行。

除了对项目进行动态监测，还要对项目进度进行分析，对产生的项目偏差制定有效的对策，进行进度更新。这其中包含两个方面，一是分析进度偏差的影响，二是进行项目进度计划调整。

分析进度偏差影响时，要分析产生进度偏差的工作是否为关键工作。比如对于本案例来讲，搬迁方案、加成部的工作、地基建设为关键工作，要分析这些工作有无延时、提前，以及产生偏差的原因。

项目成本管理中两个重要的环节分别是：项目费用计划和项目费用控制。项目费用计划的内容包括确保在限定的预算内完成项目的资源计划编制过程、费用估算过程、费用预算过程。项目费用控制的内容（工具和技术）包括费用变更控制、绩效测量、挣值分析、补充计划编制等。

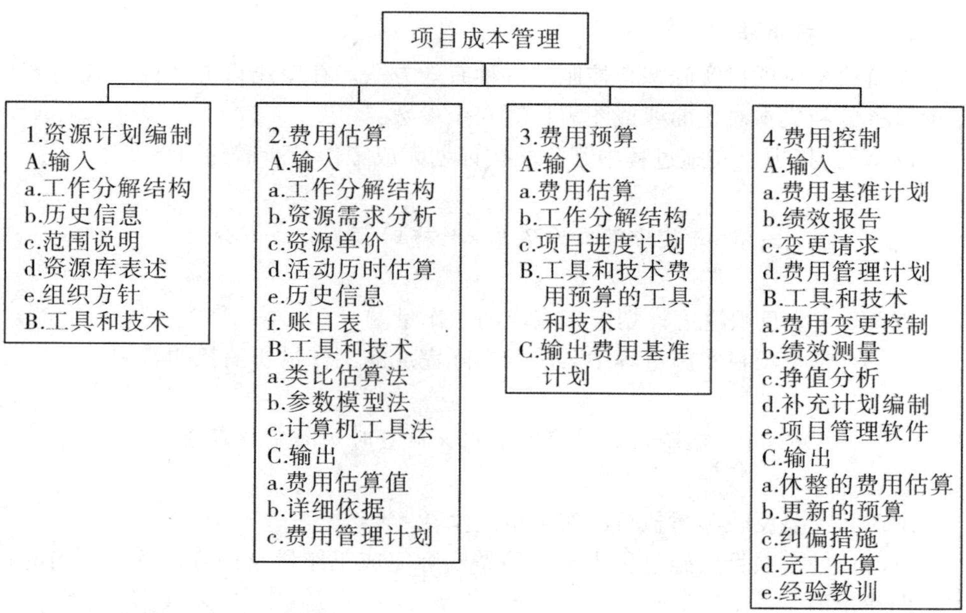

注：前三部分属于项目费用计划。

图 13　项目成本管理框架

项目费用计划中费用估算（输入）包括工作分解结构、资源需求分析、资源单价、活动历时估算、历史信息、账目表。而估算的方法（工具和技术）有类比估算法、参数模型法、计算机工具法等。

前面已经制订了成本计划，并绘制了累积费用随时间变化的曲线。在项目实施过程中也要如项目动态监控一样对成本进行动态监控，将实际累积费用与计划累积费用曲线绘制在同一坐标上，全方位地进行实时监控，及时调整。图 14 为某项目成本监控曲线的图例。

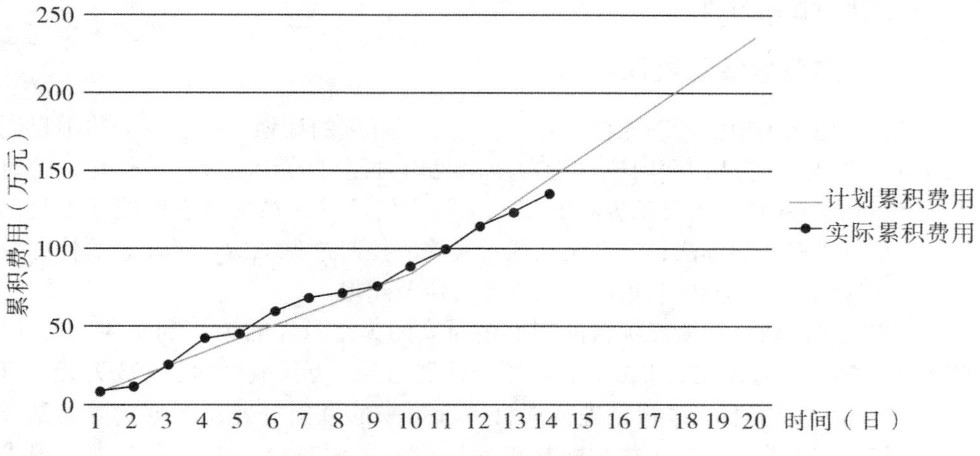

图 14　成本监控曲线

4.3.2 挣值法

挣值法是对项目实施综合控制的一种有效方法。在使用该方法前，我们先利用项目进度和成本对比曲线或图表计算几个参数：

BCWS：指项目实施过程中某阶段按计划完成工作量所需的预算费用。

$$BCWS = \text{某阶段工作预算} \times \text{检查时预算完成百分比}$$

BCWS 主要反映进度计划应当完成的工作量。

ACWP 是指项目实施过程中某阶段实际完成的工作量所消耗的费用。

$$ACWP = \text{某阶段工作实际费用} \times \text{检查时实际完成百分比}$$

ACWP 主要反映项目执行的实际费用消耗。

BCWP 是指项目实施过程中某阶段按实际完成工作量及预算定额计算出的费用，即挣得值。

$$BCWP = \text{某阶段工作预算} \times \text{检查时实际完成百分比}$$

在某个检查期内计算出以上数值，利用 CPI（消费者物价指数）判断费用执行情况，利用 SPI（进度执行指数）判断进度情况。

其中 $CPI = BCWP/ACWP$，当 $CPI > 1$ 时，表示实际成本低于预期；当 $CPI < 1$ 时，表示实际成本超过预算；当 $CPI = 1$ 时，表示实际成本与预算相符。

$SPI = BCWP/BCWS$，当 $SPI > 1$ 时，表示进度提前；当 $SPI < 1$ 时，表示进度延误；当 $SPI = 1$ 时，表示实际进度与计划进度相符。

利用挣值法可以有效地对项目实际进度与计划进度进行对比，有利于及时对项目过程进行控制与调整。

4.4 方案总结及建议

以上利用相关项目管理知识，对项目进行了详细的计划，最后我们将项目周期缩短至 50 日。另外，利用项目管理知识我们对制订的计划进行了优化，将时间又缩短到了 46 日，人员闲置状况得到了较大的改善。在项目进度控制上我们也给出了行之有效的办法，该办法在项目实施的控制过程中达到了动态监控的效果，并在遇到阻力、问题时可以做到迅速反应及纠偏。

该方案最终将厂房搬迁项目的周期由原来的 3 个月左右缩短到了 46 日，时间缩短了 50% 左右；在成本方面，由原来计划的 550 万元减少到了 393 万元，可节省将近 30% 的成本。这些是进行项目管理带来的直接好处，而更重要的是公司可以较原方案提前 50 日左右恢复正常生产，大大减少了因停产带来的损失（按公司年产值 2.5 亿元计算，50 日产值大概为 3 400 万元）。

因此，我们针对 HR 公司厂房搬迁项目给出以下四点建议：

首先，在项目开展前应先对项目目标进行分解（WBS），同时进行责任分解（责任矩阵）、资源分析及分配，制订项目进度计划（甘特图）、成本计划（累积费用与时间关系曲线）。利用这些方法制订出计划，可以减少很多不必要的损失及资源浪费，同时也为项目进度监控及管理提供依据。

其次，对项目计划进行优化。优化的原则是找出该项目的关键路径，分析关键路径是否可以通过增加资源（对于本项目而言，主要是人力资源）来缩短时间。

再次，对项目实施过程进行控制。鉴于计划与实际往往会存在差别，所以需要进行过程控制。对于本项目而言，采用实际进度前锋线法对项目进行动态监测较合适。

最后，也可利用挣值法对项目进行综合控制，即对进度、费用进行综合性的监控与控制。

5　总结

本文以 HR 公司厂房搬迁项目为研究对象，介绍了 HR 公司的背景和厂房搬迁项目的具体信息，并找出了该项目中存在的进度与成本管理方面的问题，总结如下：

（1）项目开始之后毫无组织性和目的性，出现问题后就找不着方向，造成场面混乱。

（2）资源安排不合理，部分人员非常忙而另外一部分人员却比较清闲。

（3）项目进度控制弱，出现拖延或等待过长等现象。

（4）项目缺乏成本计划与控制。由于本项目成本主要与进度相关，项目进度延时也就造成了项目成本的提高，在项目运作初期没有进行详细的计划与预算，造成项目推进过程中无法对项目成本进行监控与调整，也就无法控制成本。

利用项目管理的相关知识，本文分析了这些问题出现的原因：

（1）项目没有进行科学的进度计划。

（2）没有对项目进度方案进行优化，导致很多不合理的情况出现。

（3）项目实施过程中缺乏有效的监测机制，导致责任不明，任务不清，最终造成部门间相互推诿，更导致项目最终处于失控状态。

（4）资源没有被有效利用，造成极大的浪费，并且缺乏项目成本计划与成本监控措施。

因此，针对 HR 公司厂房搬迁项目给出以下三点建议：

首先，利用科学的方法制订计划。

其次，对项目实施过程进行控制。鉴于计划与实际往往会存在差别，所以需要对实施过程进行进度控制。对于本项目而言，可采用实际进度前锋线法对项目进行动态监测。

最后，也可利用挣值法对项目进行综合控制，即对进度、费用进行综合性监控。

项目管理是一项复杂的工作，相同的项目由不同的项目经理人管理出来的效果也相差甚远。但是不管怎样，项目进度与成本管理是项目中的重要组成部分，是项目推进与高质量完成的基础。本文利用项目管理的相关知识与方法提出了项目进度计划、成本计划以及项目实施过程控制的观点与方案，希望这些建议与措施能使 HR 公司未来的厂房搬迁工作顺利进行，也希望能够给其他正在搬迁或者计划搬迁的企业提供参考。

小组参访启示

2015 年 11 月 28 日，我们前往位于惠州东江高新区的广东伊利乳业有限责任公司参访，深入了解企业经营过程中面临的实际问题，学习和借鉴其优秀的管理方法和实践经验。由于伊利属于食品行业，企业非常重视生产车间结构设置以及制作工艺标准规范。其在保障产品质量方面制定了一系列规章制度，例如生产线员工必须首先品尝。产品包装同样要求严苛，既要保证牛奶品质，保证严密，又要便于消费者使用，还要考虑到生产和市场的关联。在参访中我们感受到伊利企业文化对员工生活的影响和工作上的约束，它已经成为一种高于规章并引领企业发展的力量，这就是管理的重要性及管理的力量。

参考文献

[1] 戚安邦，张连营．项目管理概论［M］．北京：清华大学出版社，2008.

[2] 戚安邦．项目管理学［M］．北京：科学出版社，2007.

[3] 崔艳丽．青岛联通一局搬迁工程项目进度与质量控制研究［D］．青岛：中国海洋大学，2008.

[4] 卢向南．项目计划与控制［M］．北京：机械工业出版社，2009.

[5] 黄明珠．A 公司 LS 项目管理案例研究［D］．大连：大连理工大学，2014.

百外卖配送系统开发与应用推广项目进度控制调研

巫祖炎　张　杰　张云飞　梁明华　李　晖　徐宏洋

指导教师：马利军副教授

摘要：本案例分析的是深圳九神网络科技有限公司的百外卖（www. baiwaimai. com）网络开发及其配套软件开发项目，该项目具有微小企业创业的代表性，我们只对其开发部分进行观察。该项目的进度计算看似准确，但仍然存在问题。我们通过运用项目管理知识与工具，分析影响该项目进度的因素，并提出建设性意见，希望可以为在互联网领域创业的个人或小团队提供一定的理论依据。

关键词：项目管理；进度计划；工期优化；软件开发

1　前言

随着全球互联网技术的发展，在国家的倡导下，我国互联网发展日新月异，互联网产业中的企业更是争分夺秒地开发新产品以抢占市场。百花齐放，竞争的势头妙不可言，甚至让国外处于互联网发展前沿的国家瞠目结舌，纷纷捂紧手中的市场蛋糕。这或许是一场竞赛，或许是一场厮杀，或许是一场革命。

百外卖是深圳九神网络科技公司推出的一种电商平台产品，旨在为商家和顾客提供安全、快速、有效的电商平台。其前身是深圳外卖网，于 2008 年年底推出，但因其在架构上和配套软件方面还存在很大的局限性，不能满足注册用户极速增长的要求，于是该公司在 2013 年重新架构网站并开发配套软件以满足市场的需求，并获得竞争优势，分得一杯羹。然而，就在开发期间出现不少问题，阻碍了项目的推进。针对这些问题，我们进行分析并运用项目管理知识尝试性地研究出了解决问题的方法。网站和软件开发行业是以项目为导向的行业，在影响软件项目成功和失败的所有可变因素中，项目团队本身是最容易被忽视，同时也是最需要被关注的因素。因此，当前软件开发企业也就不可避免地面临着软件开发项目团队管理这一重要课题。对软件开发项目中团队管理典型问题进行研究并探寻相应的解决策略是十分必要的。

本研究忽略了对市场环境因素的分析，仅在项目管理方面通过企业参访和资料分析获取数据，并尝试性地应用单因素分析法与频率分析法对数据进行分析，得出客观结论。在软件工程和项目管理相交叉的方向上，以软件工程为横向，项目管理为纵向，系统研究软件开发团队在项目执行过程中的失误，并尝试性地提供一些具有针对性的解决问题的方法和建议。因为只是小组企业参访，并没有对该项目的执行过程进行全程记录，希望提出的建议能够对小型企业或个人在互联网中的创业有一丝的帮助。

2 选择该企业参访的背景和意义

2.1 政策提出

2015 年 2 月 10 日，李克强邀请60 余名外国专家召开座谈会。关注中国“大众创业、万众创新”的诺贝尔经济学奖得主埃德蒙德·菲尔普斯提到，中国经济新引擎将带来的“非物质性好处”。他说：“如果大多数中国人，因为从事挑战性工作和创新事业获得成就感，而不是通过消费得到满足的话，结果一定会非常美好。”

李克强总理提出“大众创业、万众创新”，以简政放权的改革为市场主体，释放更大的空间，让国人在创造物质财富的过程中同时实现精神追求，这是本届政府一直努力的方向。为贯彻落实《国务院关于大力推进大众创业、万众创新若干政策措施的意见》有关精神，共同推进大众创业、万众创新的局面蓬勃发展，国务院同意建立由中华人民共和国国家发展改革委员会牵头的推进“大众创业、万众创新”部际联席会议制度。

2015 年 3 月 5 日上午，第十二届全国人大第三次会议上，李克强总理在政府工作报告中首次提出“互联网 +”行动计划。李克强总理在政府工作报告中提出：“制订‘互联网 +’行动计划，推动移动互联网、云计算、大数据、物联网等与现代制造业结合，促进电子商务、工业互联网和互联网金融健康发展，引导互联网企业拓展国际市场。”由此在大范围内点燃了民众创业的热情，而互联网领域尤其突出。

2.2 企业呼声

当前，世界经济格局经调整进入一个整体速度放缓的“弯道”，全球产业竞争升级，中国企业面临着发达国家先进技术和发展中国家低成本竞争的“双向挤压”，纷纷大力开发互联网营销渠道。伴随知识社会的来临，驱动当今社会变革的不仅仅是无所不在的网络，还有无所不在的计算、数据、知识。“互联网 +”不仅仅是互联网移动了、应用于某个传统行业，更加入了无所不在的计算、数据、知识，造就了无所不在的创新，推动了知识社会用户创新、开放创新、大众创新、协同创新，改变了企业的生产方式，也引领了创新驱动发展的新常态。

2.3 未来展望

由于互联网的特性，越来越多的大学生投身互联网创业中来，造成了互联网创业一浪高过一浪的热潮。大学生是最具活力的群体，也是新技术和新潮流的引导者和受益方。互联网购物的方便性、直观性使越来越多的人在互联网上购物。此时，一种点对点、消费者对消费者（C2C）的网络购物模式开始兴起，比如国内淘宝网出现后，越来越多的年轻人走上创业之路，互联网和软件开发行业尤为突出，电商平台开发及其配套软件的开发也成为首选，但并非想象的那样容易。

2.4　参访主要意义

软件项目管理的提出是在 20 世纪 70 年代中期的美国，当时美国国防部专门研究了软件开发不能按时提交、预算超支和质量达不到用户要求的原因，结果发现 70% 的项目是由于管理不善，而非技术原因，于是软件开发者开始逐渐重视起软件开发中的各项管理。据美国软件工程实施现状的调查，大约只有 10% 的项目能够在预定的费用和进度下交付。

软件项目管理和其他的项目管理相比有相当的特殊性。首先，软件是纯知识产品，其开发进度和质量很难估计和度量，生产效率也难以预测和保证。其次，软件系统的复杂性也导致了开发过程中各种风险的难以预见和难以控制。比如 Windows 这样的操作系统有 1 500 万行以上的代码，同时有数千名程序员在进行开发，项目经理有上百名。这样庞大的系统如果没有很好的管理，其软件质量是难以想象的。

互联网高速发展，但在互联网创业中失败的案例不胜枚举，如产品缺陷、团队管理问题、资金管理问题、进度问题、推广问题、对市场的错误判断等都可能对企业造成严重的影响。我们选择百外卖这一具有极大潜力的网站作为参访对象，它具有中小企业在互联网创业中的特点，其网络开发项目的开发涉及网站的建设、配套软件的开发及移动终端的 App 开发。我们可以观察其在资金和开发人员都极为有限的情况下是如何实现目标的，并找出开发过程中存在的问题，通过对这些问题进行分析，旨在为同类产业的个人与团体提供一些参考意见，使这些个人、团体在推进同类项目时思路更为清晰，从而能在国家倡导的创业潮流中获得成功。

3　关于百外卖

3.1　百外卖网络架构

百外卖系统主要由三大部门组成，它们分别是百外卖网站、配套接单打印软件外卖通和配送软件百快送。除此之外，公司还开发了适用于移动终端的 App，包括百外卖、百外卖商家版、百快送。系统以 www. baiwaimai. com 网站为主，该网站属于 C2C 电子商务，为零售商和顾客提供交易平台，并为可带走的一切商品提供描述以便顾客快速选择，并要求商家 15 秒内对订单做出反应，商品在 15 分钟内可送达顾客手中。在此苛刻的时间条件下，有两套系统帮助客户实现交易，即外卖通和百快送。外卖通主要功能是帮商家接单、提醒、打印以及提供快捷路径。百快送是一款 App，其使用对象为第三方派送人员，此应用可以吸纳专业短距离快递员或空闲兼职人员为商家派送订单。百外卖系统充分利用二维码，建设性地采用电子支付方式，保证商家的现金流，同时配有移动终端系统 App，可与市场上主流移动终端系统媲美。

百外卖早期的开发架构如图 1 所示：

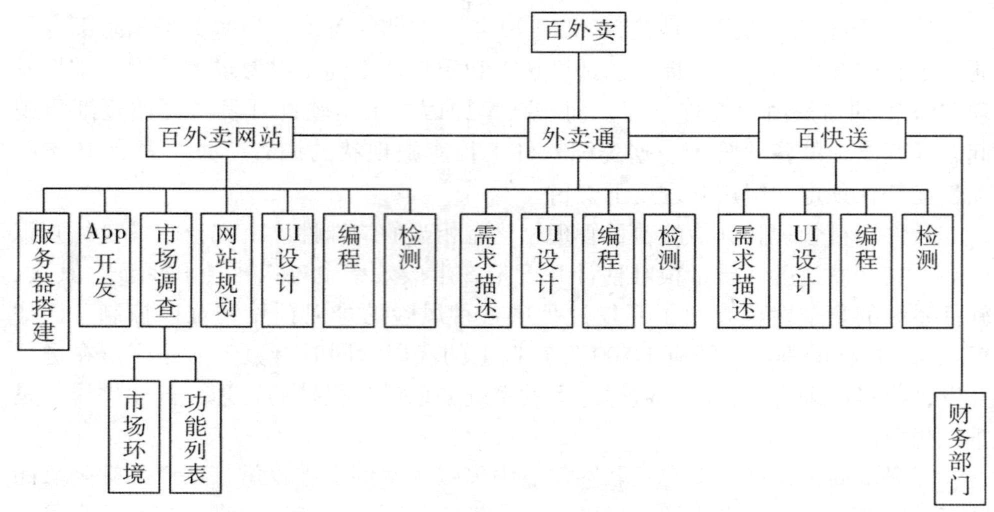

图 1　百外卖早期开发架构图

3.2　百外卖组织结构

该公司规模较小，员工不超过 45 人，目前是以开发人员为主体，以组为单位划分人员的岗位。公司结构关系比较简单，总经理担任项目经理，总经理秘书则担任项目经理助理，市场组人员主要对市场进行调查并对需求进行描述，同时担任着测试人员的角色。调度组的人员是流动的，其他组中多余出来的人员，会被安排在调度组，以重新分配到其他组里面。他们主要是 IT 技术人员，这样可以充分利用和调动员工，在保证员工工作饱和的同时，可以让员工熟悉大部分的开发工作，便于随时填补空缺。在我们的参访过程中，项目经理认为，这种安排也是一种人员风险管理的方法，可以避免员工离职带来的风险。组织结构如图 2 所示。

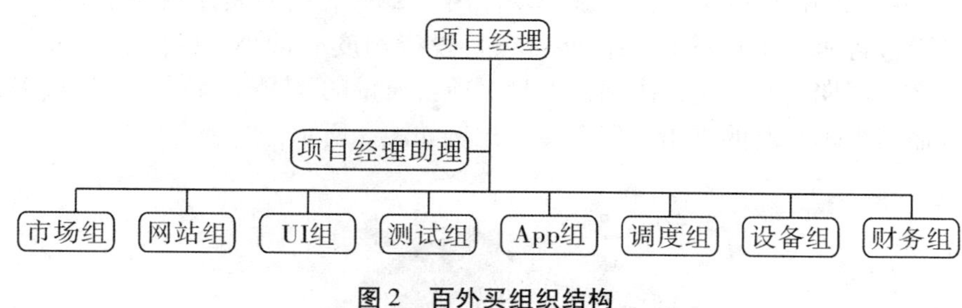

图 2 百外买组织结构

在该企业参访过程中，我们发现企业对于人员的职责并没有进行文字化的描述。在这方面，他们通过会议的形式安排工作，职责是清晰的，但又是交叉的，存在一定的问题。通过记录，我们可以梳理出人员结构表，从而非常明了地看出每个人的职责和负责的工作，更方便管理。人员结构如表 1 所示。

表 1 人员结构

代码	工作包	市场组	网站组	UI 组	测试组	App 组	调度组	设备组	项目经理
1.1	服务器设备	J						F	P
1.2	百外卖描述	F	C						P
1.3	百外卖网站	C	F	f	C	C	C	C	J
1.4	百外卖网站 UI	f	C	F					
1.5	商家 App		f	C	C	F	C	C	J
1.6	顾客 App		f	C	C	F	C	C	J
1.7	百外卖检测	C	C		F	C			P
2.1	外卖通描述	F							P
2.2	外卖通编程		F	f		C	C	C	J
2.3	外卖通 UI	f	C	F					
2.4	外卖通检测	C	C		F	C			P
3.1	百快送描述	F	C						P
3.2	百快送编程		f	F		C	C	C	J
3.3	百快送 UI	f		F		C			
3.4	百快送检测	C	C		F	C			P
4.1	组织培训	C	C	C	C	C	F	C	J

注：F：第一负责；f：次要负责；C：参与；J：监督；P：批准。

3.3 百外卖资金分配

该项目既定资金为 220 万元人民币，网站开发占用了 60%，外卖通开发

(配套软件) 占用了 12%，百快送开发占用了 20%，行政费用占用了 8%，其中网站开发包含服务器的建设。百外卖项目投资额度非常小，因此有很大的局限性，对开发周期也有一定的限制，而且对项目质量的要求极高，不容许过多的修改，从而减少不必要的支出。资金使用比例如图 3 所示：

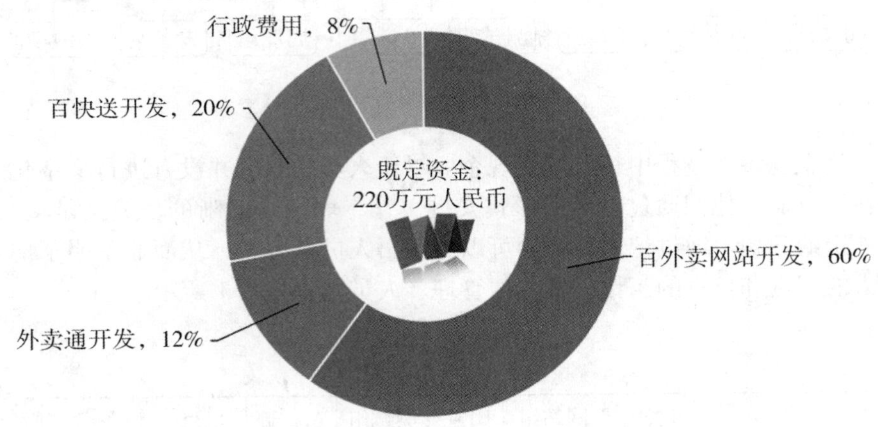

图 3　百外卖资金使用比例

3.4　百外卖计划开发周期

百外卖项目的开发周期定为 3 个月，主要有两个原因：一是该开发项目必须尽快完成，以配合之后的营销推广；二是受资金的限制，不能打持久战。但如此会产生极大的问题，就是开发周期过短，给开发人员带来极大的压力。我们可以看到，每个工作包的完成周期是以周来计算的，并没有具体到天，进度的计算过于模糊，给进度管理带来一定的困难。但按项目经理的说法是，这样处理更为科学，更能保证完成的质量，时间的松紧可以通过小型会议来调整。

4　影响进度的主要因素

4.1　项目流程问题

百外卖网络开发项目，并没有一个成文的流程，只是在会议中临时梳理和决定每个节点的工作内容和负责人等。项目经理认为调度组可以让开发人员流动管理而熟悉每个环节，但并非完全有效。当工作包的技能要求没有相似性时则不产生作用，这会造成每个节点人员着重干分内的事情，而缺乏全局观，往往给沟通带来障碍，甚至在节点之间缺乏上下的逻辑关系，有些细节上出现偏离项目重点的情况。各个工作包的开始与结束、先后的逻辑关系，都没有文本约束，碰到问题时不能及时处理，出现滞后处理的情况。

4.2 工期网络混乱问题

该项目开发过程中缺乏里程碑计划和甘特图，在资源使用和进度上比较模糊，比如，该项目预定的开发周期为3个月，但并没有明确规定每天每人的工作量和每天需要完成的任务量。最后的结果是，前期部分工作包的制作需等待前一个工作包完成才能启动，造成人员闲置，而后期则出现人员拼命加班的情况，导致工期延长，员工情绪波动比较大。更可怕的是工作包的完成没有明确的标志，导致一些前置性的工作没能及时完成或没有按规定完成，给后面的工作造成阻碍。

4.3 沟通管理问题

项目经理并没有发现项目进行时各个节点的人员出现沟通不顺畅的问题，因为IT技术人员比较多，信息传达困难，往往出现信息不对称的情况，或者逻辑关系点之间因为人员缺乏沟通，造成最终的模块对接不上，特别是在UI设计方面。另外，通过调度组进来的开发人员也会出现沟通方面的问题。

缺乏纸质和电子形式的沟通载体，在面对面沟通和口头传达过程中容易出现偏差，甚至在工作包进行中因开发人员缺乏沟通而错过了修正机会。

因为人员之间观点不同和对彼此技术水平的质疑，出现会议上争吵的情况，但项目经理未能及时处理和做出决定，没有提供良好的对话条件，影响了节点之间人员的配合程度。

4.4 测试反馈流程问题

每个模块的完成、每个工作包的完成都有测试。若多个工作包同时进行，将会造成现有的测试人员过于繁忙，使记录下来的问题不能及时传达到上一层的工作人员手中。更糟糕的是有一大部分测试结果需要项目经理审核后才能发回开发人员手中处理，但项目经理常常不在办公室，造成工作延迟。

4.5 Bug修正问题

测试的Bug虽然有统一的登记，但并未共享，导致旧的Bug解决后，出现新的Bug，甚至是新旧Bug循环出现。而修正Bug之后又会再次进行测试的排期或者审核，同样会降低效率。

4.6 风险管理问题

百外卖开发项目，明显存在一些未预估到的风险。开发人员和管理层之间关系不佳，导致决策缓慢，影响全局。缺乏激励措施，人员士气低下，降低了生产能力。某些人员需要更多的时间适应还不熟悉的软件工具和环境。大量的文案工作导致进程比预期要慢。前期的质量保证行为不可信，导致后期的重复工作。软件开发策略和标准缺少强制性，导致沟通不足，质量欠佳，甚至需重新开发。

5　解决影响进度问题的建议

5.1　成本绩效计算把握方向

百外卖项目预计开发周期为 3 个月，但实际周期是 3.5 个月，超过预计时间 17%。百外卖计划使用资金为 220 万元，但实际使用资金是 180.4 万元，比原计划节约了 18%。具体数据如图 4 所示：

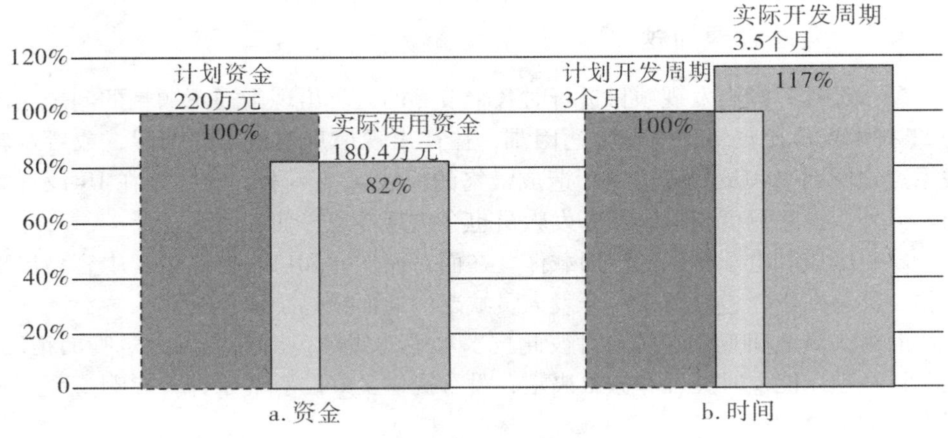

图 4　资金及时间

百外卖系统的开发成本并未进行精确计算，虽然项目结束后实际使用费用与计划使用费用相比较，并未出现过大的偏差，甚至在允许的偏差范围内，但还是值得我们探讨。成本估算是项目计划活动的基石，软件项目在确定范围后就要进行估算，目的在于制定出预算，从而让项目在可控的状态下完成。估算的主要任务是确定用于项目所需的人、机、料等成本和费用的概算。百外卖项目中只考虑到现有人员费用支出、行政费用支出、服务器费用支出、开发软件设备费用支出，并没有对其他物品进行计算，我们可以认为其是一个初步估算，允许有误差。项目成本的估算可以根据估算精度的不同分为初步估算、控制估算、最终估算等类型。在项目规模的基础上，可以利用组织生产率得到项目的工作量，例如每开发一个功能点需要花费 N 个人每天的工作量，有 M 个功能点，那么项目工作量 $=N\times M$。然后用工作量和单位成本的关系预算项目成本。

在这一过程中，我们也可以运用成本绩效分析。通常选用 4 个指标：总预算成本（TBC）、累计预算成本（CBC）、累计实际成本（CAC）和累计盈余量（CEV）。一般情况下，我们将 CBC、CAC、CEV 放在用一个坐标轴上进行分析比较。

衡量成本绩效的指标是成本绩效指数（CPI），公式为：成本绩效指数

（CPI）＝累计盈余量（CEV）/累计实际成本（CAC）。

累计分摊预算通常和预算额、实行发生额相关。在报告期间，若累计实际成本小于累计分摊预算，而且累计盈余量大于累计实际成本，说明成本计划和进度计划都会得到较好的控制。而如果累计盈余量小于累计实际成本，说明成本计划没有得到很好的执行。在这种情况之下，若累计盈余量也大于累计分摊预算，说明虽然开支超出了预算，但实际完成的工作量也超过了计划工作量，那么可以进一步分析衡量，但一般这种情况是允许的，进程也是正常的。

另外，成本差异（CV）也是衡量成本绩效的指标，它是累计盈余量与累计实际成本之差，可以用公式表示为：成本差异（CV）＝累计盈余量（CEV）－累计实际成本（CAC）。

可以将上面所述的内容用图5表示：

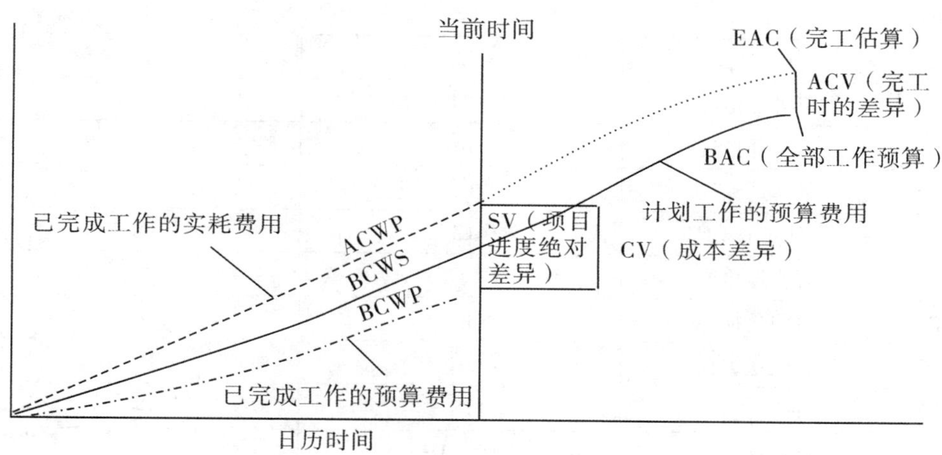

图5　成本计算

CV＝BCWP－ACWP：“0”符合预算；“＋”低于预算；“－”超出预算。

SV＝BCWP－BCWS：“0”符合进度；“＋”进度提前；“－”进度拖延。

CPI＝BCWP/BCWS：＝1 符合预算；＞1 低于预算；＜1 超出预算。

SPI（项目挣得值与计划值之比）＝BCWP/BCWS：＝1 符合进度；＞1 进度提前；＜1 进度拖延。

如此计算，我们可以通过数额大小适当调整选择。但在百外卖项目过程中，并没有详细地记录进程和资金使用的情况，由于参访无法获取准确的数据，所以在这方面我们也只能将其作为方法探讨而不能准确进行计算。无论如何，通过探讨，我们都希望，在项目执行过程中资金和进度应被详细记录并计算，从而不断地修正方向和发现问题所在，以免因失误而导致项目失败。

5.2　优化工期分轻重

我们发现，百外卖开发项目中，各个节点的时间是以周来计算的，如此，每个节点所花费的时间是比较模糊的，影响了精确计算和后续的调整，不利于项目进度的控制。根据掌握的数据，我们在此提出工期的优化建议。

首先我们来分析项目中的逻辑关系结构。因为没有具体的完成时间，我们只能简单梳理项目中的紧前和紧后工作，工作包紧前、紧后关系如表 2 所示：

表 2　工作包紧前、紧后关系

代码	工作包	紧前关系	紧后关系
A1	服务器设备		B2
B1	百外卖描述		B2
B2	百外卖网站	A1、B1	B4、B5
B3	百外卖网站 UI	A1、B1	B6
B4	商家 App	B2	B6
B5	顾客 App	B2	B6
B6	百外卖检测	B2、B4、B5	
C1	外卖通描述	B1	C2
C2	外卖通编程	C1	C4
C3	外卖通 UI	C1	C4
C4	外卖通检测	C2、C3	
D1	百快送描述	B1	D2
D2	百快送编程	D1	D4
D3	百快送 UI	D1	D4
D4	百快送检测	D2、D3	
E1	组织培训		

利用项目管理中学到的知识进行探讨，我们发现这些问题可以在前期通过预判解决，使项目按计划周期完成。可以先将项目计划进行 WBS 分解，创建 WBS 是把项目可交付成果和项目工作分解成较小的，更易于管理的组成部分的过程。合理地进行分解可以把各项工作在整个项目中的地位以及相对关系用树形结构表示出来。对于百外卖项目而言，WBS 可以提供以下的帮助：

（1）可以明确地标示出百外卖的各项功能，防止遗漏，以建立可视化的项目交付成果。

（2）便于估算工作量，分配工作。

（3）帮助改进时间、成本和资源估计的准确度。

（4）辅助沟通并明确工作责任。

（5）帮助分析项目的最初风险。

由于只是企业参访，难以了解到百外卖项目可能涉及其商业秘密的核心内容，所以我们不能对百外卖项目进行详尽的 WBS 分解，但我们可以用模块来表达，如图 6 所示：

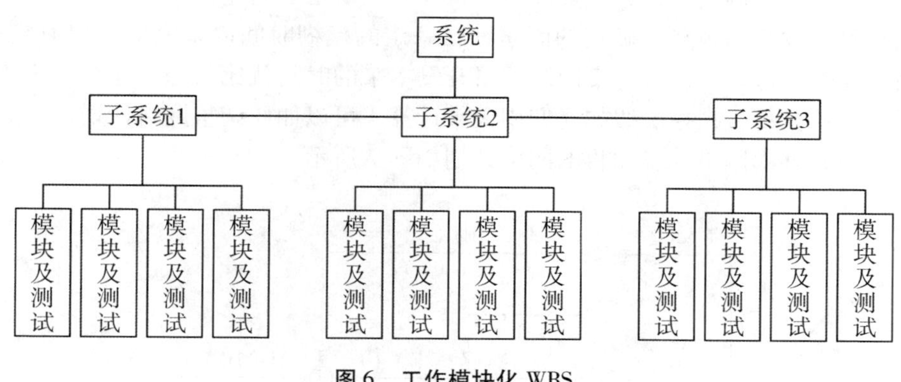

图 6　工作模块化 WBS

在完成上面的梳理之后，我们可以进行工期优化。工期优化是指在不改变项目范围的前提下，压缩计算工期，以满足规定工期的要求，或在一定约束条件下，使工期压缩到最短的过程。

网络计划调整的内容有：

①调整关键线路的长度；

②调整非关键工作时差；

③增加或减少工作项目；

④调整逻辑关系；

⑤重新估计某些工作的持续时间；

⑥对资源的投入做相应的调整。

网络计划优化不是靠凭空想象，网络中的工作任务前后存在逻辑关系，所以必须先实现紧前工作，可按如下步骤实施：

（1）找出网络计划中的关键线路并求出计算工期。一般可用标号法确定关键线路并求出计算工期。

（2）按要求工期计算应缩短的时间（ΔT）。应缩短的时间等于计算工期与要求工期之差，即 $\Delta T = T_c - T_r$。

（3）选择应优先缩短持续时间的关键工作（或一组关键工作）。选择时应考虑下列因素：

①短时间内对质量和安全影响不大的工作；

②有充足备用资源的工作；

③缩短持续时间所需增加的费用最少的工作。

将应优先缩短的关键工作压缩至最短持续时间，并找出关键线路。若被压缩的关键工作变成了非关键工作，则应将其持续时间再适当延长，使之仍作为关键工作计划处理。若计算工期仍超过要求工期，则重复以上的步骤，直到满足工期要求或工期已不能再缩短为止。当所有关键工作或部分关键工作已达到最短持续时间而寻求不到继续压缩工期的方案但工期仍不能满足要求工期时，应对计划的技术、组织方案进行调整，或重新审定要求工期。

项目经理告诉我们，百外卖网络项目开发周期是以周作为单位计算的，这是因为项目开发存在很多不确定的因素，在一定的模糊时间内来完成会更有把握。但我们还是坚持认为，百外卖网络项目开发本来的时间就比较短，还是用天来计算更为精确且易于把控。假如我们用天来计算，可以如此调整网络计划。

假设百外卖网络开发项目的网络计划如图 7 所示：

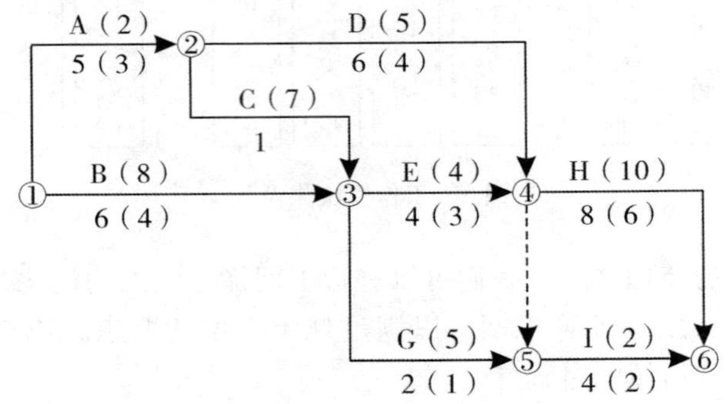

图 7　假设初始网络计划

图中线段下方为正常持续时间，括号内为最短持续时间，线段上方括号内为优选系数，优选系数愈小愈应优先选择，若同时缩短多个关键工作，则优先系数之和最小者应被优先选择。假设要求工期为 15 天，试对其进行工期优化。

（1）用标号法求出正常持续时间下的计算工期和关键线路。

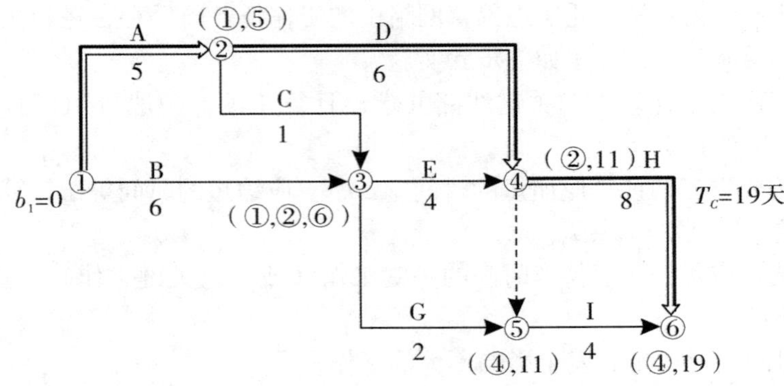

图 8　初始网络计划

（2）应缩短时间：$\Delta T = T_c - T_r = 19 - 15 = 4$（天）。

（3）应优先缩短优选系数最小的关键工作 A 的持续时间，才能进行下一步压缩。

（4）将关键工作 A 的最短持续时间压缩至 3 天，用标号法求出关键线路，如图 9 所示：

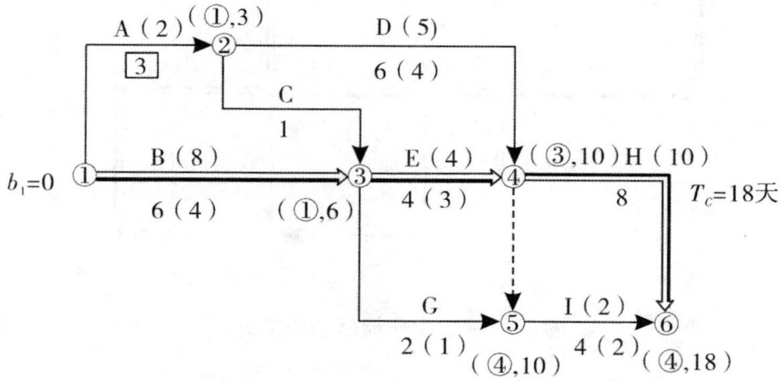

图 9　A 缩短至最短持续时间的网络计划

此时关键工作 A 压缩后成了非关键工作，说明有无效压缩，故需将其适当延长，使之仍作为关键工作计算。现我们将其延长至 4 天，找出关键线路，如图 10 所示。

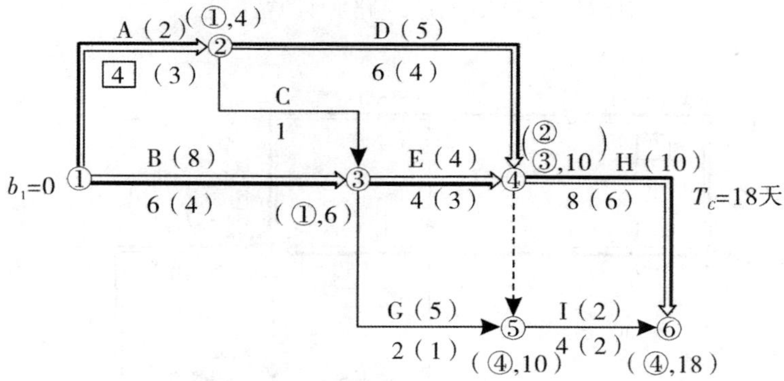

图 10　第一次压缩后的网络计划

此时 A 成了关键工作。图中有两条关键线路，即 A→D→H 和 B→E→H。此时 $T_c=18$ 天，工期 $\Delta T_1=18-15=3$（天）。

（5）由于计算工期仍大于要求工期，故需继续压缩。此时，有 5 个压缩方案：

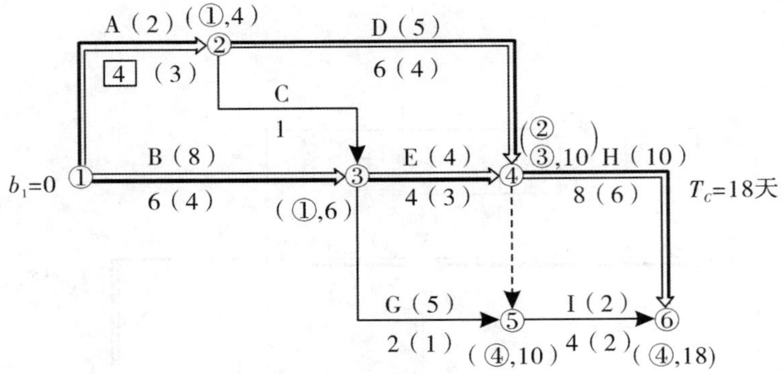

图 11　第二次压缩后的网络计划

①压缩工作 A、B，组合优选系数为 2 +8 =10；

②压缩工作 A、E，组合优选系数为 2 +4 =6；

③压缩工作 D、E，组合优选系数为 5 +4 =9；

④压缩工作 B、D，组合优选系数为 5 +8 =13；

⑤压缩工作 H，优选系数为 10。

（6）决定压缩优选系数最小者，即压缩工作 A 和 E。这两个工作的最短持续时间均压缩至 3 天。用标号法找出关键线路和计算工期。

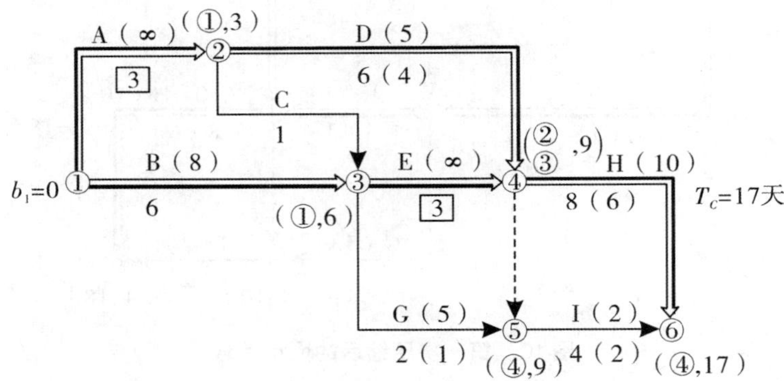

图 12　第三次压缩后的网络计划

（7）此时，关键线路仍为 A→D→H 和 B→E→H。计算工期 T_c = 17 天，$\Delta T_2 = 17 - 15 = 2$（天）。

由于工作 A 和 E 已达到最短持续时间，不能再压缩，可假定它们的优选系数为无穷大。

由于计算工期仍大于要求工期，故需继续压缩。在前述的五个压缩方案中，前三个方案的优选系数已变为无穷大，现只有压缩工作 B 和 D，优选系数为 13；压缩工作 H，优选系数为 10。压缩工作 H 是最佳的方案，将工作 H 压缩至 2 天。工期的优化方案，如图 13 所示。

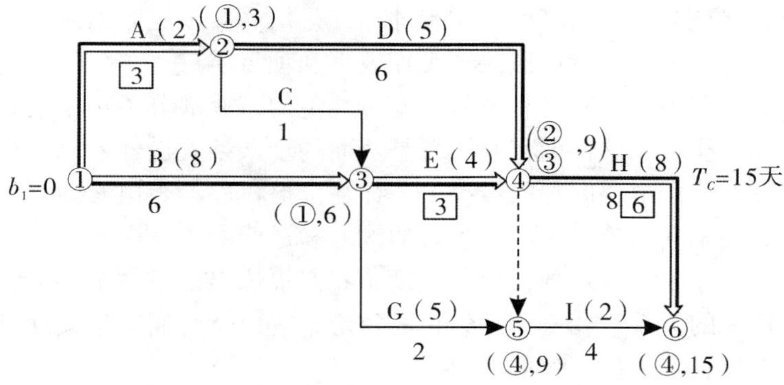

图 13 优化的网络计划

可以看到，工期由原来的 19 天最终调整到了 15 天。百外卖网络开发项目中，需求列表、功能列表等完全可以通过重新修改而达到节约时间的目的，甚至可以对三个板块进行统一规划，如此可以节约大部分时间，至于如何规划，可以参考上述的步骤进行网络优化。

5.3 激励员工保效率

在参访过程中我们还了解到，在百外卖项目中，员工加班是常事，员工超强度满负荷地工作，由此产生很多负面影响，常常使代码出现大量 Bug，甚至有些部分偏离了百外卖功能的要求，给测试人员增加了大量的工作量。下面就项目实施中员工的情绪管理这一问题进行讨论。

期望理论是由北美著名心理学家和行为科学家维克托・H. 弗鲁姆（Victor H. Vroom）于 1964 年在《工作与激励》中首次提出的。

在"激动力量 = 期望值 × 效价"的这个公式中，激动力量代表了调动个人积极性，激发人内部潜力的强度；期望值指根据个人的经验判断达到目标的把握程度；效价指达到的目标对满足个人需要的价值。这一公式说明，人的积极性被调动的大小取决于期望值与效价的乘积。也就是说，一个人对目标的把握越大，估计达到目标的概率越高，激发起的动力越强烈，积极性也就越大，在领导与管理工作中，运用这一理论调动人员的积极性有一定意义。

任何结果对个体激励影响的程度，都取决于个体对结果的评价。人总是希望自己所获得的奖励能满足自己某方面的需要。然而，由于人们在年龄、性别、资历、社会地位和经济条件等方面都存在着差异，他们对各种需要得到满足的程度就不同。因此，对于不同的人，采用同一种奖励办法能满足的需要程度不同，能激发出的工作动力也就不同。除了精神上的激励外，我们认为可以将结余的资金用于激励员工。

5.4 编制沟通计划保沟通

从此次参访的情况来看，我们认为有效的沟通主要有两个重要的作用，一是让信息畅通，保证节点的紧密性和逻辑性，二是培养员工之间的感情，创造一个令人愉悦的工作环境，两者可以保证工作效率和项目质量。

在构建应用程序时，问题和障碍是不可避免的组成部分，也是发现新捷径的方式。变化和重构对于软件而言并不总是负面的。条条大道通罗马，构建软件也有很多方式，在我们解决问题的过程中，往往会灵机一动想出实现目标的新思路和新方法。前提是各个节点之间有良好的沟通和透明度。

怎样的沟通才是最有效的，通过讨论，我们提炼出以下六个要点：①有明确的目的；②良好的关系；③避免无休止的争论；④保持沟通渠道畅通；⑤使用高效的现代化工具；⑥提出有效的绩效报告。

仅仅上面所说的是不够的，沟通并不是四处救火的后置处理，良好的沟通应该是前置性的，即项目沟通是有计划的，前置性处理问题比后置性处理问题效果更佳，该如何编制项目沟通计划，我们同样做了讨论：

（1）确定沟通方式、沟通渠道等，保证项目人员能够及时获取需要的项目信息。

（2）应该有一个专用于项目管理中所有相关人员的联系方式文件或手册，其中包括成员和主要负责人等，以便出现问题能够及时有效解决。

（3）记录项目成员对项目经理或者项目经理对上级和相关人员的工作汇报关系方式，明确汇报时间形式。

（4）必须统一各种文件模板，并提供编写指南。

（5）与计划维护人员及时沟通，明确本计划在发生变化时，由谁进行修订，并发送给相关人员。

5.5　有序测试保进度

在参访过程中，我们发现开发团队间最多的交流就是处理 Bug 的问题，但也有 Bug 反馈不及时和遗漏的问题。测试的意义主要有三个方面：①发现现有的缺陷；②发现潜在的危险；③发现更好的功能实现。

因为有上述第三点的存在，所以测试不光是简单的物理性测试，它是具有一定破坏性的，但这种破坏是良性的破坏。在网络软件开发项目中，测试工作包显得尤为重要，甚至关系着整个项目的成败。经过讨论，我们得出测试的四个关键点。

5.5.1　测试规范

测试结果的处理具有共知性，所以要求对测试出现的 Bug 必须简短而准确地进行描述，经过讨论，我们认为有以下三个要点：

（1）软件 Bug 提交报告包括头信息、简述、操作步骤和注释。头信息包括：测试软件名称、版本号、严重程度、优先程度、测试平台、缺陷或错误范围，要求填写完整、准确。简述是对缺陷或错误特征的简单描述，可以使用短语或短句，要求简练、准确，并描述清楚正确的行为应该是怎样的，如有什么错误出现，错误的重现概率是多少。操作步骤是描述该缺陷或错误出现的操作顺序，要求完整、简洁、准确，每一个步骤尽量只记录一个操作，结束时写明 Bug 出现的频率。注释一般是对缺陷或错误的附加描述。对于描述不清楚的问题，可以用图示说明，对于非必现的问题，需要添加 log 附件。

（2）每个软件问题报告只书写一个缺陷或错误，这样可以每次只处理一个确定的错误，定位明确，提高效率，也便于验证。

（3）开发人员解决 Bug 时，需要写明 Bug 的原因、Bug 的修改方法、Bug 可以在哪个版本上进行验证。

5.5.2 Bug 管理流程

测试程序是复杂的，但也是有效的。所以测试、反馈、修改在一定的流程管理下才不会出现遗漏，主要流程如下：

（1）测试人员提交新的 Bug 入库，错误状态为 New。

（2）测试组长验证错误，如果确认是错误，分配给相应的开发人员并抄送给软件项目经理，设置状态为 Open。如果不是错误，则拒绝，设置为 Invalid（无效）状态。

（3）开发人员查询状态为 Open 的 Bug，Bug 设置为 Assigned 状态，表明已经开始处理该问题。

（4）对于无效 Bug，开发人员把状态设置为 Invalid。

（5）对于普通 Bug，开发人员修复 Bug 后，把状态设置为 Fixed。

（6）对于暂时不能解决的 Bug，状态设为 Assigned 不变，并添加相关备注。

（7）对于不能修改或者建议不修改的问题，及时反馈给项目经理，经开会讨论决议后，才能设置为暂时不修改，即 Wontfix 状态。

（8）测试人员查询状态为 Fixed 的 Bug，验证 Bug 是否已解决，如解决设置 Bug 的状态为 Closed，如没有解决设置状态为 Reopen。

5.5.3 建立 Bug 数据库

Bug 数据库是项目组管理和跟踪已知 Bug 的有效工具，也是项目组中测试人员与开发人员对于 Bug 问题进行沟通的主要渠道。Bug 数据库记录了每个 Bug 的状态、内容、报告人、优先级、解决人、解决情况等信息以及有关 Bug 优先级的评定和 Bug 的解决方法。Bug 数据库的建立有如下五个重要性：

（1）记录和保存问题解决的过程。

（2）记录和保存某项设计决策的过程和依据。

（3）积累非常有价值的技术经验，自己或其他同事在遇到类似问题时可以参考和借鉴。

（4）总结问题中存在的规律，找出解决方案，从而有效改进工作。

（5）规避一些潜在的问题，避免重复出错。百外卖网络开发项目中就出现过 Bug 重复出现的问题。

5.5.4 代码集成

代码集成是软件集成的核心内容，相当于将必要的零件组装成一个成品，每个代码模块的质量关系到整个项目的优劣。集成的过程也是非常必要的检验过程，我们认为以下十个步骤可以帮助用户及时发现问题或减少问题的发生：

（1）开发人员开发完成某个代码单元之后，通过公共文件夹向生成管理人员提出检入请求。

（2）生成管理人员检查开发人员的检入请求，组织人员进行测试，如果请求符合规定，则通过公共文件夹发出确认的信息。

（3）开发人员利用源代码管理软件向源代码服务器检入代码，与此同时，源代码服务器自动向公共文件夹发出通知，告知项目组的其他成员，项目的源代码发生了改变。

（4）生成管理人员从源代码服务器获取最新的源代码。

（5）生成管理人员对源代码进行编译与链接，生成二进制可执行的程序，并将程序发布到项目组的服务器上。

（6）检测人员从服务器上获取此次发布的最新版本的程序。

（7）测试人员将自己为此次测试开发的测试工具或脚本检入源代码服务器。

（8）测试人员根据 Bug 数据库中的记录进行对比验证，以确保开发人员对代码做了正确的修改，而且没有影响软件其他部分的功能。

（9）开发人员根据 Bug 数据库中的记录信息，依次解决测试人员提交的 Bug。

（10）测试人员对开发人员解决的 Bug 进行验证，以确保开发人员对代码做了正确的修改，而且没有影响总程序其他部分的功能。

5.6　风险预估防意外

软件项目成果的需求分析方和软件项目的承担者都十分关心这样一个问题：什么样的因素会导致软件项目的失败？与项目有关因素的改变将对按时、按经费预算交付符合预定质量要求的软件成果产生什么样的影响？这些都是软件项目开发过程中应考虑的风险问题。

软件项目的风险是指在软件开发过程中因可能出现的不确定因素而造成的损失或者影响，如资金短缺、项目进度延误、人员变更等预算和进度方面的问题。风险关注未来的事情，这意味着，软件风险涉及选择及选择本身包含的不确定性，软件开发过程及软件产品都要面临各种决策的选择。风险是介于确定性和不确定性之间的状态，是处于无知和完整知识之间的状态。

软件项目风险会影响项目计划的实现，如果项目风险变成现实，就有可能影响项目的进度，增加项目的成本，甚至使软件项目不能实现。因此，有必要对软件项目中的风险进行分析并采取相应的措施加以管理，尽可能减少风险造成的损失。风险是在项目开始之后才对项目的执行过程产生影响的，所以软件项目开始之前风险分析不足，或者是软件项目实施过程中风险应对措施不得力，都有可能造成软件项目的失败。通过讨论，我们总结出四个方面的风险及其应对方法：

（1）需求变更风险。需求变更风险是指需求已经成为项目基准，但需求还在继续变化；需求定义欠佳，而进一步的定义会扩展项目范畴；添加额外的需求；产品定义含混的部分比预期需要更多的时间。

预防这种风险需要团队成员的高度配合和密切协作，在进行需求分析的同时要仔细分配团队成员的工作。

（2）进度风险。有些项目对进度要求非常苛刻，项目进度的延迟意味着违约或市场机会的错失。软件的工期常常是制约软件项目的主要因素，软件开发组织在工期的压力下，往往会放弃文档的编写与更新，结果在软件项目的晚期需要通过文档进行协调时，却耽误了软件进度。此外，由于需求描述不准确、资源调配不合理等问题也可能使软件项目不能在预定的时间内完成。同时，用户对软件项目的进度要求不能与软件开发过程的时间需要相矛盾。

对于这种风险应对方案一般是分阶段交付产品、增加项目监控的频度和力度、多运用可行的办法保证工作质量避免返工。任务分解要详细，便于考核，在执行过程中，应该强调项目按照进度执行的重要性，在考虑任何问题时，都要把保持进度作为先决条件。应该避免某方面的人员没有到位，或者在多个项目同时进行的情况下某方面的人员中途被抽调其他项目，或肩负多个项目，或在别的项目中无法抽身投入本项目的情况。从项目开始，实际进度就进入了运行轨迹，直到项目结束，这个过程的每一个环节都必须完全在监控之中。

在百外卖网络开发项目中就出现过上述的不足之处，设立调度组，让员工参与多项工作包，看似是灵活有效的方法，但最终造成员工过于疲惫，情绪波动大。另外，由于没有进行里程碑式的进度记录，造成不能完全掌握项目的进度，最后导致四处救火，不能在计划的周期内完成整个项目。

（3）质量风险。在任何软件项目的实施过程中，如果缺乏质量标准，或者忽略软件质量监督环节，都将对软件的开发构成巨大的风险。

解决这种风险的办法一般是经常和用户交流工作成果，品牌管理采用符合要求的开发流程，认真组织对产出物的检查和评审，计划和组织严格的独立测试单元等。建立卓有成效的软件质量监督体系，是任何软件开发组织必不可少的工作。

（4）人力资源风险。软件的开发不同于其他工程，它是智力密集型、劳动密集型项目，受人力资源的影响很大。软件的开发在不同的工程阶段，需要的人员不同。人员流失、人员不能符合软件项目的要求，都会造成人力资源上的风险。

预防这种风险的办法是在用人之前先选对人，开展有针对性的培训，将合适的人安排到合适的岗位上。项目经理要采取相应的措施维持开发队伍的稳定，将参与项目人员的业绩评估与项目实施的状况相联系，制定适当的奖惩措施。同时，项目经理也需要做好项目组人员变动的应对措施。开发人员的水平应该符合项目开发的要求，开发人员的技术应和选取的开发工具相配套，加强同类型人才的培养和储备。

百外卖网络开发项目，在开发的紧要关头，出现开发人员辞职的现象，严重影响了项目的进度。同时，我们认为该项目中，结余资金完全可以用于激励员工，以保证项目高质量高效率的完成。

6　建议总结

IT 产业现在已然成为公认的增长速度最快的产业之一，相关的各种需要进行完善和优化的项目也越来越多。与其他行业项目相比，软件行业很难确定项目失败的最终根源。互联网中创业成功的不乏先例，但在中途失败的更是占多数。无论多少人员参与了软件项目开发，无论投入了多少资金来开发项目，都离不开软件项目管理。我们对百外卖项目的参访只是了解其开发项目的过程，而没有对其所在或所进军的市场进行分析。百外卖网络开发项目没有系统地进行管理，但所幸从质量、资源控制、进度上来看还是不错的，通过分析，我们对百外卖网络开发项目提出以下建议。

6.1　选择合适的项目开发模式确保流程顺畅

我们认为螺旋模型（Spiral Model）更适合百外卖网络开发项目。螺旋模型采用的是一种周期性系统开发的方法。该模型以进化的开发方式为中心，在每个项目阶段使用瀑布模型法。软件开发过程每迭代一次，软件开发就前进一个层次。采用螺旋模型的软件过程如图 14 所示：

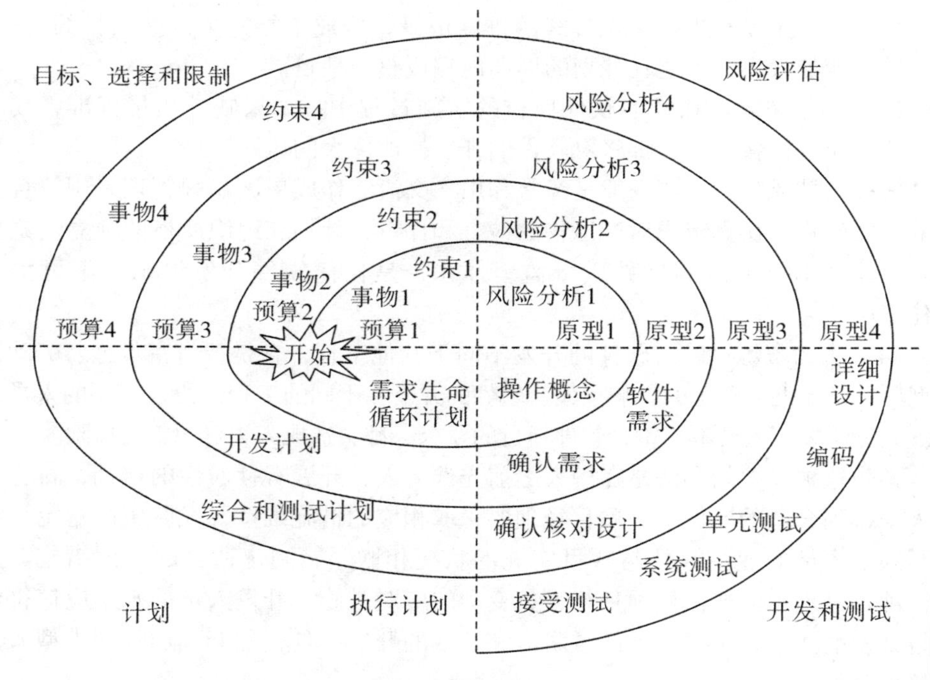

图 14　螺旋模型

螺旋模型强调风险分析，它可使项目开发者对项目中的风险有所了解，继而做出反应，因此特别适用于庞大、复杂并具有高风险性的系统。对于这些系统，风险的存在是软件开发不可忽视的因素，它可能在不同程度上损害软件的开发，影响软件产品的质量。及时对风险进行识别及分析，决定采取何种对策，进而消除或减少风险带来的损害，这是保证进度的前提。

6.2 巧用项目管理确保管理效率

跟很多小团队一样，百外卖开发项目没有明确的项目管理意识，一切都是想当然，但由于团队小，所幸并没有出现非常混乱的情况，所以我们建议多运用项目管理知识，通过上述方法，确实可以避免很多问题，让整个项目的每个细节都系统地展现在众人面前。因为软件项目的管理研究早就涉及过这些问题，对于解决一般的问题，我们认为完全可以依靠项目管理软件。例如 Microsoft Office Project 是最为常见的项目管理软件之一，它能使组织合理安排业务活动、项目和资源，以获得更理想的业务结果。

通过此次参访，我们更为深入地理解了项目管理的重要性，从而能在日后更为熟练地运用所学的专业知识，更为深刻地发现个人的不足。非常感谢深圳九神网络科技有限公司接受我们的参访，并提供了一些数据，感谢马利军老师的指导。

小组参访启示

我们曾集体参访了在深圳证交所上市的硕贝德科技。这是一家国内领先的移动通信终端天线企业。通过对其各个实例项目的提问和探讨，我们对制造业实际的项目管理、市场拓展与成本控制等方面都有不同程度的收获和启发。我们发现，他们针对每个项目都有详细的记录和总结，甚至可以形成内部的系列型范本，所以当有相似的项目要执行时，就可以最大限度地避免错误的发生。我们也可以采用类似的方法，做好项目的里程碑记录，对项目的执行形成清晰的网络架构，从而进行项目管理。

参考文献

[1] 光明网．“互联网＋”激活更多信息能源［EB/OL］．（2015－05－09）．http：//epaper. gmw. cn/gmrb/html/2015－05/09/nw. D110000gmrb_20150509_2－06. htm？div＝－1.

[2] WIEGERS K E. 成功软件项目管理的奥秘［M］．陈展文，何国坤，译．北京：人民邮电出版社，2009.

[3] 刘凤华，任秀枝．软件项目管理［M］．北京：中国铁道出版社，2014.

[4] 李永瑞，等．组织行为学［M］．北京：高等教育出版社，2008.

[5] 李德路．试论软件人员组织与管理［J］．科技信息，2007（6）．

[6] 贺平．软件测试教程［M］．北京：电子工业出版，2010.

[7] 郑人杰，马素霞，殷人昆，等．软件工程概论［M］．北京：机械工业出版社，2010.

[8] 张岩波．项目经理管理工具箱［M］．北京：中国纺织出版社，2007.

A证券公司新一代交易系统研发进度控制

夏瑞麟　肖　路　范泳华　熊　兵　曾志华　黄诒盛

指导教师：林旭东教授

摘要：本次案例项目所在的A证券是一家大型集团公司，内部运作系统复杂。此次深圳证券交易所（以下简称“深交所”）第五版交易系统升级，对A证券公司目前的交易系统影响很大。虽然公司迅速成立了相应的项目组进行跟进，但项目组在具体工作进行时仍然遭遇了新项目人员配置不当、旧系统历史问题遗留、多部门需求冲突等困难。在这些困难面前的状况是，双方系统对接期限已经确定，公司资源支持范围能动性有限。在此情景下，经过现场的访问，我们由此次升级的行业背景梳理出公司内的项目背景、具体的管理情况，试图从战略、管理、业务三层决策视角识别出总体问题，并找出总体问题在可操作单元内的呈现方式。通过这一途径将问题分解到具体的现场端进行原因分析，最终针对各现场端问题设计出解决方案，以实现在能动范围内对总体问题的解决。

关键词：系统管理；决策计划；项目进度控制；软方案

1　前言

1.1　公司背景

本次案例项目所在的A证券公司是全国综合性主流券商，是第一批主承销商资格获得者。旗下业务主要分投资银行与固定收益两大块，在国内34个城市中已建立44家营业网点。在投资银行业务方面，公司承托母公司在企业融资方面积累的优势，已成功运作上百个财务顾问项目及上百个股权融资项目。并于近四年在股票主承销规模上打入业内三甲。在固定收益业务方面，公司服务过中铝、铁道部等几十家大型企业，在债券融资、债券发行方面进入市场五强，平台内银行间债券交易量亦在市场四强之内。

1.2　情况综述

目前证券行业所用的深交所第四版交易系统为深交所自主研发，2001年11

月 12 日上线。现为跟进 2015 年 1 月 15 日公布实施的《公司债券发行与交易管理办法》，深交所计划于 2015 年年底上线第五版交易系统，本司需要提前配合进行相应的升级。但此次深交所第五版交易系统上线，不仅涉及接口层面的变动，还涉及一些功能支持方式的变更，甚至是一些接口功能的下架。这些对公司目前的系统影响很大，因为在公司发展过程中，整个公司的系统架构已经变得十分复杂，其中还掺杂了多个供应商的外购系统。鉴于这种情况，公司在接到通知的同时，迅速成立了相应的项目组进行跟进。

但项目组在具体工作进行时遭遇了困难。首先，现有系统架构复杂而且庞大，负责维护的成员常常因处理生产问题而耗费大量的精力，无暇顾及其他。其次，原有业务系统架构复杂，技术老旧，并且相当一部分外购系统缺乏文档或文档不齐，甚至原有维护和研发的团队已经变动或解散，造成额外的学习和沟通成本，导致负责沟通的成员工作量剧增，使得时间无法预估，进度常常被延误。最后，在升级新版本的同时，系统中仍存大量的问题有待修整及业务部门的需求有待满足，使得负责系统改造的成员无法完全投入新版本的升级工作中。

深交所新版本交易系统的上线时间已经确定，不能延期。因时间紧迫，高压情绪和消极情绪在项目组内蔓延，特别是进度的一再延误，使项目组内成员的信心受到沉重打击。

1.3 本文目的

A 证券公司是一家大型的集团公司，如今却误入生产效率低、进度延迟、人员涣散的困局。为改变局面，除其他不可抗力之外，改变管理方式，加强团队间的合作，完善任务流程、激发职员斗志等都是我们可以尽力做到的。在对人员的管理方面，只有将人员充分调动起来，发挥基层的力量，才能最终完成任务。公司系统项目的研发重点在基层，难点也在基层，所以基层需要认识到自己在组织活动中的重要性，切实把组织的目标当作自己的最终目标去实现。

当然，如果没有高效的执行，一切都只是“纸上谈兵”，要做到“运筹帷幄，决胜千里”，还需要管理者提高自己的判断力和决策力。使管理者认识到这点是本文希望达到的目的。

2 案例背景

2.1 行业背景

自十八届三中全会确定了当下的金融改革框架以来，金融领域已经推出了许多改革措施，如利率市场化、扩大上海自由贸易试验区对外开放和简政放权、推出股票 IPO 注册制、出台政策性银行改革方案、积极推进保险市场发展、配套改革等。本次金融改革的核心是证券化，其实质是发展资本市场。当前中国的资本市场还不具有在全球范围内配置风险的能力，不仅在于其规模小，还在于它不是一个开放式的资本市场，在当前的竞争环境下必须构建一个可在全球配置资源，同时又具有良好风险分散功能的现代金融体系。为了适应新市场下金融改革的这一需要，2014 年 11 月 15 日，中国证券监督管理委员会第 65 次主席办公会议审议通过了新版《公司债券发行与交易管理办法》，并于 2015 年 1 月 15 日公布实施。作为突破中国证券化发展瓶颈的重要一步，在深交所配合新《公司债券发行与交易管理办法》的实施下，更高效、更稳定和更安全的证券交易系统呼之欲出。

目前使用的第四版交易系统为深交所自主研发，于 2001 年 11 月 12 日上线。深交所在先行开展规划的基础上，启动了新版即第五版交易系统的建设实施。未来的第五版交易系统是深交所基于在全球创新型交易所中建立领先优势的发展战略和创造亚洲一流技术优势的 IT 愿景，以设计和实现现货与衍生品为一体的交易系统。该系统支持多种接入方式，具有高可用性、高性能、高容量、易扩展等特点，可提供高速行情和精确行情，预期还可满足深圳市场未来 10 ~ 15 年的发展需求。

2.2　项目背景

深交所计划于 2015 年年底上线第五版交易系统，对于市场参与主体而言，有四个关键节点：2015 年的 4 月、7 月、11 月及 2016 年的 1 月。2015 年 4 月将放出接口规范，让大家先行改造；7 月放出测试网点，部分“先行者”会提前开始联网测试；11 月，深交所第五版交易系统就绪，择机上线；2016 年 1 月，深交所开始组织市场参与主体进行全网测试。

公司作为深交所合作的“先行者”，为了能够更好地支持深交所第五版交易系统上线，保证系统平滑稳定的过渡，组建了集中交易项目组负责本次改造项目。该项目组分为三个部门，分别是系统维护部、系统评估部、系统改造部。

公司目前交易系统架构为集中交易，由国内证券交易、开放式基金代销、债券承销交易、银证业务四大块组成。采用四级架构的方式搭建，分别是数据、应用、通信三级服务器加上操作终端。数据服务器采用的是 Oracle 数据库，保证数据存储的可靠和高性能；应用服务器为金证公司自主研发的应用服务器，提供业务分发、业务调度、事务处理、负载均衡等功能；通信服务器为金证公司自主研发的通信中间件产品 KCXP，面向分布式应用，提供安全、高效、可靠的数据通信平台；操作终端使用金证热自助、金证小键盘、金证电话委托及第三方自助系统等。

2.3　管理概况

集中交易项目组下三个部门的分工协作方式为：系统维护部负责现有系统的运营，将现有交易系统存在的问题和业务部门提出的需求，提交至系统评估部进行评估。系统评估部负责统计整理受影响的系统，并设计改造方案。系统改造部负责对系统评估部提出的系统改造方案进行可行性的评审，通过可行性评审的改造方案，系统改造部给出排期并实施。

项目组的人员构成：出于部门的组织架构的变更和公司的战略发展的考虑，部门引进了一批拥有丰富互联网经验的人员。这些新员工思维活跃、创新意识强，并且掌握比较新的技术，但是行业知识普遍薄弱。这批新员工在整个项目中占多数。

3 问题识别

3.1 识别方法

问题识别是整个解决方法在解决问题上的第一步实践，要理解下文需要先理解问题的识别方法，要理解对问题的识别方法需要先理解本次研究中解决问题的方式。如前文所述，本次研究的目的是希望能够得到一套可操作的方案去解决此项目的问题，而此次项目所在的公司为一家大型集团公司，那么事件外部起因与关系环境复杂、多层级决策组织、能动范围有限、进度要求严苛等密切相关。

由于此次案例的复杂性，我们决定以系统管理的方法为基础来进行研究。在系统管理的思路下，任何组织都不是独立存在的，都必定要和周围的各种环境发生联系，那么我们对问题的解决要以识别组织的内部和外部环境为发端，找出此环境中组织自决策到执行的“输入—过程—输出”路径网络，梳理出项目被阻塞的关键路径，分析关键路径中各节点并找出被阻塞的原因，同时针对问题节点设计解决方案。

结合此次案例内外部背景的特性，在梳理关键路径问题上就多了一层可操作单元识别的需求。因为对于本项目，在社会与公司两个大组织层面上去剖析寻找而得到的方案并不能在公司中被使用，可操作方案的使用范围只在基层。同理，梳理受阻关键路径就可深化为梳理受阻可操作单元内的关键路径。而问题识别是对所受的阻碍的识别，也可深化为对可操作单元内问题的识别。

在系统管理的思想下，可操作单元内问题的实质是微观环境内问题在局部范围内的具体呈现，因而对于问题识别首先是在微观环境内的识别，随后分析出问题所属的基层单位，最终识别出问题在此基层单位中的具体呈现方式。

3.2 问题梳理

关于问题梳理，这部分我们尝试在微观环境内识别问题的整体模样。既然是识别，那么就存在一个视角的选择，我们识别问题是为了去操作和解决，而企业组织内事务的操作发端于决策，由此，以决策的视角来进行识别为首选。在决策理论中，一个组织的决策分成三层：战略决策、管理决策、业务决策。基于此三层决策，本文以战略层视角、管理层视角、业务层视角来对微观环境内的问题进行识别。

3.2.1 战略层视角

战略决策是指组织谋求与经常变化的外界环境之间达成动态平衡的一种决策，主要涉及组织长期的、全局性的问题，如经营目标、方针、规模、产品的更新、新技术的采用等，实践中一般属于最高管理层，视角立足于外部宏观环境与公司之间的相互影响。从这一视角我们可以观测到这个项目路径的内外边界：外部，这是自深交所而起的升级，必须紧跟脚步，如果所内已经升级，而本司还没有对接好，那么损失自担，也承受不起。因此深交所定下的时间即是最后期限，不能拖延。内部，从组织架构层面进行调整来应对此次升级，但是交易系统仅是公司业务的一部分，不可能对上层组织、行政制度进行调整以完全向本项目开放绿色通道，因此只能通过给予项目团队内足够的自由度来进行支持，而这个自由度也是以一定限度支持本项目的人、财、物。

从这一角度看当前项目的现状，外部而言，逾期的风险已经相当严重，而内部提供支持的自由度已经接近上限。在制定资源策略时，公司对项目改革的能动性是所有项目干系人都明了解的，在这基础上已经严格讨论并按项目负责人的要求给予额度，现在全部警报响起，问题一定来自项目管理，因从项目计划到控制都存在纰漏。

3.2.2 管理层视角

管理决策是为了贯彻组织的战略决策，对组织拥有的人、财、物等资源进行调动或改变其结构的决策，如生产计划、销售计划的确定，资源的分配、实际业绩的评估等，实践中属于中层管理层，视角承接战略的方向，在方向下评估设定具体的框架计划。在这个视角下，通过我们的访问调查，可以发现以下四点问题：

（1）计划设定初期低估了项目工作量。

（2）因为对项目工作量的低估，导致项目人员不足。

（3）人员组成仓促，项目内沟通对接不畅。

（4）初期进度控制方案理想化，实际落实若有若无。

总而言之，问题即是对项目实际情况先期调研不足、计划设计仓促、落地运行阻滞。

3.2.3 业务层视角

业务决策是指组织在原有管理水平的基础上，为提高业务效率而实施的一种策略，如工作任务的日常分配和监督、工作日程的安排和监督、岗位责任的制定和执行、库存及采购的控制等，直接由一线获得反馈，现场制定应对措施。我们直接在这一层收集到的反馈如下：

（1）现有系统架构复杂而且庞大，系统维护部的成员常常因处理生产问题耗费大量的精力，无暇顾及其他。

（2）系统评估部沟通工作量大，而且时间无法预估，需求对接进度常常延误。

（3）系统改造部需要投入许多精力进行现有系统问题的修复并满足市场业务部门的调整需求。

（4）新的组织架构下，部门人员新老交替，新成员掌握比较新的技术，但业务知识薄弱，原部门成员业务知识深厚，但对新技术接受程度不高，两者之间沟通不顺畅。

（5）原有业务系统架构复杂，技术老旧，而且相当一部分外购系统缺乏文档或文档不齐，甚至原有维护和研发的团队已经变动或解散，造成额外的学习和沟通成本。

（6）各组进度控制计划失效，不断有突发事务出现。

（7）上线时间已确定，不能延期，时间紧迫。高压情绪和消极情绪在项目组内蔓延，特别是进度的一再延误，导致项目组内成员信心受到打击。

3.2.4 问题归纳

我们从管理层视角觉察到问题在流动结构中的阻滞，从业务层视角得到一线对问题的直观感受。现在将这三个层次的认识按时间序列、因果组合归纳在一起，会看到问题的全貌：

在系统升级要求确定时，公司高层与项目组对此次升级工作量、难度评估过低，由此低评估配置出的团队在实际工作开展时遭遇了沟通阻滞及超负荷工作。在这一情况下，原进度控制方法失效，事务需求乱序突发，一线人员情绪波动大、执行力下降。

3.3 可操作单元分析

经过上述问题的梳理，对于高层管理层的问题而言，有实施项目重估、二次资源投入等解决方式；对于中层管理层的问题而言，有实施结构重组、权限提升、通道优先等解决方式；对于基层管理层的问题而言，有实行工作分解、流程再造、团队激励、工作外包等解决方式。

在这三个层次中，不需要经过审批就能够直接进行自身改革的只有基层管理层，因为企业在对于事务组织“输入—过程—输出”的系统控制中，只有基层组织的“过程”是少于监管的，对于基层而言，投入与产出之比才是衡量的重点。在优化投入、产出的过程中进行的组织、流程、业务的创新，才是基层管理工作的意义所在。

案例项目组在基层有三个单元：系统维护部、系统评估部、系统改造部。这三个部门的负责范围在前文有述，从中可以看到系统维护部的职能实质是负责项目组对内对外的沟通，小组内成员职能单一，这类信息对接部门所遇到的问题如果没有在内部解决，那么就得靠高层提升沟通权限及给予审批绿色通道才行，这超出可操作范围，在高层行动之前，只能靠其自身继续梳理。

系统评估部其实握着接力跑的中间棒，它所遇到的问题主要在于系统维护部总是提出临时要求与系统改造部总是延期回馈，上下两端的非计划性使得其本身的业务不断被打乱，其在项目组中的计划职能渐渐失序，整个项目流动也随之失序。对于这类中间部门，要解决它的问题，实质上是要解决其两端——系统维护部和系统改造部的问题。

系统改造部负责最终修改任务。最终修改是项目最消耗时间与资源的阶段，如果解决了此单元的问题，就可以通过改造效率的提升大幅降低逾期的风险，在其本身有序高效化后，系统评估部所遭遇的不可控性也降低了一半，这两者相加所带来的进度提升，是可操作范围内的最佳选择。同时，小组本身处理的是项目组内部的业务，项目组有足够的操作能动性，不需要经过高层的特殊允许。三个单元中，系统维护部不适合调整，系统评估部调整了无大用，唯有系统改造部能调整，可带动其他部门的改善。

3.4　整体问题下单元问题识别

系统改造部实质上是一个生产单元，一个生产单元中若人员、设备正常，那么问题对内一定是出在流程之上，对外则是出在计划之上。生产单元的运作如同流水线，外部稳定的情况下要想获得优化需在流程上下功夫，倘若外部不断有更高优先级的项目插入，原有的生产计划就会被打乱，各种延期、误工的乱象就会出现。综合前文，现在系统改造部的问题便是如此，概括而言：不断有突发的修改需求打乱既定改造项目的实施，导致效率降低、进度延期，这是整体问题在系统改造部内的显现。

3.5　单元现况

3.5.1　组织架构及人员职能

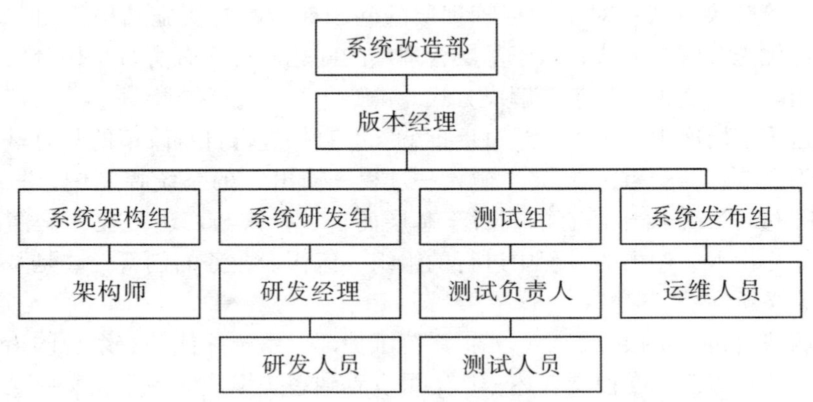

图 1　可操作单元：系统改造部组织架构图

（1）版本经理：负责版本升级的进度与评审。

（2）架构师：负责评审和提供系统架构设计及变更方案。

（3）研发经理：负责功能需求开发的进度。

（4）研发人员：负责功能需求的开发。

（5）测试负责人：负责分配 FAT、UAT 测试的任务。
（6）测试人员：负责系统功能测试及反馈。
（7）运维人员：负责移交版本评审通过的需求及更新后系统的发布。

3.5.2　工作流程及节点任务

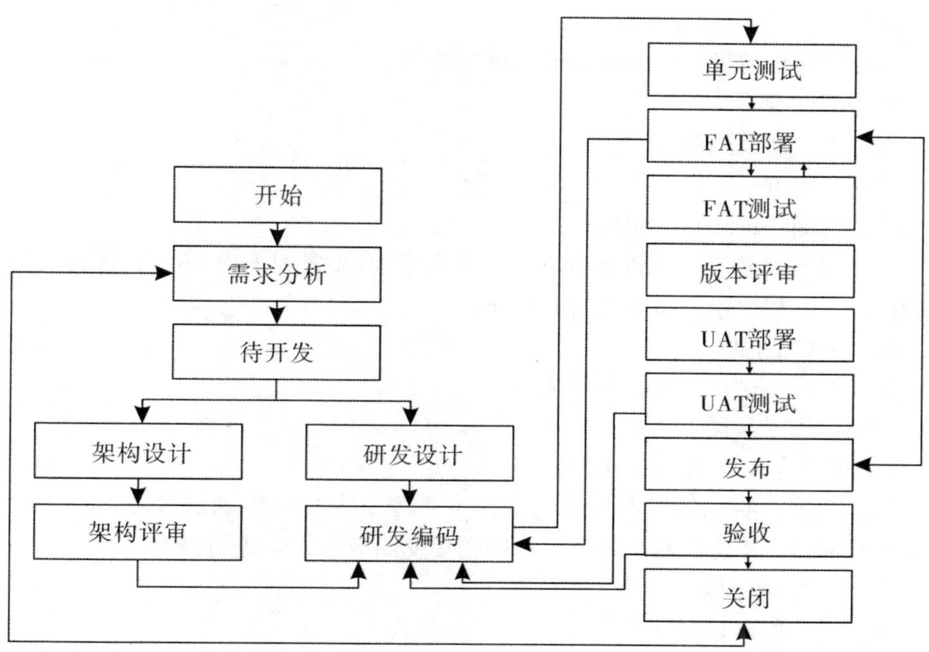

注：一天工时 8 小时，晚上加班算 0.5 天（4 小时）。

图 2　系统改造部业务工作流程

（1）架构评审。
责任人：架构师
参与人：架构师、研发经理、研发人员、运维人员
时间：每周一
持续时间：0.5 天（4 小时）
工作内容：架构师编写架构设计方案，并组织架构评审。
（2）研发设计。
责任人：研发人员
时间：周一下午
持续时间：0.5 天（4 小时）
工作内容：研发人员进行模块设计。
（3）研发编码。
责任人：研发人员
时间：周二至周三

持续时间：2 天（16 小时）

工作内容：研发人员进行代码开发。

（4）单元测试。

责任人：研发人员

时间：周四

持续时间：1 天（8 小时）

工作内容：研发人员对研发模块进行测试。

（5）FAT 部署。

责任人：研发人员

时间：周五

持续时间：1 天（8 小时）

工作内容：研发人员将本地测试完成的代码部署到 FAT 环境，保证环境可用和稳定，并提供给测试人员进行测试。

（6）FAT 测试。

责任人：测试负责人、测试人员

时间：周一至周二上午

持续时间：1.5 天（12 小时）

工作内容：测试负责人分配测试任务，测试人员根据测试任务，在 FAT 环境中进行测试，并反馈测试问题，将问题提交给研发人员进行修改。

（7）版本评审。

责任人：版本经理

参与人：研发经理

时间：周二下午

持续时间：0.5 天（4 小时）

工作内容：组织相关人员参加版本评审，发邮件通知版本评审结果。

（8）UAT 部署。

责任人：运维人员

时间：周三

持续时间：0.5 天（4 小时）

工作内容：将版本评审通过的需求进行移交，移交完成后进行 UAT 部署。

（9）UAT 测试。

责任人：测试负责人、测试人员

时间：周三下午至周五下午

持续时间：2 天（16 小时）

工作内容：进行发布前的回归测试，并出具测试报告。

（10）发布。

责任人：运维人员

时间：周五晚上

持续时间：2 小时

工作内容：运维人员将系统发布到线上。

（11）验收。

责任人：产品经理

时间：周五晚上或周一开市后（有些验证需要开市后验证）

工作内容：产品经理对已发布的需求进行验收，验收通过反馈验收结果。

（12）关闭。

责任人：产品经理

时间：验收完成后

持续时间：2 小时

工作内容：经产品经理确认进行关闭，该需求完成。

以上工作的人员安排、时间节点设置为一次标准版本升级项目的安排情况。在公司总系统对接深交所的升级过程中，会进行多次版本升级，每次为期两周。另外，在流程责任人中出现了不在系统改造部的产品经理这一责任人，这是系统评估部的人员，参与系统改造部的工作是为了保证改造结果满足其所提交的产品升级的需求。

4　原因分析

4.1　分析方法

原因分析的下一步是提出解决方案，这就要求，其一，分析原因的视角一定要落实到各决策端（指决策者及其下属的组织）。只有找到原因，给出的调整计划才能被决策者操作。其二，一个单元内问题产生的原因并非只出自一个决策端，一个问题的产生是多方原因共同作用的结果，当我们分析问题产生的原因时，需要看到各决策端之间的矛盾关系，这样才能得到一个可在各端矛盾之中取得平衡的解决方案。如果一个方案不能在矛盾中取得平衡，那么它只会带来新的冲突、新的问题。

因此在这里将会以部门为单位进行一次标准版本升级。在这个场景内我们将梳理出决策端，并将单元问题分解至各决策端，由此找出各端引发单元问题的原因，最终凭此原因为每个端口的问题找到一个不与矛盾、边界相冲突的解决方式。

这里有一点要说明，问题分解至各端时，只考虑问题在这个端口的呈现，即这个端的“标”，高一层级的“标”是低一层级的“本”，若问题能自上而下地在全公司各决策端进行分解，那么自然是“标、本”兼治的。现在对可操作的单元进行操作，算是治了此单元的“本”，而其对于整体问题而言还只是“标”。对于这种规模的集团公司而言，选择在发展中逐步进化，而不是自我革命，这也许是最优选择。

4.2 问题分解

系统改造部的日常项目是进行系统版本升级，每一次版本升级为期两周，一次版本升级后马上进行下一次升级的开发，不断迭代，直至系统主要部件升级完成。系统评估部产品经理提交版本升级需求说明说明工作已开始。在系统改造部进行当前版本升级时，产品经理协同系统维护部、系统评估部一起设计、记录下一版本的升级需求。当前版本升级结束时，产品经理提交下一系统版本的升级需求。系统改造部升级下一版本时，产品经理提交下下一版本的升级需求，如此往复。而在往复中，时常会出现需求说明以外的突发改造需求，有的是因为信息收集延迟，有的是因为误判了升级优先级，有的是系统升级上线后才暴露状况等，这些会不断影响系统版本升级的进度。

由此结合前述工作流程、人员职能，在这个工作系统之中我们看到单元内有三个对系统有控制能力和控制需求的决策者：具体编程开发执行端的研发经理，对版本升级项目时间与质量都提出项目端要求的产品经理，调和部门外不断涌进的开发需求与部门内有限人力、物力资源的部门端进度控制者——版本经理。

三端之间在业务上的关系：项目端提出每个升级周期内的主要任务，部门端接收并分解工作包至各岗位，执行端接收工作包进行具体工作实施。同时在整个版本升级项目实施中，其他部门的突发任务需求将提交至部门端，部门端按优先级插入执行端现有的工作计划之内，而这对项目端进度要求造成了影响。

梳理各端口之间的关系，现将单元内所面临的问题分解至各端：

（1）将这一问题分解至执行端的角度我们可知：超出原生产计划的工作量使得进度不得不放缓；而连续性的工作经常被打断，研发人员个人效率也在下滑。

（2）项目端属于部门外干系人，在项目端的角度单元问题为：执行端研发时间、工作资源被突发任务占用，版本升级项目难以如期保质完成。

（3）面对部门全局，部门端的问题在不得已而为之，从其角度可见：人力资源有限，任务在限期内不断增加，而各方都要求按期完成任务。

4.3 各端问题产生的原因

结合前文的工作流程，我们可以看到项目组采用的是传统的瀑布开发模型和典型的预见性开发方法，套用自传统工业生产，它的特点是要求项目需严格遵循预先设置的需求、分析、设计、编码、测试的步骤顺序进行，以步骤成果作为衡量进度的方法，项目推进如瀑布一般为层次推进。但它的严格分级导致自由度降低、需求的变化难以调整、灵活度差、应对突发事件代价高昂等。当前以编程开发为主的技术型公司多以敏捷开发模型取代瀑布开发模型，以获得更高的效率，不再担心项目中途的变更、插入。但现在项目已经进入中期，进行大规模调整反而会使效率降低，并且这需要更高层的决策权限才能开启实施。既然硬改造在当前不可行，那么我们将以软改造为导向，利用工作分解、优先级计算、期望值管理等方法发挥系统的最大潜能。

4.3.1 执行端原因分析

面对本端的问题，既然人员不能增加、任务也不可能减少、能加班时间也已最大化，那么潜能还没完全用尽的原因只能着眼于系统流程是否还有冗余、工作分解是否最适合当前的开发场景等管理基础建设的问题上来。

4.3.2 项目端原因分析

作为项目端，虽然能给部门端施加一定的压力，但是其他方向插入的任务部门端还是得完成，这是客观存在的工作，项目端也没办法完全左右部门的意志以最高优先级完成自己的项目。那么既然从其他端没办法找到能解决问题的原因，就只能在自己身上找原因。现在的情况是部门端没办法保证项目端项目的优先级，要让上下级都支持优先处理本端项目的决定，那么必须明确项目进度计划的期限，当剩余工时越接近期限优先级越高。

4.3.3 部门端原因分析

站在部门端的角度，一是要保证部门内已经在全效力进行工作，二是要保证交过来的任务都在不耽误事的情况下完成。

5 问题解决方案、措施及建议

5.1 执行端问题解决方案

5.1.1 相关理论方法

关于此端流程冗余、工作分解程度等管理基础建设方面的问题，我们与研发经理进行了探讨，他们现在也在进行同样的思考。

既然大周期工作总被短周期工作打断，为何不直接拆分大周期的工作为短周期的工作，让研发人员不再遭受工作被打断的困扰？在长周期工作拆分之后，只能按照顺序布置工作，突然插入的工作和现在正在处理的一样都是短周期的，那么把插入的工作排在现有工作的后面即可，既不用等太久，开发人员每阶段的工作预期也没有变化，不用像以往长周期情况下因工作被打断而造成效率降低，因长周期的工作在工作分解时已经被拆分。

若长周期的工作包被拆分，那么流程中的冗余也可以通过流程优化来缩小，因为在长周期工作中，负责紧后工作的单位时常需要等待紧前工作的完成，拆分后，许多事情可以并行。故在下面将会以 WBS 拆分现有的工作包，并结合双代号网络图尝试优化现有流程。

5.1.2 方案推导

从项目管理而不是从编程开发的角度来看，每一次版本升级其实大同小异。在这里我们选择以当前这一轮的标准版本升级为研究对象并结合前述工作流程进行分析。项目实施过程中主要有系统架构、系统研发、FAT 测试、UAT 测试与系统发布五个步骤。系统架构主要有架构设计和架构评审两个工作包；系统研发主要有研发设计、研发编码和单元测试三个工作包；FAT 测试主要有 FAT 部署、FAT 测试和版本评审三个工作包；UAT 测试主要有 UAT 部署 和 UAT 测试两个工作包；系统发布主要有发布与验收两个工作包。具体的 WBS 如图 3 所示：

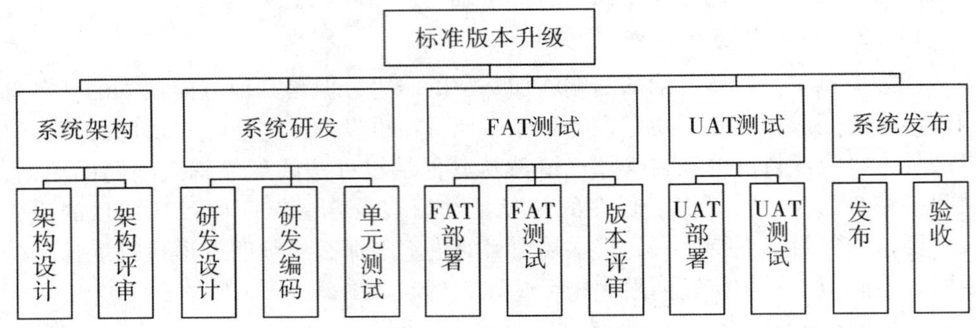

图 3　标准版本升级项目 WBS

此时的工作流程，以双代号网络图表示如图 4：

1 —架构设计→ 2 —架构评审→ 3 —研发设计→ 4 —研发编码→ 5 —单元测试→ 6 —FAT 部署→ 7 —FAT 测试→ 8 —版本评审→ 9 —UAT部署→ 10 —UAT测试→ 11 —发布→ 12 —验收→ 13

图 4　标准版本升级项目双代号网络图

对比前文的部门组织架构，在与相关人员沟通后，我们发现在没有任务通过评审、测试被打回或被插入任务的情况下，当项目进度卡在某一工作包时，只有对应小组的人员在为项目工作，其余人员或是无事可做或是进行日常维护，效率低下，常出现各个节点负责人在某段时间特别忙碌，某段时间特别清闲的情况，整体进度情况会因某一个工作滞后，而影响整体的工程进度。

经过与工作人员的进一步沟通，我们了解到一次版本升级通常会有功能模块与前端接口两个方面的升级任务，而当前这个新版本共有 5 个功能模块与 2 个前端接口需要更新。现在研发经理也在进行这方面的尝试，本来这 7 个部件的升级是不能拆开进行的，在当前版本已经通过技术手段进行了 3 个部分的拆分后，在下次应该可以全部拆分开来。也就是说，当前标准版升级项目可以拆成 7 个小的工作包，这达到了我们第一个优化目标：降低单次任务的工作量，降低任务与任务间直接的等待时间，这样对于研发人员而言就不存在工作被打断的情况。从组织行为学的角度来看，当对工作的预期稳定之后，个人效率不会因此降低，有稳中求“升”的空间。现在，项目工作被拆分，新的 WBS 如图 5 所示：

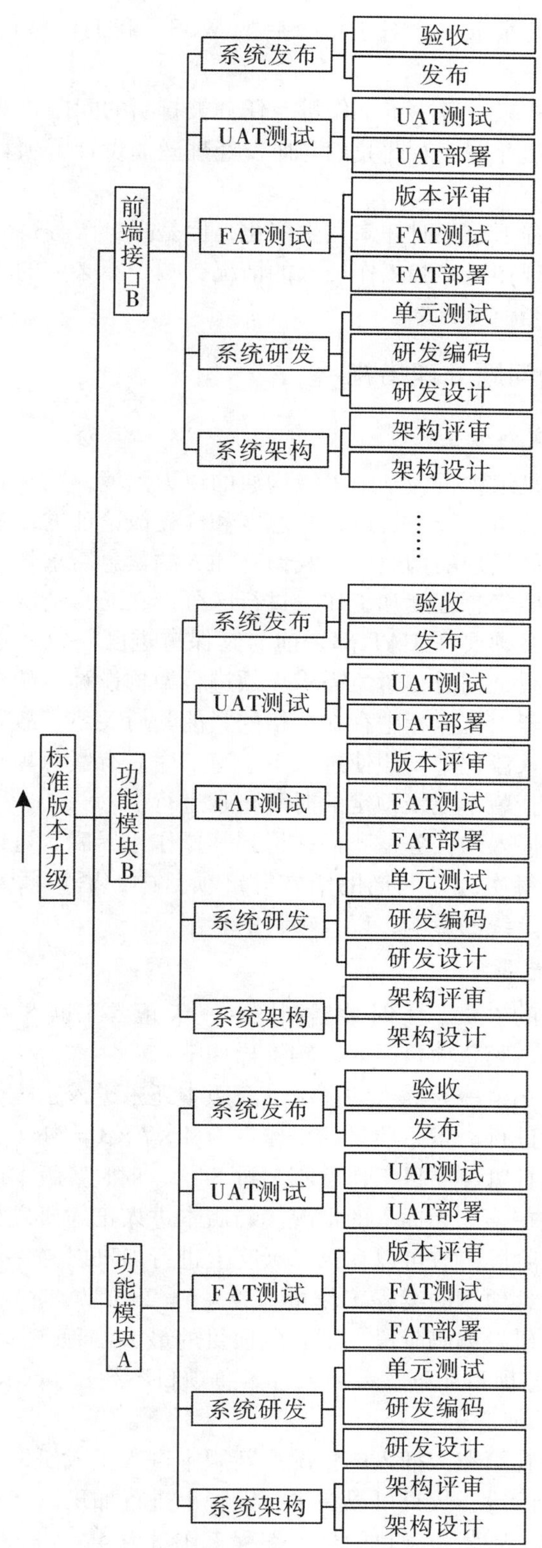

图 5　版本升级工作包拆分后的项目 WBS

现在回到流程冗余上来。对于拆分后的 WBS，我们依然可以用原先的串行流程来安排工作。

但是用这种方式只是解决了工作量及任务被打断的问题，非工作包阶段人员相对闲置的问题仍然存在，对此我们与研发经理磋商设计了项目并行的工作流程方案。

并行的工作流程下总工时并未发生变化，但是减少了等待时间，整个工期可以大幅缩短。介于现在返工和工作插入的情况，减少不必要的工作间隙，完全利用人员效能，才是当前的目的。

5.2　项目端问题处理措施

5.2.1　相关理论方法

项目端面对的是组织行为学中平级沟通的权力困境，结合具体情境，项目端现在需要拿出能为版本升级项目进行紧急度和优先级论证的依据，以保障最后的完工时间。在与产品经理的沟通中，我们对插入的紧急需求任务进行了梳理：现在紧急需求主要按照紧急程度和工作量进行区分，在通常情况下，紧急需求可以同新版本并行，但必须要在 UAT 部署前与其保持进度一致，才可在技术上保证新版本按时正常上线；同时，紧急需求无须进行架构设计、架构评审，可以直接进入研发编码；由于工作流程中存在严格的紧前紧后关系，故紧急项目需要在下一道工序开始前并入流程中，假使进入下一道工序后有紧急项目增加，下一道工序的时间依旧按照新版本上线预定的时间正常进行。

那么对于紧急插入的任务，我们在得到其操作边界后，可以利用项目甘特图的时间参数去计算每次为期两周的版本升级项目中，紧急插入的项目出现的时间、对新版本按时上线的影响，以及项目的期限。

5.2.2　措施推导

根据收集而来的人员、工时数据制图，一天正常工时 8 小时，可加班 4 小时，周末也可加班。紧急项目插入影响推导如下：

（1）紧急项目在第一天插入的情况。新版本还未进入正式研发编码阶段可以直接和新版本一同进行。紧急项目的工作量为 $4 \times 7 \times 3 = 84$（人/时）；如果紧急项目在第一天插入且紧急项目工作量不超过 84 人/时，新版本可以正常上线。

（2）紧急项目在第二天插入的情况。新版本进入正式研发编码阶段，由于紧急需求直接进入该阶段，故可以在第二天晚上进行加班以确保新版本第三天按照正常进度进行。紧急项目的编程工作量为 $4 \times 7 = 28$（人/时）；但由于第三天依旧处于新版本正式研发编码阶段，则紧急项目的最大编程工作量为 $4 \times 7 \times 2 = 56$（人/时）。如果紧急项目在第二天插入且紧急项目不超过 56 人/时，新版本可以正常上线。

（3）紧急项目在第三天插入的情况。新版本进入正式研发编码阶段，由于紧急需求直接进入该阶段，故只可以在第三天晚上进行加班以确保新版本于第四天按照正常进度完成。则紧急项目的最大编程工作量为 $4 \times 7 = 28$ 人/时，如果紧急项目在第三天插入且紧急项目编程工作量不超过 28 人/时，新版本可以正常上线。

（4）紧急项目在第四天插入的情况。新版本进入单元测试阶段，由于紧急需求直接进入研发设计阶段，故只可以在第四天晚上进行加班以确保新版本于第五天按照正常进度完成。则紧急项目的最大编程工作量为 $7x$ 人/时，满足 $\{x \leqslant 12; 56x \div 112 + x \leqslant 12\}$，则 $x = 8$。如果紧急项目在第四天插入且紧急项目编程工作量不超过 56 人/时，新版本可以正常上线。

（5）紧急项目在第五天插入的情况。新版本进入 FAT 部署阶段，由于紧急需求直接进入研发设计阶段，故只可以在第五天晚上进行加班以确保新版本于第六天按照正常进度完成。则紧急项目的最大编程工作量为 $7x$ 人/时，满足 $\{x \leqslant 12; 56x \div 112 + 56x \div 112 + x \leqslant 12\}$，则 $x = 6$。如果紧急项目在第五天插入且紧急项目编程工作量不超过 42 人/时，新版本可以正常上线。

（6）紧急项目在第六天插入的情况。新版本进入 FAT 测试阶段，由于紧急需求直接进入研发设计阶段，故只可以在第六天晚上进行加班以确保新版本于第七天按照正常进度完成。则紧急项目的最大编程工作量为 $7x$ 人/时，满足 $\{x \leqslant 12; 56x \div 112 + 56x \div 112 + x \leqslant 10; 56x \div 112 \leqslant 2.5\}$，则 $x = 5$。如果紧急项目在第六天插入且紧急项目编程工作量不超过 35 人/时，新版本可以正常上线。

（7）紧急项目在第七天插入的情况。新版本进入版本评审阶段，由于紧急需求直接进入研发设计阶段，故只可以在第七天晚上进行加班以确保新版本于第八天按照正常进度完成。则紧急项目的最大编程工作量为 $7x$ 人/时，满足 $\{x \leqslant 12, 56x \div 112 + 56x \div 112 + x + 84x \div 112 + 28x \div 112 \leqslant 12; 84x \div 112 + 28x \div 112 \leqslant 4\}$，则 $x = 4$。如果紧急项目在第七天插入且紧急项目编程工作量不超过 28 人/时，新版本可以正常上线。

（8）紧急项目在第八天及以后插入的情况。新版本已经进入 UAT 测试。此时，已不能再插入紧急需求，紧急需求只能排到下一个版本的开发中。

5.3 部门端问题方向建议

5.3.1 相关理论方法

部门端遇到的问题属于期望理论领域研究的内容。期望理论又称作“效价—手段—期望”理论，是管理心理学与行为科学中的一种激励理论，这个理论可以用公式表示为：激动力量 = 期望值 × 效价。在这个公式中，激动力量指调动个人积极性，激发人内部潜力的强度；期望值是根据个人的经验判断达到目标的把握程度；效价则是能达到的目标对满足个人需要的价值。一般企业利用此理论对员工进行激励，而在实际应用中会出现一个反效用，这一反效用普遍运用在销售领域，即客户期望值管理。人们发现，当期望目标达到之后价效却未达到预期时，会有“期望越高，失望越大”的落差，反而造成下属与公司、客户与销售间的摩擦和相互间的不信任。

解决此类问题，通常需要靠在沟通中降低干系人的期望值，让对方能正确看待合作，最后得到满足。不过在企业内，大家都相互了解、长期合作，对于这种情况，就需要让干系人了解情况，这是我们通过项目工时的计算给予部门端的建议。

5.3.2　方向推导

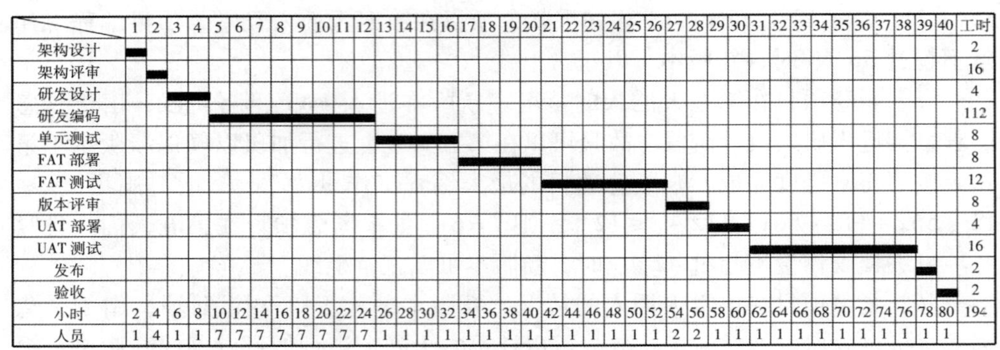

图 6　版本升级项目甘特图

结合前文的工作流程与节点任务，我们可以看到总工期是两周，而两周之内能提供的最大总工时是多少呢？结合人力资源与日工时来计算。日正常工时为 8 小时/人，加上加班 4 小时，最多为 12 小时，这里加班时间不能再增加了。在连续加班的情况下，一天过长的工时反而会影响人员第二天的工作效率，得不偿失。那么，1 天 12 小时，需要的话，周末冲刺加班也是可行的，1 人两周总工时为 $2\times7\times12=168$（小时）。分解到部门小组，情况如表 1 所示：

表 1　版本升级项目周期内项目参与人员最大工时

部门	人员	人数（人）	两周内可提供最大工时（小时）
系统改造部	版本经理	1	168
系统架构组	架构师	1	168
系统研发组	研发经理	1	168
系统研发组	研发人员	7	1 176
测试组	测试负责人/测试人员	1（不分开工作，算 1 人）	168
系统发布组	运维人员	1	168

版本升级项目各工作包所需人员及工时如表 2 所示：

表 2　版本升级项目各工作包所需人员及工时

工作包	人员	人数（人）	共需工时（小时）
架构设计	架构师	1	2
架构评审	架构师	1	4
	研发经理	1	4
	研发人员	1	4
	运维人员	1	4
研发设计	研发人员	1	4
研发编码	研发人员	7	112
单元测试	研发人员	1	8
FAT 部署	研发人员	1	8
FAT 测试	测试负责人/测试人员	1	12
版本评审	版本经理	1	4
	研发经理	1	4
UAT 部署	运维人员	1	4
UAT 测试	测试负责人/测试人员	1	16
发布	运维人员	1	2
验收	产品经理（部门外）	1	2

结合前表，我们可以得出一个大致的期限表，只要插入紧急需求的预估时间不超过此表给出的范围，任务都可以完成。

表 3　版本升级项目工期内系统改造部最多能提供给其他项目的工时

人员	版本升级项目所需工时（小时）	两周内可提供最大工时（小时）	可供紧急需求使用时间（小时）
版本经理	4	168	管理层有非项目工作
架构师	6	168	162
研发经理	8	168	管理层有非项目工作
研发人员	136	1 176	1 040
测试负责人/测试人员	28	168	140
运维人员	10	168	158

6　案例总结

本次案例研究对象为一家大型集团上市公司，从系统工程的角度来说，这是一个大规模的复杂系统，这类组织的特点是系统功能和属性多样，并通常由多维且不同质的要素构成，而具有这一特点的多重目标之间经常会出现相互消长或冲突的关系，这其实就是案例中项目所遇问题的实质。此项目中每一环节的负责人员、操作人员都很专业，他们的决策都是在他们已知环境下的最优解，然而由此带来的却是短视和冲突。复杂系统下多重目标之间产生冲突的原因是每个成员都站在自己的角度去追逐“最优解”，而不站在全局的角度去定夺“满意解”，由此造成不必要的工时耗损、执行者过度高压下的效率降低。同时也导致决策者不能坦然面对现状，继而不断在他方寻找问题，将责任归咎于别人，反而错失了反观己身，优化己方的时机。

故本文所提供的解决方案是以平衡系统中各端口的矛盾进而优化系统自身冗余为手段，从而使半封闭的系统达到最优效率的目的。

为了实现此目的，我们分别设计方案对可操作单元内的部门管理、项目管理、执行管理三决策端之间对内对外的矛盾进行平衡和内部效率优化。部门端所面对的是一个半封闭系统，因为这个系统在框架确定后只有软资源（信息、模式）的输入、输出，而鲜有人、财、物等硬资源的输入、输出，在这一格局下，我们对其进行了大量的数据分析，以支持决策者对需求方进行期望值管理，从而控制部门外部对内的压力与部门内部对外的不满。

在项目端，面对的是甲乙方冲突的内部版本，项目端作为甲方提出需求，而部门端作为乙方却正遭遇因计划外工作的插入而导致的施工延期。这不是对外的委托，在公司内部遇到这样的问题，不能靠继续分包或更换乙方来解决。只有甲乙双方真正坐下来坦然面对这个局面才行，因为进行工作优先级的磋商才是保证双方利益都能得以满足的方式。为此，我们为项目端的项目进行了以所需最少工时为依据的优先级计算，并分析出工期内每天所能容纳的计划外的工作量，以此圈定了项目执行的安全范围。当超过了安全范围时，项目端的项目优先级为最高。

执行端不存在有意义的争吵与讨价还价，在具体工作层面确实是“天下武学唯快不破”，优化自身效率只此一法破万法。当我们对其原有的工作进行了分解并对进度流程进行了梳理后，发现有两个在项目具体实施中还可以优化的点：一是存在等待紧前任务结果的空闲人员等待时间；二是存在项目工作被突发任务打断后再继续的复习时间。为此，我们将原本作为一整个大工作包的版本升级项目，拆分成数个小型工作包，使得原先单线流程的工作分解并行，减去人员的等待时间，总工时没变的情况下工期缩短了约三分之一。同时，此举大幅降低了单次任务的工量，避免了之前长工时任务被突发任务打断的情况。

小组参访启示

我们组参访的是惠州硕贝德无线科技有限公司，在会上与硕贝德领导的沟通启发了我们遵循管理方案要务实能用的研究方向。在企业内的真实管理与书本上的管理理论差异最大的地方在于应用的系统环境，书本上的理论常常是基于“理想的”“完美的”“割裂的”的场景，而实际的管理场景是“不均匀的”“不平滑的”“不完全可控的”“历史性的”“矛盾的”，系统工程对于复杂系统的研究正是基于现实情况。正是硕贝德对于现实场景中管理的强调，使我们小组试图直面现实复杂环境来对案例进行如上研究。

参考文献

[1] 汪应洛. 系统工程：第四版 [M]. 北京：机械工业出版社，2013.

[2] 戴维. 战略管理：概念与案例：第十三版 [M]. 徐飞，译. 北京：中国人民大学出版社，2012.

[3] 卢向南. 项目计划与控制 [M]. 北京：机械工业出版社，2009.

[4] 斯蒂芬·P. 罗宾斯，蒂莫西·A. 贾奇. 组织行为学精要 [M]. 郑晓明，译. 北京：机械工业出版社，2011.

[5] 聂锐，高伟，毛帅，等. 现代管理论 [M]. 徐州：中国矿业大学出版社，2007.

[6] 尤建新，陈守明. 管理学概论：第三版 [M]. 上海：同济大学出版社，2010.

关于 AZ 科技大学校园网改版建设中项目进度与干系人的影响分析

宋伟中　陈　坤　陈艳勇　连爱萍　廖　权

指导教师：李丽教授

摘要：中国的高校都有其鲜明的个性。在当今这个信息大爆炸的互联网时代，建设学校官方网站，无疑是宣传和推广学校及其理念的最有效的方法。互联网具备超时空链接的特性，能让全国各地区乃至全世界的人们随时了解学校的动态。学校官方网站（即校园网）是学校传播理念的窗口，是学校推广形象的直通车，是学校与万千学子沟通的桥梁。

当下正是互联网飞速发展的繁荣时期，一所高校的信息化发展，自然离不开官方网站的建设，这是高校建设走向信息化的必然选择。全国高校作为现代高等教育的重要阵地，其官网如雨后春笋般涌现。官网不仅需要技术部门承担主体建设，在管理的过程中，也需要全校其他部门的支持与配合，尤其是新闻宣传部门。目前，学校官网建设质量参差不齐，存在投资大、管理难、见效慢等弊端。鉴于以上问题，本文对校园官网的改版建设、开发与管理提出了几点建议。在网站的建设过程中，管理者主要运用了时间进度管理的方法和干系人关系来建设与管理，本研究将以校园官网建设过程中可能运用到的管理技术（技巧）及实施方案为主，为校园官网建设中的项目管理问题提供理论依据和实践指导。

关键词：网站建设；进度管理；干系人；网络计划

1　项目背景

1.1　AZ 科技大学简介

AZ 科技大学是一所公办创新型大学，学校位于深圳市 NS 区，校园占地面积 194. 38 万平方米，规划总建筑面积为 70 多万平方米。

学校的办学目标是：早日建成国际化高水平研究型大学、中国重大科学技术研究与拔尖创新人才培养重要基地。根据办学目标，学校致力于建设成为聚集和培养拔尖创新人才的学府，以及创造国际一流学术成果、推动科技应用、支撑深圳可持续发展的平台。

1.2　AZ 科技大学官方网站

为配合学校的办学目标，学校在建校之初便开发和建设了 AZ 科技大学官方网站，网站主要功能集中在学校宣传和形象展示方面，辅之以基本的沟通交流平台（如校长信箱、外部留言等），实现学校与外界沟通的信息化及网络化，从而提升学校的影响力，增强竞争力，提高软实力。

在建校初期，校园官网对于宣传校园文化、教师风采、学生面貌和教育理念等元素，起到了重要的推动和促进作用。

图 1　AZ 科技大学校园网旧版界面

1.3　学校官网存在的问题

随着网络科技的进步，教育理念的不断革新，以及学校自身的快速发展，原有的旧版网站已不再适合学校的发展需求，主要表现在以下八个方面：

（1）学校全新的 VI（形象与标志）系统正在设计更换；旧版网站的色彩搭配与风格框架，均需要重建。

（2）因学校的宣传策略方案更新、新的品牌推广宣传方针实施，网络宣传也需要做出相应的变化，以配合全新的学校形象的宣传推广。

（3）早期旧版网站的开发技术、框架思维，都需要更新；当初的程序版本与相关技术都已不再适用于目前互联网潮流的快速发展；早期使用的指导思维已经使学校的宣传拓展效率变缓。

（4）网站维护成本高，难度大，非网站技术人员操作难等。

（5）网站当前样式不能满足用户要求，需要对网站进行改版。

（6）主站（中文、国际）与子站的梯队矩阵在视觉表达上不够明晰。主站主对外宣传、形象塑造；子站负责各自领域的职能效率化。

（7）中文主站与国际主站在栏目设置时应该更加关注海内外不同受众对信息的需求。

（8）随着网络技术的飞速发展，网站不仅可以浏览宣传内容，还应将日常行政办公、学生管理（如招生、学籍、就业等信息管理）等工作纳入网络平台，现有网站的后台设计已不能满足这些新的需求。

鉴于上述问题，现有的校园网站已不能适应当前的需要，校领导在综合各方面意见后，决定对校园官网进行升级改版。

2 校园网站改版项目概述

2.1 改版意义

网站的风格及整体形象主要突出 AZ 科技大学“敢闯敢试、求真务实、改革创新、追求卓越”的创校精神和“创知、创新、创业”的办学特色，大力培养创新人才，早日实现建成国际化高水平研究型大学、中国重大科学技术研究与拔尖创新人才培养重要基地的办学目标。

（1）摆脱以往陈旧的传统网站模式，展示新的学校形象，肩负起探索具有中国特色的现代大学制度、探索创新人才培养模式的重大使命。

（2）以全新面貌展示在全球用户面前，提升竞争力，根据办学目标，学校致力于建设成为聚集和培养拔尖创新人才的学府，以及创造国际一流学术成果、推动科技应用、支撑深圳可持续发展的平台。

（3）加强用户体验。

（4）自定义配置各节点频道、各栏目、每个单页模板标签，提升百度快照排名。

（5）引进智能后台管理系统。

2.2 改版目标

AZ 科技大学是中国为数不多的以培养创新型人才为目标的创新型学校，这是 AZ 科技大学的特点，也是 AZ 科技大学的优势。网站功能应立足于一流大学，不受传统评估体系的束缚。

形象定位关键词：继承创新；科研学术型；开放活跃。

新版官网关键词：精神特质：敢闯、创新；视觉定位：活力、国际。

新版网站作为 AZ 科技大学整体形象优化重塑的先行标杆，需要在此方向上做大胆探索与尝试，网站的功能及效果须展现 AZ 科技大学的精神特质、独特形象。

2.3　改版需求描述

（1）网站架构需求。

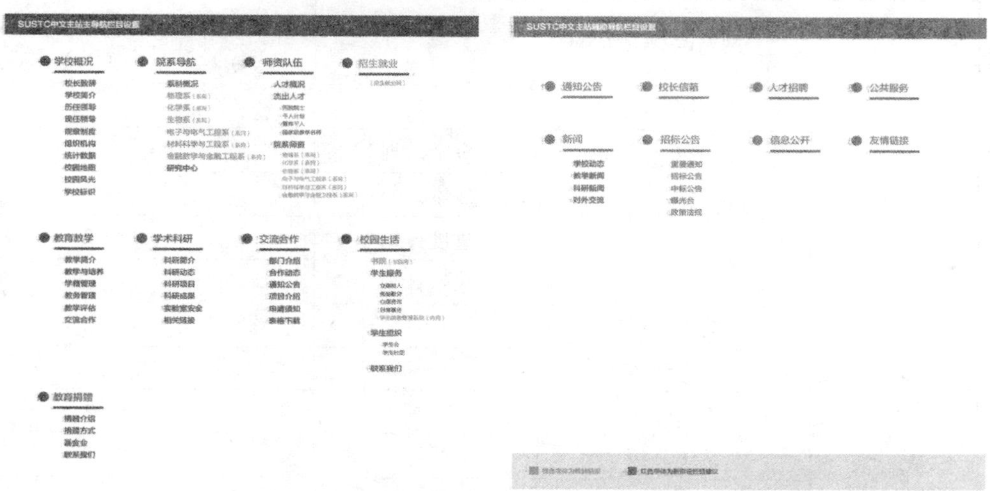

图 2　改版后的网站基本架构

（2）风格需求。

①鲜明的专属色彩系统；

②更清晰易读的专属字体系统（Sans 与黑体）；

③更为开阔的版式空间布局；

④更加清晰实用的线上简化版 Logo；

⑤更大的图版率、更具个性的图片编辑；

⑥与社交类线上媒体的高黏合度。

（3）质量需求。

①能够展示校园文化、师资风采、学子面貌、教学理念等，充分体现办学实力。

②建设全新的官网。学校是教育领域聚集和培养创新人才的基地，也是创造国际一流学术成果、推动科技应用、支撑城市可持续发展的平台。

③校园官网是学校对外推广宣传、展示形象以及沟通交流的信息管理平台。其可实现学校对外联系的信息化和网络化，有效地提升学校的对外形象，增强其综合竞争力。

2.4　项目周期

校园官网项目从 2015 年 1 月立项，计划在 2 月底之前完成项目管理部组建和外部机构招标工作，从3月开始启动，4月正式开始改版建设，2015年9月新版官网正式投入使用。

2.5 项目成本计划

表1 校园网站改版建设计划

<table>
<tr><th colspan="4">网站改版工作分解</th><th>预算成本（万元）</th><th>工作包时间（天）</th></tr>
<tr><td rowspan="27">校园网站改版建设</td><td rowspan="5">改版准备</td><td>项目部成立</td><td></td><td></td><td>5</td></tr>
<tr><td rowspan="4">项目计划</td><td>资金计划</td><td></td><td>1</td></tr>
<tr><td>成本计划</td><td></td><td>1</td></tr>
<tr><td>进度计划</td><td></td><td>2</td></tr>
<tr><td>采购计划</td><td></td><td>1</td></tr>
<tr><td rowspan="3">需求确定</td><td>需求分析</td><td></td><td>0.5</td><td>5</td></tr>
<tr><td>需求调研</td><td></td><td>0.5</td><td>10</td></tr>
<tr><td>需求确认</td><td></td><td></td><td>1</td></tr>
<tr><td rowspan="9">网站分析设计</td><td>系统分析</td><td></td><td></td><td>5</td></tr>
<tr><td rowspan="3">站群规划</td><td>站点分类</td><td>0.2</td><td>1</td></tr>
<tr><td>栏目规划</td><td>0.4</td><td>6</td></tr>
<tr><td>内容规划</td><td>0.4</td><td>3</td></tr>
<tr><td>数据库设计</td><td></td><td>1</td><td>5</td></tr>
<tr><td rowspan="4">美工设计</td><td>色彩系统设计</td><td>2</td><td>5</td></tr>
<tr><td>字体定位设计</td><td>2</td><td>1</td></tr>
<tr><td>Logo 优化</td><td>2</td><td>1</td></tr>
<tr><td>风格界定版面设计</td><td>2</td><td>5</td></tr>
<tr><td rowspan="4">网站实施</td><td>硬件部署</td><td></td><td>1</td><td>2</td></tr>
<tr><td>Web 前端开发</td><td></td><td>4</td><td>10</td></tr>
<tr><td>后台功能开发</td><td></td><td>6</td><td>30</td></tr>
<tr><td>手机响应式界面开发</td><td></td><td>3</td><td>20</td></tr>
<tr><td rowspan="2">网站测试</td><td>集成测试</td><td></td><td>1</td><td>10</td></tr>
<tr><td>系统测试</td><td></td><td>1</td><td>20</td></tr>
<tr><td rowspan="4">验收总结</td><td rowspan="2">用户培训</td><td>操作手册培训</td><td rowspan="2">0.5</td><td>1</td></tr>
<tr><td>权限划分说明</td><td>1</td></tr>
<tr><td>正式上线</td><td></td><td></td><td>1</td></tr>
<tr><td>反馈优化</td><td></td><td>1</td><td>10</td></tr>
</table>

3 校园网站改版项目实施过程介绍

为保证校园网站改版项目按时保质完成，校领导对该项目给予了高度的重视，以公开招标方式确定外部网站设计公司，内部由常务副校长亲自担任项目管理部主管，征调各部门精英组成项目管理部，对整个项目的实施进行统筹管理。

3.1 项目管理部介绍

3.1.1 管理模式

签订项目管理合同后，项目管理的负责部门成立项目日常管理机构——项目管理部，项目管理主要由项目管理部负责；同时，设立项目管理主要代表——现场项目管理执行主管，负责处理项目管理日常事务。

3.1.2 项目管理部人员

项目管理部组织架构：

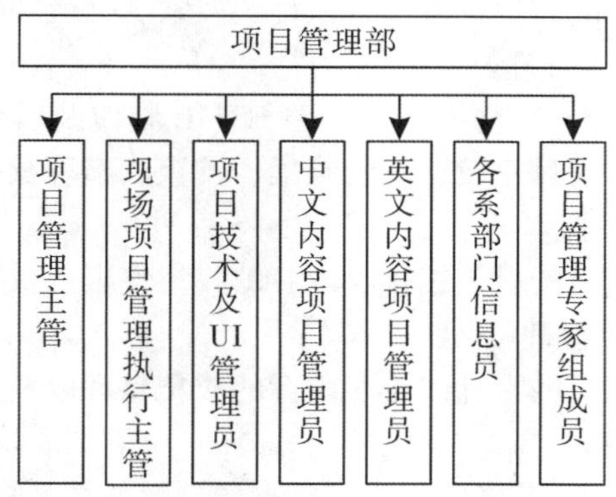

图 3 项目管理部组织架构

除以上的项目管理部人员外，此项目人员还包括了项目相关干系人。项目相关干系人分内外两个部分。

外部：规划设计及技术执行团队的总设计师，后台技术主管。

内部：内容采编团队的宣传部主管、技术协调团队的信息中心技术主管、项目管理专家组、校长。

3.1.3 主要岗位及部门主要职责

（1）项目管理主管。

全面负责项目管理各分支费用的规划和相关项目目标的总结，制作相关团队的实施明细要求、项目实施建议，同时负责本项目的招投标、采购等费用的审批与项目开发的监控、合同的签订、信息方面各层级之间的协调和沟通。

（2）现场项目管理执行主管。

帮助项目管理负责人指定项目管理的阶段性目标和项目过程中实施的详细规则，必要时代表项目管理负责人进行现场项目的管理和相关部门的协调工作。①负责合同管理；②负责每一阶段的功能检验和质量审查；③负责审查技术相关人员所提交的设计调整、费用调整，同时撰写统计报表；④帮助技术相关人员处理功能板块中出现的重大问题，严格审批开发设计中不符合规定的内容；⑤组织、审定技术团队的开发计划，跟踪落实开发过程；⑥负责相关网站内容的复核和监督；⑦负责协调各责任方对网站所做具体工作的验收；⑧审核乙方相关技术人员在项目每一个阶段实施时应该执行的技术准则、设计报告，以及协议中相应的技术要求；⑨负责进行每周及对应月份的建设总结，联系各相关负责人处理开发过程中出现的难题，并向校方负责人汇报网站的建设情况；⑩承担进行项目的费用，并负责实施节点的监控工作；⑪对项目实施中可能出现的危险进行预估，做好相应的防范处理应对方案；⑫对相应的数据进行采集和整理，分析有无偏差，以及产生偏差的原因，做好纠正方案，总结问题，并做好应对方案；⑬负责设计报告和相关数据的整理与更新；⑭负责电子文档和数据保存；⑮建立信息交流平台，以便相关信息的收集、审核、保存、搜索、交流和使用。

（3）项目技术及 UI 管理员。

易老师负责 UI 设计、风格把控、前端 HTML 制作及后台建设、内测培训等技术性工作，同时负责项目建设资料的收集、核查、整理及归档。

（4）中文内容项目管理员。

庞老师负责中文栏目的设计编排、内容的收集整理以及相关协调工作。

（5）英文内容项目管理员。

夏老师负责英文栏目的设计编排、内容的收集整理以及相关协调工作。

（6）各系部门信息员。

各系部门信息员由 15 名老师组成，负责各部门的页面栏目编排、内容管理，同时配合网站的总进度进行相关工作。

（7）项目管理专家组成员。

由校领导及各部门领导组成，负责网站风格把关、官方内容审核等关键环节。

3.1.4　项目管理部的工作要求

（1）对外的言行要保证甲方的正当合法利益。复核管理方、设计负责方和乙方是否履行合同的规定，合理协调复核管理方、设计负责方和乙方的合法利益。严格遵守“守法、诚信、公正、科学”的主要方针。

（2）项目管理负责人要严格贯彻职业道德要求，严厉禁止项目管理负责人向复核管理方、设计负责方和乙方索要相关好处。复核管理方、设计负责方和乙方要以正面的形象和扎实的工程质量，获得甲方的信任和支持，保持与甲方的协作配合。

（3）项目管理负责人要在项目管理部门发挥领导功能，组织好部门人员，使部门每一位员工能够发挥出自己的主观能动性。

（4）制定项目管理责任人的工作会议章程，每周一定时举行工作会议，检查、分析、总结管理工作。

3.2 项目计划进度管理

3.2.1 建设进度管理

3.2.1.1 校园网站改版项目 WBS

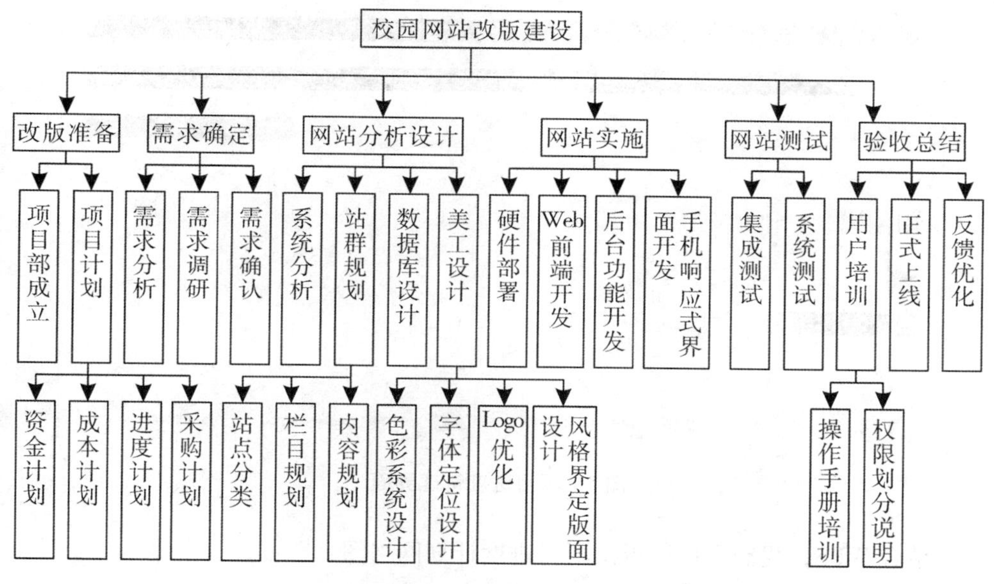

图 4　项目分解工作包（WBS）

3.2.1.2 内容

规划项目总体进度分解报告，对相应控制节点做好实时管理，保证项目工作进度按规划完成。需严格控制的关键节点为：全站（内容与技术）规划、视觉设计（含 VI 基础）、方向提案（PPT 文件）；原型设计、Web 前端设计、栏目规划、图文内容采集；后台建设、培训内测、图文录入、联调。

3.2.1.3 主要措施

进度目标分解：

（1）分解项目每个阶段的目标，以时间为节点。在不同项目分解阶段确定各阶段的重点目标，制定开发明细，确保能在时间节点内完成。

（2）按建设施工单位分解，明确阶段目标。以总进度规划为基础，确定各个施工单位的阶段目标。通过签署的协议分配好分包责任，确保每一阶段目标的实现，从而保证总目标的完成。

（3）按专业项和工作种类分解，确定交付时间节点。综合协调不同专业项和不同工作种类的任务，加强相互的交流与衔接。在交接工作时一定要保证好工作协调和交接工作的顺利完成，确保不会因为某一方的失误而造成工期延误。严格控制好每一阶段施工的质量与施工完成时间，确保各单位进度一致。

（4）按总进度计划的时间要求安排工作。

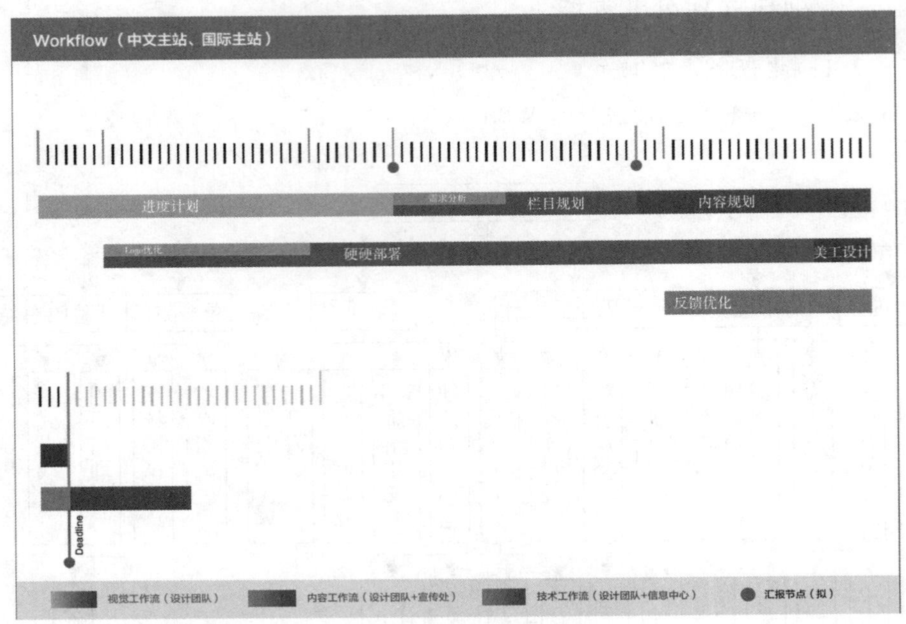

图5　项目进度管理界面

结合 WBS，我们也可以得出项目进度计划网络图：

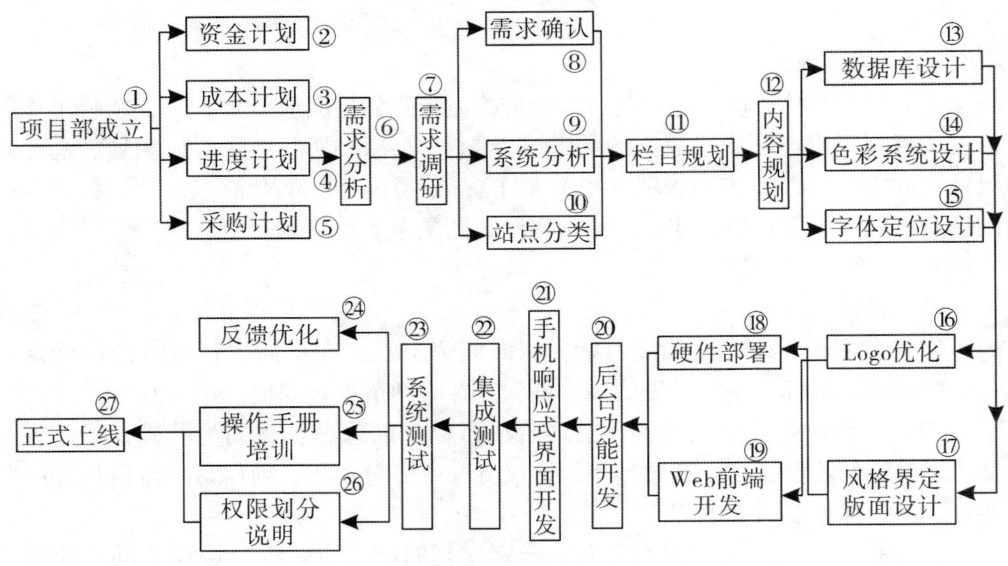

图6　项目进度计划网络图

（5）制定项目工作进度控制细则。项目管理负责方为工程项目制定配套的进度控制规定，以作为控制进度的指导性文件。

（6）制订复核项目建设总计划。主要复核项目进度是否和项目总体进度一致，并且符合规划中总目标和分解目标的规定；检查其是否符合项目合同中开工日期和结束日期的规定；检查项目总进度规划中的项目是否有遗漏；规划方法、规划顺序、各施工阶段的人力投入是否符合安排；是否有必要安排机动时间，使项目在日后便于调整等。

（7）每周、每月制订项目总体计划。在总体计划中，重点处理各环节、各阶段的计划之间、开发实际规划与后勤支持计划之间、外部协调要求与拓展性计划之间的综合平衡问题，并根据上一期计划的完成进度对本期规划做相应的调整，让各相关负责人制定下一阶段的目标。

（8）对进度规划的实施过程进行追踪和协调。项目管理负责人不仅应按时检查乙方提交的进度报表和有关总结资料，还应派出进度复核人员实时追踪，对资料上的内容进行核实，确保所写情况属实；在对进度总结资料进行检查整理后，与计划相对比，分析实际进度与计划的差别，同时进一步总结区别和偏差，最后总结其原因并分析其对进度目标的影响程度，以便研究相关对策，提出解决方案。

如果发现实际情况滞后于规划进度时，应通知相关责任人，发送项目通知函，要求乙方采取整改措施；当实际情况严重滞后于规划进度时，应由项目管理负责方和监理负责方召开紧急整改会议，责令乙方制定可供实际操作的整改措施并及时实施。

（9）不间断开展组织协调工作。项目管理部每月、每周定期组织不同层次的协调会。在高级协调会上通报项目建设的重大变更事项，协商对后果的处理办法，解决各个系部之间以及甲、乙方之间的重大协调配合问题；在每周管理层协调会上，通报各自的进度状况、存在的问题及下周工作的安排设想，解决开发建设中相互协调的问题；完成工作交接；解决时间调配与开发工作间的矛盾；解决某一工序对其他方面存在影响的协调问题以及资源保障、外协条件配合问题等。

平行、交叉功能点与各部门的关系多，内容栏目特点交接频繁，矛盾多而进度目标紧迫，在开发时间不太充裕的情况下，临时协调会议更需要适当召开，同时应报告和审查每一阶段进行的情况，确认出现问题的环节，并要求限期赶工，以便为接下来的测试做好准备。对于一些从未预料到的问题，项目管理责任方一定要紧急处理，要求有关方采取紧急方案保证项目进度的有序进行。

（10）复核进度延迟情况。当由于乙方能力、资金等问题而造成实际施工情况严重不符合规划时，项目管理负责方应要求乙方重新制订进度方案并重报审批，新的进度方案虽然经项目管理负责方批准，但乙方仍然应当承担相应的责任，同时应该承担全部额外费用和延期造成的赔偿。如果造成延期的原因不在乙方，项目管理负责方认可的新进度计划中拖延实施时间的行为应当被视为项目实施工期的内容之一。

除了以上部分，在建设实施过程中，项目管理部还应当及时对项目实施过程中出现的问题严格监控、及时解决，尤其是处理好乙方能力范围之外的内、外相关方的应对问题。

3.3　项目质量管理

项目管理分部应当记录好各部门的项目需求、规章制度和图文材料，以协助对开发过程中可能出现的功能衔接点进行深入开发，并保留每一阶段的详细情况和存在问题的实施进度的资料。同时在校级层面组织需求会审工作，防止在开发之后才发现所存在的设计缺陷。严格执行指定的功能审核制度，防止由于需求问题造成的返工时的人力、物力的浪费。

和乙方充分沟通，要求乙方制定便于管理人员实施的项目开发手册和相关的建设方案，同时要求相关开发人员把握好技术关和对质量标准的审核，并对开发时的最初记录留底。加强对各相关专业人员的工程知识、编程技能的培训，使开发人员能更好地推进项目的进度。对各级项目阶段的验收制度和项目功能性的交接制度进行严格审核。

3.4　项目投资管理

（1）内容。

帮助甲方复核相关的付款申请，同时复核各项目有关的合同费用及其付款方式；复核项目管理建设中设计方案的变更、重新商议等引起的投资变动，并总结意见报告。

（2）主要措施。

在项目用户需求确定前，督促项目审核部门定期按时完成需求审核程序；审查和控制设计变更，严格监督项目变更审批程序。一方面，要详细制定项目总体费用额度；另一方面，要对项目的费用进行详细的分解，对合同中提及的费用进行严格管理。为了避免项目停工，方便需求管理，防止产生额外费用，对项目相关人员，例如设计、开发等人员的工作进行匹配与协调。要严格按程序审批项目施工中的材料选用，不得随意代用任何材料。为防止签证不规范引起的费用纠纷，应做好各项签证的审批工作。保留项目建设中的第一手资料，为实施建设建立档案，为以后可能出现的索赔事件保留依据和凭证。

3.5　项目施工管理

3.5.1　主要内容

（1）办理建设项目相关手续。

（2）编制项目建设周期总进度计划、设备材料到场计划及人员配置计划。

（3）编制项目建设款项支付计划及成本管理。

（4）了解项目需求，控制设计及施工期间的质量管理。

（5）施工期间的安全管理。

3.5.2 主要管理措施

（1）对于网站界面，要提供设计文件、源文件资料、功能点和重要时间节点。项目管理部要认真按时限要求完成这些工作，保证项目建设的正常进行。

（2）对于党政办、宣传部、各系部门等校级主管部门，项目管理部要落实责任人专门负责这方面的工作，主动汇报，积极联络，以取得这些部门的支持。

（3）严格执行各种合同中约定的时限要求，按时答复、审核、批准，避免因不遵守时限要求而造成的违约。

（4）负责系统所需工程材料的采购，材料的采购须符合合同附件要求，须按合同附件中规定的产品规格型号通过正规渠道采购，不得通过非法渠道进货，以次充好。

（5）遵守政府有关主管部门对包装、运输的管理规定，按规定办理有关手续，并将复印件抄送总监和甲方代表，自行承担因乙方责任造成的政府处罚及罚款。

（6）在甲方或监理单位提出要求时，配合甲方或监理单位在生产过程中对原材料、半成品、成品及加工过程进行抽查，此费用包含在合同价款中。

（7）乙方应积极配合验收工作，须全力协助甲方检查每种产品的产品品牌、生产厂商及生产地、规格型号、性能参数和到货数量，并负责在到货产品中通过随机抽样的方法选取样品送交质量监督部门进行产品检测和质量鉴定，如检测不合格，所发生的费用由乙方承担；如检测合格，所发生的费用由甲方承担。

（8）乙方在收到甲方验收产品提出的书面异议后，应在三天内做出处理，未按时处理，即视为乙方默认，乙方将承担由此带来的经济损失及赔偿责任。

（9）乙方负责向甲方提供相关材料产品的合格证以及甲方要求的其他相关资料，并确保所提供资料的真实性、合法性。否则，乙方承担由此带来的一切责任和后果。

（10）严格按图纸、设计方案施工，保质、保量、按期完成项目；关键工序要有专项项目方案，要有专人进行技术交底，以确保工程质量。

（11）施工过程中，乙方不得擅自破坏、移动甲方原有的设施，如确属必要，必须经甲方书面同意后方可实施。乙方自行负责施工过程中施工人员的安全工作，并做好安全文明施工措施，保护其他相关专业的施工成品、半成品，做到人走场清；若损坏其他相关专业的施工成品、半成品，乙方须无条件修复并赔偿甲方由此造成的损失，同时，甲方有权对乙方进行处罚。

（12）若现场发现不符合投标书、合同所约定质量的材料，乙方须无条件更换；若不符合投标书、合同所约定质量的材料已经影响此项目，由此造成的全部损失应由乙方承担。

（13）做好施工原始记录，隐蔽工程记录，汇集施工技术资料并作为交工文件附件移交甲方。

（14）按照施工安全规范，采取预防事故措施，确保施工安全和第三方的安全。因乙方原因发生的安全事故，均由乙方负责，并立即书面报告甲方或由主管单位备案。乙方不得损坏场地内或场地临近的各种管线和构筑物，若有任何损坏，须立即通知甲方及有关单位，并由乙方负责损失及修复费用。

（15）根据政府主管部门有关文明施工的要求，做好施工组织管理，保证施工现场清洁，道路畅通、器材堆放整齐，并及时清除垃圾和失去作用的临时设施。工程竣工后及时清理现场，包括清除施工过程中产生的余土及其他堆积物，拆除生产和生活的临时设施，做到工完场清。

（16）由乙方自身原因造成的停工、返工，材料、物件的倒运，机械二次进场等损失，应由乙方自行负担。

（17）所有运抵现场的材料、设备均视为甲方财产，没有甲方批准不可迁离现场。乙方须对现场所有的材料、设备、器械等进行保护。

（18）乙方必须严格遵守甲方制定的现场管理规定。

（19）乙方不得将本工程转包；未经甲方同意，乙方不得将本工程的任何部分工程分包。

（20）必须严格按照国家、地方的行业相关规范、标准等及协议书约定的质量验收标准安装完成合同标的物并移交甲方。工程竣工未移交甲方前，乙方负责保护，乙方保护期间发生损坏，由乙方负责自费修复。

3.6　项目实施成果概述

在校领导的大力支持下，项目管理部各个成员通力合作，使得整个项目得以顺利实施和完工。虽然在项目实施过程中也遇到了各式各样的问题，但项目管理部工作成员通过周密计划，实时监督项目进度，严格控制变更，勤加协调并主动积极沟通，运用项目进度控制工具，最终使得新版网站如期投入使用，大部分用户表示满意，该次项目工作任务圆满完成。

4　项目实施过程中遇到的问题及经验分享

4.1　运用网络计划技术优化工期

4.1.1　问题描述

原计划网站建设周期为148天，系统测试完成后，即工期的第136天，由于操作培训单项工作延误，使原计划中操作手册培训从1天调整为3天，导致之后的正式上线及反馈优化计划被打乱，不能按时完成任务，故要保证148天工期的话，需对计划进行调整，原计划中操作手册培训与权限划分说明为并行关系，与正式上线及反馈优化为串行关系，即操作手册培训与权限划分说明同时开始，这两项工作都完成后开始正式上线工作，正式上线工作完成后，开始反馈优化工作，反馈优化工作完成后项目即结束。现调整为操作手册培训工作与正式上线工作为串行关系，与反馈优化工作为并行关系，即操作手册培训工作、权限划分说明工作及反馈优化工作同时进行，这三项工作都完工后，开始正式上线工作，正式上线工作完成后项目结束，如此调整，可节省 2 天工期，确保 148 天项目完工。

4.1.2　解决方案

根据原计划，可得出图 7：

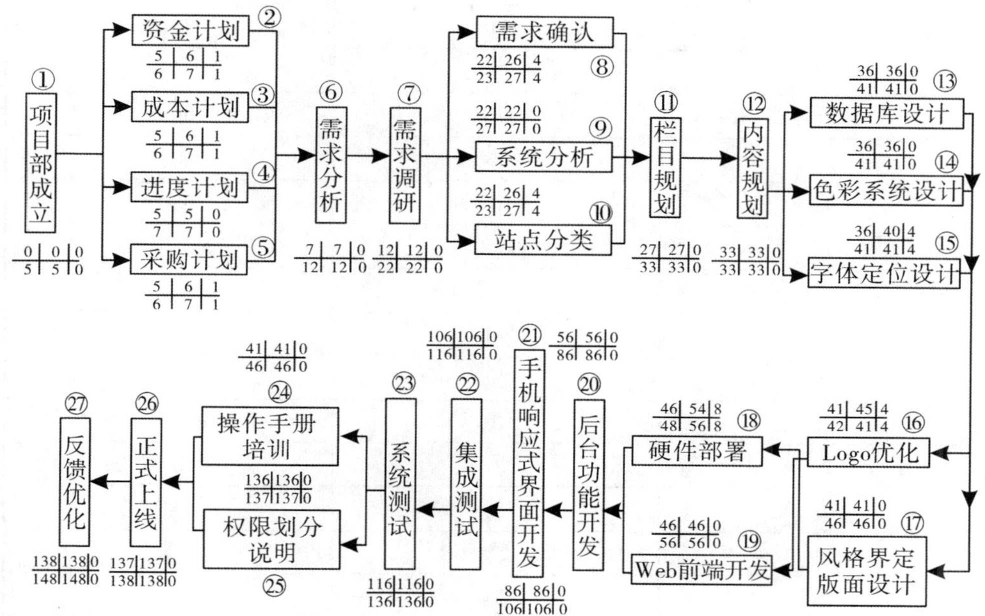

图 7　项目进度计划网络图（优化前）

网站操作培训会参会人员较少，造成后面各系部维护上传内容的时候质量参差不齐，不了解网站的使用功能，使得需推迟 2 天重新开始操作手册培训。所以将原来的串行关系，变成并行关系，将㉗与㉔㉕合并起来。

表 2　工作包紧前紧后关系及调整

工作序号	紧前关系	紧后关系
①		②③④⑤
②	①	⑥
③	①	⑥
④	①	⑥
⑤	①	⑥
⑥	②③④⑤	⑦
⑦	⑥	⑧⑨⑩
⑧	⑦	⑪
⑨	⑦	⑪

（续上表）

工作序号	紧前关系	紧后关系
⑩	⑦	⑪
⑪	⑧⑨⑩	⑫
⑫	⑪	⑬⑭⑮
⑬	⑫	⑯⑰
⑭	⑫	⑯⑰
⑮	⑫	⑯⑰
⑯	⑬⑭⑮	⑱⑲
⑰	⑬⑭⑮	⑱⑲
⑱	⑯⑰	⑳
⑲	⑯⑰	⑳
⑳	⑱⑲	㉑
㉑	⑳	㉒
㉒	㉑	㉓
㉓	㉒	㉔㉕
㉔	㉓	㉖
㉕	㉓	㉖
㉖	㉔㉕	㉗
㉗	㉖	

原计划关键路径：

①→④→⑥→⑦→⑨→⑪→⑫→⑬⑭→⑰→⑲→⑳→㉑→㉒→㉓→㉔㉕→㉖→㉗

变动计划关键路径：

①→④→⑥→⑦→⑨→⑪→⑫→⑬⑭→⑰→⑲→⑳→㉑→㉒→㉓→㉔㉕㉗→㉖

调整后为：

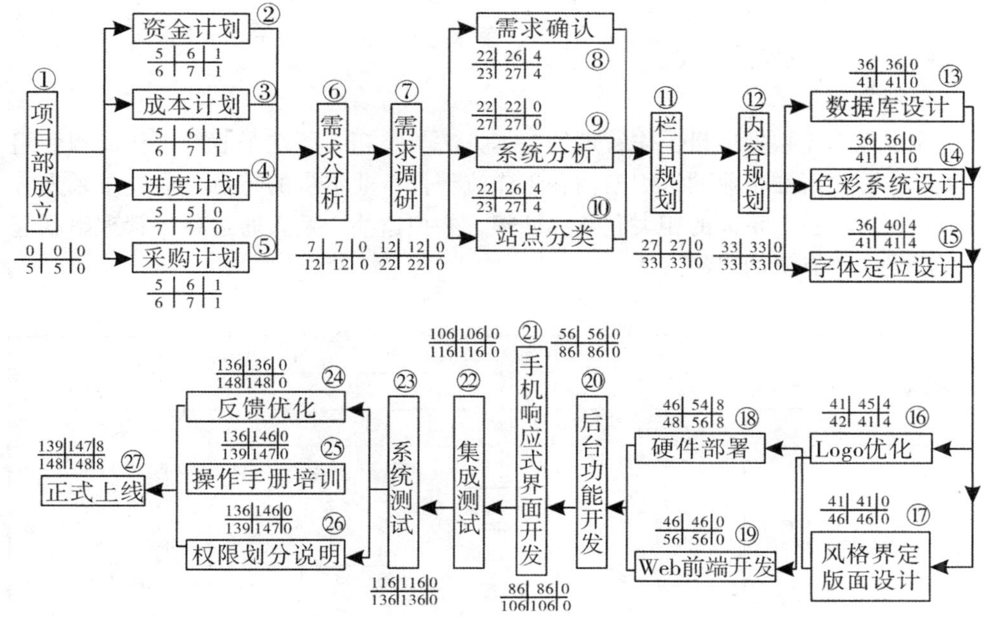

图 8　项目进度计划网络图（优化后）

4.2　干系人管理

依据项目管理的科学理论，项目启动后应按照工作的先后流程开展，然后按照项目计划执行，在执行过程中，要对项目任务进行控制，然后等待项目收尾总结。实际上，学校里的项目一般会特别复杂，每个项目都会涉及很多的项目干系人，每个干系人又会反复估量项目对自己产生的不同程度的利害影响。因此，必须将对项目本身的关注转移到项目干系人上。项目管理的首要任务就是全面识别出项目干系人及其扮演的角色。一个成功的项目并不是以专注于项目的启动和编制计划为开端，而是首先着眼于干系人！若要使项目取得成功，需从项目干系人的识别开始。

4.2.1　*存在的问题*

本校园网站改版项目面临的问题如下：

（1）时间跨度长，交叉点繁杂，需要大量的沟通工作。

（2）学校处于快速发展阶段，决策层的想法层出不穷，项目在进行时面临需求修改的风险较大。

（3）项目建设环节多，操作团队也多，如规划设计及技术执行团队、内容采编团队、技术协调团队；项目管理专家组成员在项目执行过程中对于目标时间点的把控以及各个团队工作量的衡量是管理者应考察的重点。

4.2.2　*解决方案*

项目干系人管理是项目管理中的重要内容之一，目的是调动积极因素，化解消极影响，确保项目成功。

4.2.2.1　识别干系人

识别方法：

项目经理需根据项目工作管理的基本方法与技巧、所在企业的工作流程和组织架构、客户所在企业的组织架构和工作流程及行业本身的特点，通过干系人分析，识别出项目干系人的相关利益和期望，并把这些干系人通过项目管理串联起来，形成一个有机的组织。

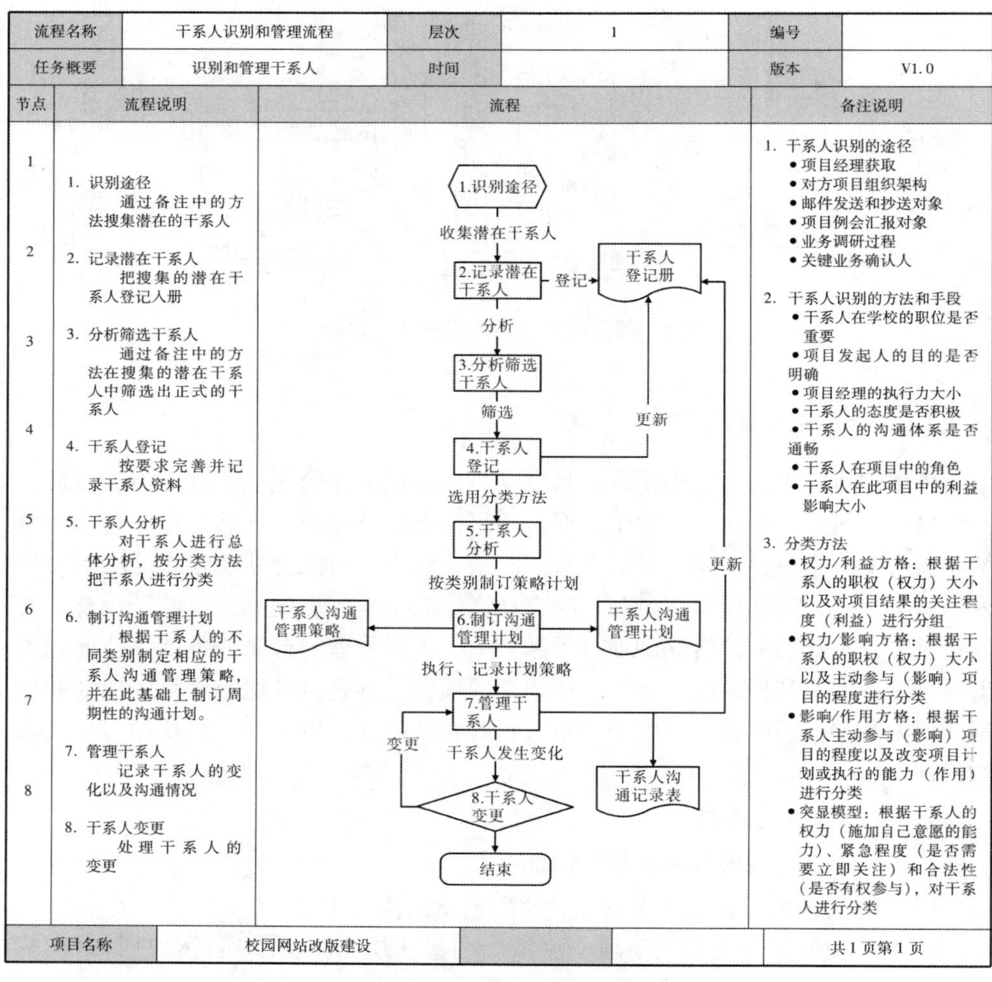

流程名称	干系人识别和管理流程	层次	1	编号	
任务概要	识别和管理干系人	时间		版本	V1.0

节点	流程说明	流程	备注说明
1	1. 识别途径 通过备注中的方法搜集潜在的干系人	1.识别途径 → 收集潜在干系人	1. 干系人识别的途径 • 项目经理获取 • 对方项目组织架构 • 邮件发送和抄送对象 • 项目例会汇报对象 • 业务调研过程 • 关键业务确认人
2	2. 记录潜在干系人 把搜集的潜在干系人登记入册	2.记录潜在干系人 → 登记 → 干系人登记册	2. 干系人识别的方法和手段 • 干系人在学校的职位是否重要 • 项目发起人的目的是否明确 • 项目经理的执行力大小 • 干系人的态度是否积极 • 干系人的沟通体系是否通畅 • 干系人在项目中的角色 • 干系人在此项目中的利益影响大小
3	3. 分析筛选干系人 通过备注中的方法在搜集的潜在干系人中筛选出正式的干系人	分析 → 3.分析筛选干系人 → 筛选	
4	4. 干系人登记 按要求完善并记录干系人资料	4.干系人登记 → 更新 → 干系人登记册；选用分类方法	
5	5. 干系人分析 对干系人进行总体分析，按分类方法把干系人进行分类	5.干系人分析 → 按类别制订策略计划	3. 分类方法 • 权力/利益方格：根据干系人的职权（权力）大小以及对项目结果的关注程度（利益）进行分组 • 权力/影响方格：根据干系人的职权（权力）大小以及主动参与（影响）项目的程度进行分类 • 影响/作用方格：根据干系人主动参与（影响）项目的程度以及改变项目计划或执行的能力（作用）进行分类 • 突显模型：根据干系人的权力（施加自己意愿的能力）、紧急程度（是否需要立即关注）和合法性（是否有权参与），对干系人进行分类
6	6. 制订沟通管理计划 根据干系人的不同类别制定相应的干系人沟通管理策略，并在此基础上制订周期性的沟通计划。	6.制订沟通管理计划 → 干系人沟通管理策略；干系人沟通管理计划；执行、记录计划策略	
7	7. 管理干系人 记录干系人的变化以及沟通情况	7.管理干系人 → 更新 → 干系人登记册；干系人沟通记录表；干系人发生变化	
8	8. 干系人变更 处理干系人的变更	8.干系人变更 → 变更 → 7.管理干系人；结束	

项目名称	校园网站改版建设			共1页第1页

图9　干系人识别和管理流程图

识别干系人是识别能影响项目决策、活动或结果的个人、群体或组织，以及被项目决策、活动或结果影响的个人、群体或组织，并分析和记录他们的相关信息的过程。

本过程的主要作用是，帮助项目经理建立对各个干系人或干系人群体的适度关注。

识别全部相关项目干系人及其信息，如他们的背景和影响力。项目的主要干系人一般很容易被识别，如项目的决策者、管理者、项目发起人、项目经理和主要客户等。一般会对已经识别的干系人进行背景调查，以此识别其他隐形干系人，完善干系人名单，依据此方法可以完成全部项目干系人的收集。

表 3　项目沟通管理计划与执行跟踪表

更新记录								
更新日期	更新人	更新描述						
干系人分类	干系人名称		沟通要求					沟通跟踪记录
			沟通的内容	发布频率	发布方法	发布形式	发布人	
规划设计及技术执行团队								
内容采编团队	部门	图书馆						
		宣传部						
		教学部						
		学工部						
		人力部						
		信息中心						
		科研部						
	系部	数学系						
		物理系						
		化学系						
		生物系						
		电子系						
		材料系						
		金融系						
技术协调团队								
项目管理专家组	校领导							
	部门领导							

注：本表主要填写周期性的沟通计划，临时性的沟通计划填写在后面。

4.2.2.2 制订项目总进度网络计划和设定工作范围及责任矩阵

(1) 编制项目总进度网络计划。

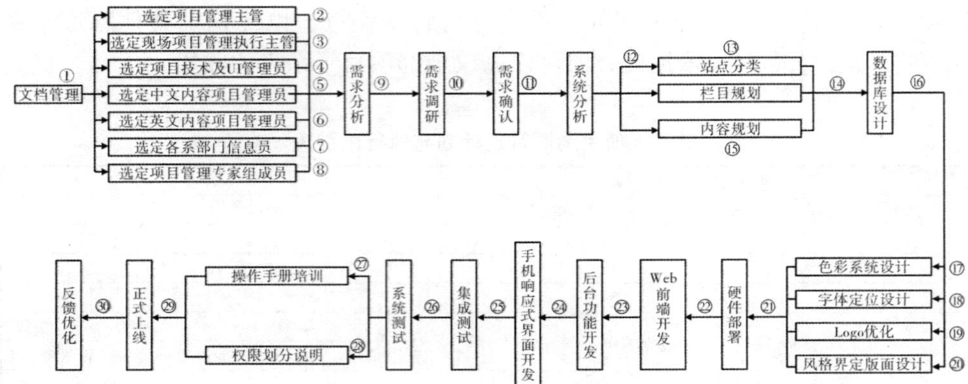

图 10 项目进度网络计划

(2) 编制责任矩阵。

表 4 校园网站改版建设责任矩阵

WBS	工作包	项目管理主管	现场项目管理执行主管	规划设计及技术团队	内容采编团队	技术协调团队	项目管理专家组
改版准备	项目部成立	P	S				
	项目计划	P	S				
需求确定	需求分析	S	P	S	S	S	S
	需求调研	S	P	S	S	S	S
	需求确认	S	P	S	S	S	S
网站分析设计	系统分析	S	S	P		S	
	站群规划	S	S	P		S	
	数据库设计	S	S	P		S	
	美工设计	S	S	P		S	
网站实施	硬件部署	S	S	P		S	
	Web 前端开发	S	S	P		S	
	后台功能开发	S	S	P		S	
	手机响应式界面开发	S	S	P		S	
网站测试	集成测试	S	S			P	S
	系统调试	S	S			P	S
验收总结	用户培训	P	S			P	S
	正式上线	P	S			P	S
	反馈优化	P	S				P

注：P：主要责任；S：次要责任。

4.2.2.3 制作干系人工作交集图

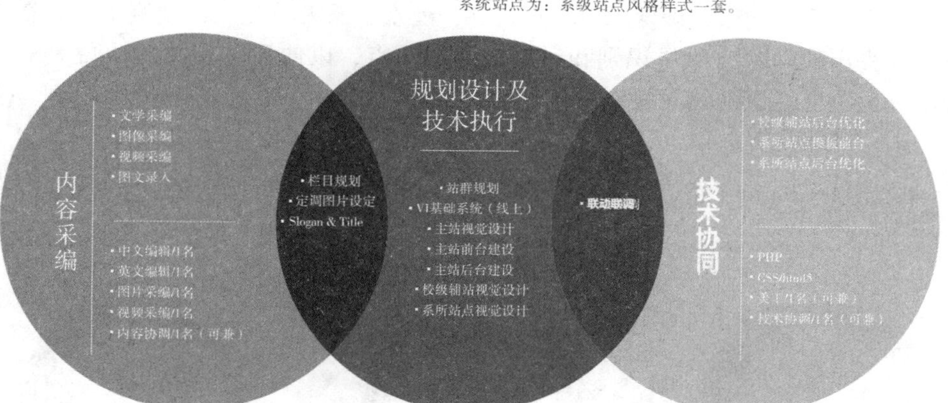

注：重叠色区为内部团队间的协同工作任务

图 11 干系人工作交集图

规划干系人管理是基于对干系人的需要、利益及对项目成功的潜在影响的分析，制定合适的管理策略，以有效调动干系人参与整个项目生命周期的过程。本过程的主要作用是，为与项目干系人的互动提供清晰且可操作的计划，以促进项目成功。

干系人管理是在项目团队和干系人之间建立并维护良好的关系，以期在项目边界内满足干系人的各种需求。随着项目的进展，干系人及其参与项目的程度可能发生变化，因此，规划干系人管理是一个反复的过程，应由项目经理定期开展。

4.2.2.4 干系人管理方法

在整个项目生命周期中，干系人的参与对项目的成功至关重要。干系人的参与程度可分为如下类别：

不知晓：对项目和潜在影响不知晓。

抵制：知晓项目和潜在影响，抵制变更。

中立：知晓项目，既不支持，也不反对。

支持：知晓项目和潜在影响，同意变更。

领导：知晓项目和潜在影响，为保证项目成功而发挥积极作用。

可在干系人参与责任矩阵中记录干系人的当前参与程度。项目团队应该基于可获取的信息，确定项目当前阶段所需要的干系人参与程度。通过分析，识别出干系人当前参与程度与所需参与的环节。

（1）需要干系人参与必要的环节。

调动干系人的积极性，以获取他们对项目成功的持续关注和投入；通过沟通，管理干系人期望，确保项目实现目标；处理干系人关注点，预测干系人在未来可能提出的问题（尽早识别和讨论这些关注点，以便评估相关的项目风险）；澄清和解决已经识别的问题，提高干系人满意度。

（2）沟通方法。

沟通的方法多种多样，主要是在项目干系人之间共享信息。这些方法可以大致归为下面三类。

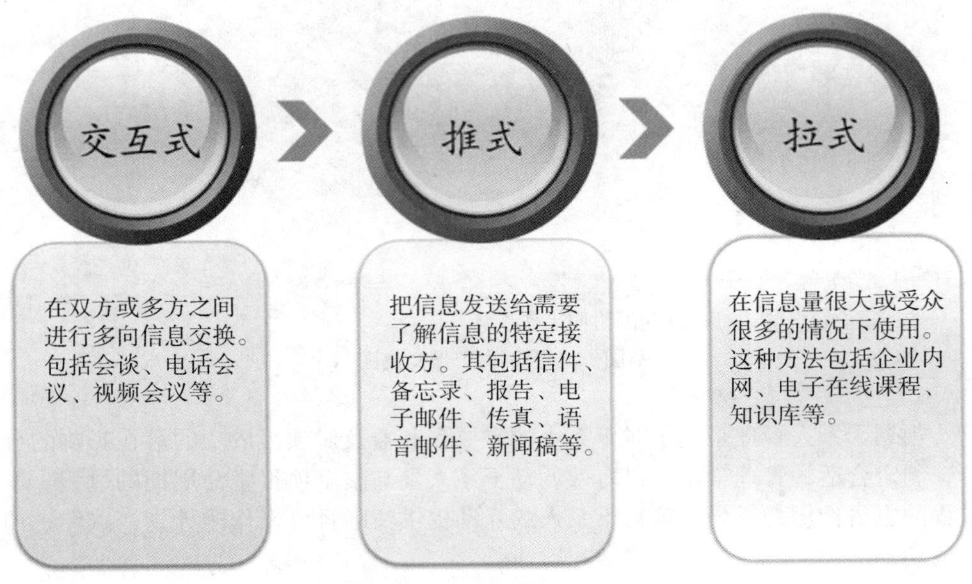

图 12　项目干系人间的沟通方法

项目经理应该根据沟通需求，决定在项目中使用何种沟通方法，并决定如何使用以及何时使用。

项目经理应用人际关系技术来管理干系人的期望，一般流程为：建立信任—解决冲突—积极倾听—克服变更阻力。

（3）管理技巧。

项目经理应用管理技巧来协调各方以实现项目目标。如引导人们对项目目标达成共识；对人们施加影响，使他们支持项目；通过谈判达成共识，以满足项目需求；调整组织行为，以接受项目成果。

此外，还需要注意的就是次要干系人，尽管他们对项目起不到什么实质性的作用，但不能忽略他们的某些需求。一旦他们对项目起反作用，就会利用其与重要干系人的关系，从而影响到重要干系人对项目的判断。所以，项目经理在分析重要项目干系人的同时，也不可忽略那些次要项目干系人可能造成的影响。

所有的项目在实际操作中都会碰到各种各样的项目“变更”，干系人的管理因此显得极其重要。干系人就是在突发情况下可以提供助力的重要人物，是项目推进过程中的阻力润滑剂，是项目变更的需求洽谈人，处理好与项目干系人间的问题，就能轻松化解项目管理中的风险。

5 进度与干系人管理

本项目运用项目管理知识与工具合理地调整工期并优化项目干系人管理，可使网站顺利上线并达到预期目标。在整个项目管理过程中我们使用了诸多管理工具和技术，如需求分析、成本控制、干系人管理、进度管理等。重点突出进度管理方面和干系人管理方面的管理学内容。

在进度管理中，如果任务出现延误，一般可使用两种进度压缩方法：赶工和快速跟进。

赶工是指投入更多的资源，加快工作进度，进而缩短工期，如加班、增加人员、投入额外的费用。并不是所有工作都可以通过赶工压缩进度，赶工一般只对简单、具有重复性的工作有效，如卸货、修路、挖沟等。在一般情况下，赶工有可能导致风险与成本增加，但是如果当成本与项目持续时间有直接关联时，如项目工作需要从组织外部聘请按工作日计薪的技术专家时，通过赶工来缩短工作周期也是节省总成本的方法之一。认为采用赶工的手段就一定导致项目成本增加的说法是片面的、不正确的。

快速跟进是把原本应按顺序进行的工作在一定程度上同步执行，比如样机的设计图纸在没有全部通过审核之前，可同时进行零部件的生产工作。实现快速跟进的基础是活动之间的选择性依赖关系，它可能增加返工的风险。

赶工和快速跟进都属于进度压缩方法。这两种方法的共同点是都不改变项目范围，只针对关键路径上的活动，缩短项目的时间，所以有可能造成风险。一旦压缩了时间，就要重新评审关键路径，因为压缩后可能导致关键路径改变。

本项目恰当地使用了进度压缩方法当中的快速跟进方法，采用多任务并行的方式，有效地节约了时间，将工期限定在可控范围内。

本项目在干系人管理方面也是很充分地考虑了各干系人之前的关系及当中的调节作用。主要表现在以下四个方面：

（1）本项目充分识别出所有干系人，项目计划非常周全。有一些不明显甚至暗藏的项目干系人，使得全面识别较为困难。在项目启动阶段，正确识别暗藏的项目干系人对项目意义重大。无须担心识别出的干系人过多，我们可以通过后面的干系人分析区分出干系人的级别。某些干系人对项目不会产生实质性的影响，只需加以观察即可。如果某些干系人不能够被识别出来，就说明存在问题，说不定哪一个被遗漏的干系人会给项目带来很大的麻烦。通过干系人识别，可编制出干系人登记册，其中记录各干系人的名称、地址、联系方式等基本信息，也可记录对干系人的初步评价。

（2）对项目干系人进行全面分析。认真分析每个项目干系人的利益领域和利益大小、影响领域和影响大小，将干系人的利益和影响可视化。一一列出干系人的利益点（包括负面利益），并赋予每个利益点一定的权重，然后分析每个干系人在项目中的总体利益大小。采用类似的方法，评估出每个干系人在项目中的总体影响程度。据此，依据权重进行排序，分析出干系人的重要程度，以便有重点地做好干系人管理。因为最终是利益决定立场，所以支持或反对项目的程度是随着正面或负面利益的大小而变化的。除了分析利益和影响外，还要分析干系人对项目的认知程度、施加影响的紧急程度，以及为项目所贡献的知识技能。项目经理一定要弄清楚项目干系人与项目的各种联系，以便日后加以利用和应对。

（3）针对每一个或每一类干系人制定分层管理策略。因为精力有限，无法对所有项目干系人同等对待。对于有重大影响的干系人，要重点管理；对于其他干系人，则可以不管或者少管。要注意，在项目的各个阶段，干系人的利益和影响会不断发生变化。经过分析和归类，制定出项目干系人沟通管理策略，其中记录对干系人的分析结果以及对不同阶层干系人应采取的管理方法。

在项目实际开展过程中，干系人管理应特别注意以下四个方面：

（1）尽早以积极的态度面对负面干系人。面对负面干系人，应如同面对正面干系人一样，以最快的速度寻求解决问题的方法；充分理解他们，设法把项目对他们的负面影响降到最低，甚至可以设法使项目也为他们带来一定的正面影响。直接面对问题，要比拖延、回避有效得多。

（2）让项目干系人满意是项目管理的最终目的。让干系人满意，不是指被干系人牵着鼻子走，而是指切实弄清楚干系人的利益追求并加以适当引导，满足他们合理的利益追求。项目管理要在规定的范围、时间、成本和质量下完成任务，以达到让项目干系人满意的目的。所以，不要忽视干系人，项目管理团队必须把干系人的利益追求尽量明确、完整地列出，并以适当的方式请干系人确认。

（3）尽可能维持各干系人之间的利益平衡。由于各干系人之间或多或少地存在利益冲突，我们应该尽量缩小各干系人满足程度之间的差异，使其达到相对平衡。项目干系人管理的一个重要问题，就是在多个项目干系人之中发掘利益平衡点。我们要承认、正视和理解利益差别甚至是冲突，并对其进行管理。

（4）沟通是解决干系人之间问题的有效途径。沟通，能及时发现项目干系人之间的问题，同时能够促进相互理解、相互支持，直至问题解决。我们要建立良好的沟通机制及制订相应的计划，并加以实施和改进。

项目管理工具非常多，如果在管理过程中全方位使用项目管理技术和工具，将会促进项目管理、质量等方面的进步。

小组参访启示

本学期，我们小组荣幸地参加了学校组织的广东惠州市伊利乳业有限责任公司的考察学习活动。在半天的学习交流中，我们与伊利公司的领导及技术人员就行业发展的现状和未来前景、主流技术及日常管理运作进行了深入的交流与探讨。伊利公司向我们展示了该厂区的一系列优秀成果，小组成员从中学到了很多宝贵的知识，不仅开阔了视野，而且在管理技术方面也受益匪浅。

对员工来说，公司承诺给他们的工资要高于同行，甚至高于公职人员的工资。公司本着“财聚人散，财散人聚”的理念，用财去留住人才，再用聚合的人才去创造更多的财富，同时搭建平台、创造机会，“让平凡者出众，让成功者卓越”。对消费者而言，负责任的态度莫过于严把质量关，为消费者奉上安全放心的产品。就液态奶而言，从挤奶、运输到预处理、CIP 清洗，以及无人化罐装和无处不在的消毒提示，公司做到了对消费者负责。

我们在为牛奶生产行业的高度自动化和高效率高呼的同时，不禁为奶牛的“高产量”感叹。据工作人员介绍，这些从国外引进的奶牛属于高产型奶牛，每天产奶四五十斤（尽管它们每天只吃十几斤草）。它们“服役”十年左右，然后被淘汰，大多被宰杀后制作成牛肉制品。

在高科技的帮助下，这些奶牛最大限度地制造牛奶、生产小牛。它们吃的是草，而挤出的不只是奶！

参考文献

［1］丛书编委会．网站建设与管理［M］．北京：中国电力出版社，2008.

［2］詹姆斯·P. 刘易斯．项目经理案头手册［M］．王增东，任志忠，胡永庆，译．北京：机械工业出版社，2001.

［3］戚安邦．项目管理学［M］．北京：科学出版社，2007.

［4］HAROLD KERZNER. 应用项目管理　最佳实施实践［M］．徐成彬，王小丽，译．北京：电子工业出版社，2003.

［5］罗伯特·K. 威索基，小罗伯特·贝克，戴维·B. 克兰．有效的项目管理［M］．李盛萍，常春，译．北京：电子工业出版社，2002.